로봇 시대,
인간의 일

개정증보 2판

인공지능 시대를 살아가야 할
이들을 위한 안내서

구본권 지음

어크로스

이 우주에서
우리에겐 두 가지 능력이 주어진다.
사랑하는 능력과
질문하는 능력.

―메리 올리버,《휘파람 부는 사람》

차례

개정증보 2판 서문 생성형 인공지능이라는 충격적 변화 앞에서 10

개정판 서문 알파고가 던진 새로운 질문들 14

프롤로그 '멋진 신세계'를 불러올 로봇 시대가 열리다 19

Chapter 1 알고리즘 윤리학
무인자동차의 등장, 사람이 운전하는 차가 더 위험하다? 31

스스로 운전하는 차들의 경쟁 · 땅으로 내려온 행성 탐사 기술 · 사람이 운전하지 않으면 바뀌는 것들 · 우리는 운전대를 로봇에게 넘길 수 있을까 · 자율주행차의 사고, 누가 책임질까 · 누구를 죽일 것인가 · 도로에서 삶으로 들어온 자동화

Chapter 2 언어의 문화사
자동 번역 시대, 외국어를 배울 필요가 있을까 61

인류의 꿈, 바벨 피시의 등장 · 에니그마에서 인공지능까지, 기계 번역의 역사 · 인간 번역 vs 기계 번역 · '중국어 방' 사고실험 · 인간의 본능이 로봇에겐 난제? · 언어 장벽이 사라지는 시대에 외국어를 배운다는 것 · 외뇌 시대, 언어 능력도 아웃소싱할 수 있을까

Chapter 3 지식의 사회학

지식이 공유되는 사회, 대학에 가지 않아도 될까 ——— 91

대학 졸업장이 한낱 종잇장이 되다 · 교실을 넘어선 새로운 교육 · 한계비용 제로 사회의 역설 · 인류 지식의 보고, 백과전서에서 위키피디아로 · 지식 도구의 진화 · 정보의 유효기간이 단축되는 지식 반감기 · 지적 존재가 되는 길

Chapter 4 일자리의 경제학

제2의 기계 시대, 내 직업은 10년 뒤에도 살아남을 수 있을까 **127**

두 번의 항공 격추 사고가 알려준 것 · 구조적 실업 · 지식산업을 장악한 제2의 기계 시대 · 러다이트 운동은 무용했는가 · 잘못 예측된 미래 · 나의 일자리는 어떻게 될 것인가 · 평생직업이 사라진 시대, 어떻게 일하며 살아야 할까

Chapter 5 인공지능 예술

예술적 창의성은 과연 인간만의 고유한 능력일까 ——— **163**

작곡하고 그림 그리고 글 쓰는 인공지능 · 예술을 향한 질문 · 도전받는 예술의 본질 · 인공지능 예술의 저작권은 누구에게? · 복제본에 없는 진품의 고유한 경험 '아우라'

Chapter 6 여가의 인문학

노동은 로봇이, 우리에겐 저녁 있는 삶이 열릴까 ——— **187**

노동은 기계가, 사람은 휴식을? · 여가란 무엇인가 · 역설적인 타임 푸어 시대 · 자유로운 시간에 자유롭기 위하여

Chapter 7 관계의 심리학
감정을 지닌 휴머노이드, 로봇과의 연애 시대가 온다? — **213**

로봇에 감정을 이식하다 · 로봇과 사랑을 나눌 수 있을까 · 반려로봇의 합동 장례식 · 로봇은 어떻게 감정을 느끼는가 · 로봇 개를 발길질하는 것은 잔인한가 · 인간에게 감정이란

Chapter 8 인공지능 과학
인공지능의 특이점, 로봇은 과연 인간을 위협하게 될까 — **245**

컴퓨터, 체스의 신을 꺾다 · 인공지능 연구의 밀물과 썰물 · 인간의 마지막 발명품 · 의식 없는 지능의 진화 · 아시모프의 로봇 3+1 원칙 · 우리가 직면한 또 다른 물음

Chapter 9 호기심의 인류학
생각하는 기계에 대해 인간이 경쟁력을 갖추려면? — **275**

치명적 오류가 생존의 이유 · '왜?'를 억압해온 역사 · 질문이 필요 없는 미래 · 인류가 성취해낸 것들의 근원 · 결핍을 발견해내야 하는 시대

Chapter 10 인공지능 판사
공정한 판결, 로봇에게 의지해야 할까 — **307**

판정 시비 없는 로봇 심판 · 초당 10억 장 판례 읽는 로봇 변호사 · 재범 가능성 판단하는 인공지능 재판관 · 차별과 편견으로 가득한 알고리즘 · 효율적이지만 설명할 수 없는 알고리즘 · "누가 해도 지금 정치인보다 나을 것"이라고? · 자유 추구의 역설

Chapter 11 망각의 철학
망각 없는 세상, 우리가 기억해야 할 것은 무엇인가 331

기계 기억의 진화 · 잊힐 권리 · 게이트키핑식 두뇌 · 망각 시스템이 작동하지 않는다면 · 아웃소싱할 수 없는 기억의 조건

Chapter 12 대량 창의성 시대
생성형 인공지능은 창의성의 디딤돌인가, 걸림돌인가 357

생성형 인공지능이 불러온 두 가지 풍경 · '허용이냐 차단이냐' 딜레마에 빠진 학교교육 · 생성형 인공지능의 기술적 특징 · 창의성 논의에 떨어진 생성형 인공지능 폭탄 · '창의성의 캄브리아기 대폭발'이 일어날 것인가 · 대량생산 시대에서 대량 창의성 시대로 · 창작물보다 중요한 것 · 인공지능으로 인한 미래 창의성의 변화

Chapter 13 디지털 문법
우리가 로봇의 언어를 배워야 하는가 383

미래의 문맹자 · 블랙박스를 해독하는 코드 리터러시 · 이르 요론트 부족의 비극 · 신적인 인간, 인간적인 인간

주 404

개정증보 2판 서문

생성형 인공지능이라는
충격적 변화 앞에서

이제 단 하루도 인공지능 서비스 없이 살기란 쉽지 않다. 학생들은 과제나 공부를 할 때 챗GPT나 구글 제미나이에게 일단 물어보고 시작한다. 직장인들도 새 업무에 맞닥뜨리면 선배를 찾기보다 바로 챗GPT나 퍼플렉시티에게 물어보는 경우가 많다. 외국어로 된 문서는 파파고나 딥엘DeepL에 맡겨 번역하고, 엑셀 등 각종 데이터 분석도 인공지능에 맡기면 순식간에 깔끔한 결과를 얻는다. 주변 사람에게 말하기 곤란한 고민거리도 인공지능 챗봇에게 털어놓으면, 친절하고 사려 깊은 상대가 되어 대화해준다. 때와 장소를 가리지 않고 언제 어디서라도 나만의 심리상담사를 만나 속 깊은 얘기를 나눌 수도 있다.

인터넷에는 사람이 만들어내는 콘텐츠보다 인공지능과 로봇이 만들어내는 콘텐츠가 훨씬 많다. 이미 우리가 만나는 콘텐츠의 상당 부분은 인공지능이 만들어낸 것이다. 너무 감쪽같아 사람이 만든 것과 구분하지 못할 따름이다. 분야를 가리지 않고 인공지능과 자동화 로봇이 도입되면서 일상과 업무 형태가 편리해졌지만, 일자리 걱정을 하지 않는 사람이 없다.

《로봇시대, 인간의 일》은 지금으로부터 10년 전인 2015년 11월에 출간한 책이다. 로봇과 인공지능 기술의 빠른 발달로 인해 미래의 모습이 근본적으로 달라질 것이라는 전망을 다양한 연구와 사례를 조사해 책에 담았다. 출간 당시엔 많은 사람들이 '먼 훗날'에 있을 법한 '다른 사람들의 얘기'로 받아들였다. 그런데 얼마 뒤 알파고와 이세돌 9단의 대국이 벌어졌고 4차산업혁명과 인공지능이 생존의 화두로 떠오르자, '지금' 나의 얘기'로 받아들이는 사람들이 늘어났다. 빅테크기업들도 앞다투어 인공지능 기업으로의 변신을 선언하고 자동번역, 자율주행 차량 등의 기술도 빠르게 보급되었다. 2020년 개정판은 당시 최신 정보와 사례를 반영하고 초판에서 다룬 10개의 질문에 두 개의 질문을 보탰다. 이제 5년 만에 다시 정보를 최신 상태로 업데이트하여 개정 2판을 낸다.

그런데 처음 개정판 작업을 했던 2016~2020년 사이에 일어난 변화보다 개정 2판 준비 기간인 2021~2025년에 일어난 변화가 훨씬 크다. 2022년 오픈AI가 개발한 챗GPT의 등장으로 인한 충격은 2016년 알파고에 비할 바가 아니다. 알파고의 출현이 바둑을 즐기던 일부 사람들에게 충격이었다면, 자연어로 작동하는 챗GPT는 언어를 사용하는 모든 사람에게 떨어진 발등의 불이다. 인공지능 환경에 대응하는 능력은 일자리와 교육, 산업 영역을 넘어 국가 차원에서 가장 중요한 과제로 강조되고 있다.

2025년 여름, 나는 인공지능이 가져온 다양한 사회 변화를 다루는 포럼에 참여했다. 인공지능 시대의 변화와 대응을 다루기 위해 사회의 다양한 주체들이 모여 논의하는 원탁회의였다. 논의에 참여한 시민사회나 기업 관계자, 청년이나 시니어 모두 하나같이 인공지능 출현에 대한 불안과 두려움, 그리고 무력감을 호소했다. 인공지능으로 인한 편리함과 기회, 미래에 대한 낙관을 얘기하는 사람은 아무도 없었다. 사람을 더 강력하게 만들어주는 인공지능 기술이 등장해 누구나 편리하고 손쉽게 사용할 수 있게 되었는데, 왜 사람들은 무력함과 두려움을 느끼는 것일까?

그것은 바로 불안함 때문이다. 첨단기술이 가져오는 빠른 변화에 정신을 차리기 힘들 정도이고, 아무리 많은 지식과 자산을 지니고 있어도 인공지능으로 인한 거대한 쓰나미에 휩쓸려버릴 수 있다는 걱정으로 가득한 것이다. 갈수록 똑똑해지고 다재다능해지는 인공지능은 인간 고유의 특징으로 자부해온 다양한 능력들을 하나하나 정복해나가고 있다. 그 결과, 생성형 인공지능의 출현은 이 시대를 살아가는 모든 사람에게 매우 본질적인 질문을 던진다. 인공지능이 사람보다 지적 영역, 감정 소통 영역에서 더 뛰어난 역량을 발휘할 수 있다면, 사람은 어떤 능력으로 인공지능과 구분될 것인가. 우리가 점점 더 많은 영역을 인공지능에 위임하는 세상이 될 때 기계에 마지막까지 위임하지 말아야 하거나 못할 것은 과연 무엇인가?

이 책은 인공지능과 로봇 기술이 불러오는 편리한 세상에서 만나게 될 인간과 사회의 골치 아픈 문제를 다룬다. 챗GPT로 대표되는 생성형 인공지능은 세상에 없던 새로운 질문을 불러왔다. 인공지능과 로봇이 처음 나왔을 때 단순한 작업은 기계에 맡기더라도 창의적인 일만은 사람의 영역이 될 것이라고 한동안 강조하고 교육해왔는데, '생성형 인공지능'으로 상황이 완전히 달라졌다. 생성형 인공지능은 말 그대로 무엇인가를 만들어내는 데 특화된 기술이어서, 무엇이건 지시하면 곧바로 생성해낸다. 인간이 '창의성 구현'이라고 일컬어온 활동을 거침없이 수행한다. 생성형 인공지능이 창의성을 발휘하게 되면서 자연스럽게 새로운 질문이 던져졌다. "인공지능은 인간의 창의성을 돕는 도구인가, 아니면 인간의 창의성을 훼손하는 도구인가?" 개정 2판에 추가하는 13번째 질문이다.

책의 초판(2015년)과 개정판(2020년)에서는 인공지능과 로봇 시대에 피할 수 없는 질문을 12개로 정리해 제시했다. 돌아보면 인공지능 기술은 그동안 아찔한 속도로 발달해왔지만, 12개의 질문들 가운데 해결된 것은 아무것도 없다. 오히려 그 목록에 생성형 인공지능이 새로운 질문을 보태고 있다. 이는 오히려 우리를 안도하게 만든다. 아무리 기술이 발달하더라도 인간이 직면하고 해결해야 하는 문제는 결코 사라지지 않는다는 사실을 일깨워주기 때문이다.

로봇과 인공지능 시대 인간의 역할을 다룬 이 책이 10년 넘게 읽히고 있다는 사실은 질문이 갖는 힘 덕분이다. 인공지능 시대에 마주치게 되는 답 없는 질문들의 세계로 함께 들어가보자.

2025년 11월
구본권

개정판 서문

알파고가 던진
새로운 질문들

2015년 11월《로봇 시대, 인간의 일》을 펴낼 때 이렇게 빨리 개정판 작업을 하게 되리라고는 생각지 못했다. 책에는 로봇과 인공지능이 이미 생활영역 안으로 들어오기 시작했다고 적었지만, 책이 발간되자마자 인공지능 바둑이 세상을 놀라게 할 것이라고는 전혀 예상하지 못했다. 로봇과 인공지능이 관련 분야에서 일하고 연구하는 사람들만의 관심 영역에서 벗어나 모든 사람의 화두가 될 것이라고는 상상하지 못했다.

2016년 3월 이세돌 9단과 알파고의 바둑 대결이 열렸다. 2015년 펴낸 초판본에서는 구글의 인공지능 개발업체인 영국의 딥마인드가 2015년 이뤄낸 인공지능 연구를 괄목할 성과로 소개했다. 딥마인드가 개발한 인공지능 DQN이 비디오게임 영역에서 기계학습을 통해 사람보다 뛰어난 수준에 도달했다는 2015년 2월의 〈네이처〉 논문 소개였다. 하지만 바둑 분야에서 인공지능이 인간 최고수를 이길 날이 머지않아 닥칠 것이라고는 예견하지 못했다. 체스, 퀴즈대회, 비디오게임과 달리 바둑은 경우의 수가 우주의 원자보다 많은 만큼 인공지능이 사람을 능가하기 어려운 영역으로 여겨졌다. 이세돌 9단과 알파고의 대국에서 국내외의 프로기사와 인공지능 전문가 대부분이 이세돌의 절대적 우위를 예상한 배경이다.

이세돌-알파고 연속 대국을 현장에서 기자로 지켜보며 취재했다. 행운이자 흥미진진한 경험이었다. 대국을 앞둔 이세돌 9단을 만나 알파고에 대해 얼마나 파악한 상태로 준비하고 있는지 물었고, 구글 인공지능 과학자에게 알파고 알고리즘의 작동 구조에 대해 취재했다. 이세돌 9단이 알파고에게 1-4로 무너진 것은 탁월했던 한 바둑 고수의 패배가 아니었다. 인류 대표가 인공지능과의 대결에서 상대가 되지 못한다는 것을 모두에게 충격적으로 알린, 21세기 인류 역사의 결정적 한 장면이었다. 4차 산업혁명이 국가와 기업의 생존 화두로 부상했다. 사람들은 로봇에게 밀려나지 않을 일자리와 미래 전공이 무엇일지 고민하기 시작했다. 많은 사람과 조직이 미래를 상상하고 대비하는 방식에서 2016년 알파고는 하나의 분수령이 됐다. 알파고 이후 많은 게 달라지게 되었다.

《로봇 시대, 인간의 일》은 알파고 덕분에 다른 인공지능 서적들과 함께 적잖은 관심을 받았다. 책은 서울시, 구미시 등에서 '한 책 읽기' 도서로 선정되고 국방부 진중문고로 전군에 보급됐다. 중고교 국어, 사회과, 진로와직업 등 교과서 여러 종에 책의 부분 부분이 발췌돼 실려 있다. 독서토론대회와 논술학원들이 교재로 삼는가 하면 일부 대학 교양강좌와 대학원 철학수업에서는 텍스트로 사용했다. 졸저의 지은이로서는 분에 넘치는 보람이자 기쁨이다. 책이 과분한 평가를 받은 게 로봇과 인공지능에 관한 최신 정보와 알찬 지식을 담고 있기 때문이 아니라는 것은 안다. 인공지능 시대에도 유효할 '인간의 일'을 찾으며 현실적 답안을 기대한 독자들을 골치 아픈 문제더미에 밀어넣어 고민하게 만든 작업이 무가치하지 않다고 평가해준 덕이다.

약 24개월마다 컴퓨터 연산능력이 2배로 상승한다는 무어의 법칙이 말해주듯, 정보기술 분야의 발달 속도는 아찔한 수준이다. 그 사이 많은 게 달라졌다. 개정판 작업을 하면서 현재 시점에서 언급해야 하는 기술의 발전과 업데이트해야 하는 숫자와 통계가 적지 않았다. 이세돌과 알파고를 비롯해 5년 전에는 존재하지 않던 정보들을 추가했다. 그런데 개정판 작업을 하면서 흥미로운 지점을 만났다. 2015년 초판은 인공지능과 로봇시대에 우리가 직면할 과제들을 10개의 질문으로 제시했다. 자율주행 자동차와 인공지능 번역의 경우 5년 전과 달리 더이상 미래의 기술이 아닌 이미 실용화 단계의 현실이 됐다. 책에서 제시한 각종 숫자를 업데이트하고 그동안 일어난 기술의 성취와 발전 양상을 보탰지만, 초판에서 던진 질문과 딜레마 상황은 그대로다. 기술은 눈부시게 발달했지만 기술 진전으로 인해 개인과 사회가 직면하게 된 문제들은 전혀 해결되지 않았다. 오히려 더 이상 공상과학과 먼 미래의 일이 아니라, 피해갈 수 없는 현실의 문제로 다가왔음을 확인했다. 자동화로 인한 일자리의 문제, 늘어나는 여가와 감정을 지닌 기계와의 친밀관계 형성 등 똑똑한 기계가 던지는 물음은 기술 발달이 답을 가져다주지 않는다.

인공지능 발달로 기존의 문제들이 해결되기는커녕 오히려 늘어났다. 개정판 작업을 하면서 기존 10개의 질문에 2개의 새로운 질문을 보탰다.

"선입관과 편견 없는 인공지능을 재판과 정치에 투입할 수 있을까"라는 물음과 "인공지능이 창작까지 하는 현실에서 예술은 존재할 수 있는가"라는 질문이다. 저자와의 만남에서 많은 독자들이 궁금해한 내용이기도 하다. 초판을 집필할 때만 해도, 현 시점에서 인공지능이 정치와 예술 같은 인간 고유의 영역까지 넘볼 것이라고는 생각지 않았지만, 이미 독자들은 저자의 사고 한계 너머에서 고민하고 있었다.

 개정판 작업을 하면서 기술과 도구의 발달 속도에 놀라면서도 한편으로는 크게 안도했다. 기술이 맹렬한 속도로 발달하고 있지만 그로 인해 사람의 일이 결코 사라지지도 위협받지도 않는다는 것을 확인했기 때문이다. 초판에서 던진 10개의 질문이 여전히 유효하고, 오히려 새로운 질문들을 보태게 됐다는 점도 그렇다. 단순계산이나 매뉴얼 번역처럼 기계가 답할 수 있는 문제는 기계에 맡기는 게 당연하다. 하지만 그럴수록 답이 없는 문제만 사람의 일이 된다. 새로운 도구가 등장한다는 것은 과거에 없던 새로운 문제가 발생한다는 것을 의미한다. 인공지능과 로봇의 시대에 기계가 사람의 일을 빼앗아갈 것으로 전망되지만 이는 한 측면일 뿐이다. 우리는 전에 없던 새로운 문제를 직면하게 되고 과거에 생각지 않았던 새로운 질문을 만들어내며 생존할 것이다.

 호모 파베르(도구적 인간)인 독자들이 이 책을 계기로 갈수록 똑똑해지고 편리해지는 도구와 지혜로운 관계를 맺는 방법을 찾아나서길 바란다. 이는 코딩교육처럼 도구의 최신 조작법 학습을 넘어서는 일이다. 앞으로 사람이 해야 할 일은 똑똑한 기계에 맡길 수 없는 복잡하고 난감한 문제들의 목록일 것이다. 이 책은 골치 아프지만 기계에 맡길 수 없어 결국 사람의 일이 될, 인공지능 시대의 진짜 문제들을 안내하고자 한다. 그래서 각자가 자신만의 일이 될, 답없는 문제를 만들어내길 소망한다.

2020년 5월
구본권

프롤로그

'멋진 신세계'를 불러올 로봇 시대가 열리다

2011년 3월 동일본 대지진은 대규모 자연재해가 최악의 인공 재난으로 이어진 사건이다. 대규모 지진해일이 후쿠시마 원자력발전소를 덮쳐 냉각 시스템이 붕괴한 이 사고는 국제 원자력 사고 등급 최고 단계인 7단계를 기록했다. 사고로 인한 방사능 물질 세슘137의 유출량은 1945년 히로시마에 투하된 원자폭탄의 168배 규모다.[1] 냉각 시스템 파괴로 인해 멜트다운(노심 융해)이 예고되었지만, 치명적 방사능 때문에 수습 인력이 사고 현장에 접근하지 못한 채 참사로 이어지는 상황을 속절없이 지켜봐야 했다. 원자력 기술과 그에 대한 통제를 신뢰한 인간의 무지와 오만도 함께 무너져내렸다.

4년 뒤인 2015년 6월 미국 캘리포니아 포모나에서 열린 국방부의 방위고등연구계획국DARPA 주최 '재난구조 로봇 올림픽'에서 한국과학기술원KAIST의 인간형Humanoid 로봇 '휴보Hubo'가 우승했다. 후쿠시마 원전 사고와 같은 재난이 일어날 경우, 사람 대신 로봇을 투입해 상황을 수습하려는 목적에서 창설된 로봇 경진대회다. 휴보는 자동차를 스스로 운전해 목적지에 도달한 뒤 문을 열고 울퉁불퉁한 바닥과 계단을 지나서 밸브를 잠그고 드릴로 벽에 구멍을 뚫는 등의 과제를 출전 팀들 중 최단 시간인 44분 만에 완수하고, 우승을 거두었다. 빠른 기술발전 속도를 고려하면, 머지않아 사람이 접근할 수 없는 재난 상황에서 로봇의 활약이 기대된다.

2015년 9월 미국 해병대는 위험지역에서 수색 작전을 펼칠 때 로봇에게 정찰과 탐색 업무를 시키고 안전을 확인한 뒤에 군인이 진입하는 '로봇-인간 합동 전투훈련' 영상을 공개했다. 직원 수 110만 명으로 고용규모 세계 2위의 기업인 대만의 홍하이정밀공업은 폭스콘 공장의 노동자 자살 대책으로 사람 노동을 대체하기 위해 100만 대의 로봇을 투입하는 전략을 추진 중이다.

로봇이라는
친절한 이주민

1997년 IBM의 컴퓨터가 체스 세계 챔피언과의 대결에서 승리하더니, 2011년엔 미국의 인기 퀴즈쇼에서 전설적인 퀴즈 챔피언들과의 대결에서도 우승했다. 이는 프로그램에 따라 입력된 과업을 빠르고 강력하게 처리하는 기계인 컴퓨터와 로봇이 사람의 영역이라고 여겨온 사고와 판단 기능을 지니게 됐다는 의미다. 체스와 퀴즈는 사람의 말을 알아듣고 답을 내놓는 것은 기본이고, 상대가 무슨 생각과 어떤 전략을 세우고 있는지를 알아야 대응할 수 있는 게임이다. 기계 번역은 영어-중국어, 영어-스페인어 등에서 매끄러운 실시간

통역이 가능한 상태다. 스마트폰에서 음성인식과 클라우드 컴퓨팅을 활용하는 인공지능 기반의 비서 서비스는 이미 대중적 서비스로 자리 잡았다. '로봇과의 로맨스'를 소재로 한 영화가 만들어지는 배경이기도 하다.

일본 소프트뱅크는 알데바란 로보틱스가 만든 세계 최초의 감정인식 휴머노이드 로봇 '페퍼 Pepper'의 시판을 시작했다. 가정용 냉장고 수준의 가격에 인공지능을 갖춘 가정용 감정인식 로봇 페퍼는 1분 만에 공급 물량이 매진될 정도로 초기 반응이 폭발적이다. 지진이나 스포츠 경기 결과, 주식시장의 기업실적 뉴스 등 데이터를 기반으로 만들어지는 뉴스는 이미 기계가 기사를 작성해 유통하는 역할을 능숙하게 수행하고 있다. 전문 직군의 고유 업무로 여겨졌던 취재와 기사쓰기를 뉴스로봇이 사람이 경쟁할 수 없는 빠른 속도와 완벽한 정확성으로 대체하고 있는 것이다.

이처럼 로봇은 우리의 생활 곳곳으로 깊숙이 침투하고 있다. 산업형 로봇이 전투용·의료용으로 확대된 데 이어, 지능형·감정형 로봇이 되어 보통사람의 일터와 가정 속으로 들어오기 시작한 것이다. 로봇의 범주에 포함되는 인공지능과 자율주행차는 디지털 세계의 패권을 좌우할 분야로 간주되며 글로벌 경쟁이 치열한 영역이다. 자율주행차는 160만 킬로미터를 무사고로 달렸으며, 미래에는 '사람이 직접 차를 모는 것은 너무 위험하다'는 이유로 인간의 운전이 금지되어야 한다는 주장까지 나오고 있다. 구글, 애플, 아마존에 이어 일본의 소프트뱅크, 도요타, 혼다, 닛산, 중국의 알리바바, 나인봇 등 세계 로봇 시장을 선점하기 위한 기업들의 경쟁도 본격화하고 있다. 바야흐로 '로봇 시대'가 개막되었다.

로봇 시대가 인류의 복음이 될지, 재앙이 될지에 대해서는 진단이 엇갈린다. 인공지능 로봇이 더 이상 공상과학 영화의 상상이 아니라 현실의 문제로 떠오르자, 2015년부터 세계 과학계의 석학들은 "사람보다 똑똑한 기계는 인류를 멸망시킬, 인류의 마지막 발명품이 될 것이다"라며 공개적 경고에 나섰다. 로봇 시대의 모습이 어떠할지를 구체적으로 예측하는 것은 불확실하고 알 수 없는 영역이지만, 분명한 것은 우리는 로봇 시대가 어떤 방향이든지 그 영향에서 벗어날 수 없는 삶을 살 것이라는 점이다. 살인로봇과 섹스로봇의 개발을 금지시키자는 청원과 캠페인이 곳곳에서 시작됐을 정도로, 로봇과의 공생은 이미 현실이다.

미국의 기술철학자 랭던 위너 Langdon Winner 는 "세계지도에 테크노폴리스 Technopolis라는 국가가 나오지는 않지만 우리는 그 국가의 시민이고, 좋든 싫든 우리 자신이 인간 역사의 새로운 질서에 속하게 되었다는 것을 인정해야 한다"라고 말한다.[2] 우리 모두는 기술이 지배하는 테크노폴리스의 시민이고, 로봇 역시 그 국가에서 함께 살아가야 할 이주민이 된 상황이다.

모든 것이 디지털로 변화하고, 지능적 기계와의 공생이 시작되었다는 것은 그 사실을 인지하는 자에겐 기회이지만, 그렇지 못한 사람에겐 위기다.

인간을 대체하는
인간의 도구

인간의 특징 중에 하나는 '도구를 만들어 쓰는 존재(호모 파베르)'라는 것이다. 현실의 삶과 생활 조건을 개선하기 위한 인간의 노력은 더 나은 도구를 만들기 위한 생각과 시도로 나타났으며, 삶은 날로 개선되고 있다. 무수한 도구가 명멸하면서 사람과 사회에 영향을 끼쳐왔지만, 지금 우리가 당면하고 있는 상황과 견줄 만한 때는 유사 이래 없었다. 디지털 도구는 모든 것을 뿌리부터 바꾸고 있으며, 사람이 도구와 관계 맺는 방식도 근본적으로 달라졌다.

도구 덕분에 우리는 문명의 편리함을 누리고, 개인들은 엄청난 힘과 자원을 활용할 수 있게 됐다. 산업 현장의 로봇이 힘들고 위험한 노동을 대체했다면, 최근의 지능형 로봇과 소프트웨어는 사람만이 할 수 있을 것이라고 여겨왔던 각종 지적인 업무와 서비스 직무마저 대체하기 시작했다. 사라지는 일자리와 더불어 로봇 시대에 적합한 새로운 일자리들이 생겨날지 여부를 놓고 찬반 논란이 치열하다. 하지만 분명한 것은 고용시장의 재편과 변화가 불가피하고, 현재 나의 일자리 역시 무풍지대가 아니라는 점이다. 가시화하는 로봇 시대를 대비해 어떤 준비를 해야 할까? 현재 미래 예측기관들이 유망직종으로 전망하는 데이터 사이언티스트 같은 직업은 로봇 시대에 과연 변화 없이 인기가 유지될까?

인터넷과 컴퓨터는 기존의 다양한 장벽을 없애고 세상 모든 정보와 사람을 연결시킨 마법처럼 편리한 도구로 다가왔지만, 일자리를 없애며 많은 직업 종사자들을 위협하고 있다. 모든 사람이 스마트폰과 인터넷을 이용해 이전 시기와 비교할 수 없는 편리함과 권능을 경험하는 세상은 동시에 일찍이 없던 '격차 사회'를 만들어내는 여건이다. 기술 시스템을 설계, 운영하는 사람과 집단에게는 최고의 권력과 부를 안겨주지만, 기술 변화가 가져온 새로운 사회의 질서를 파악하지 못하는 사람들은 그 기회를 발견하기도 활용하기도 어렵다. 인공지능과 로봇과 함께 살아가야 할 시대는 엄청난 변화가 불가피하다. 인간에게 편리함과 새로운 능력을 가져다줄 것으로 기대된 첨단 기술이 그 변화의 세계를 준비하지 못한 사람들에게는 일자리를 앗아가고 기존의 감정적 소통과 관계마저 황폐화시키는 불가항력적 힘이 된다.

로봇과 인공지능 시대의 거대한 변화에 직면해 우리는 무엇을 알아야 하고, 어떻게 스스로를 준비시켜야 할까?

역사를 돌아보면 가혹한 환경에서 살아남은 사람들은, 신체적 능력이 가장 뛰어난 사람이 아니다. 절망적 상황에서도 끊임없이 호기심을 갖고 지적 추구를 한 사람들이다. 사실 인류의 진화 역사에서 강인하고 힘이 센 네안데르탈인이 멸종하고 그보다 덩치가 작고 연약한 현생인류가 최후의 생존자로 살아남게 된 배경도 신체적 힘보다 두뇌와 학습에 의존한 '전략' 덕분이라는 게 고생물학계의 정설이다. 현생인류는 미성숙한 유년기를 더욱 연장시키고 그동안 집단을 이뤄 지식 전수를 늘리는, 사회화와 두뇌 강화 전략을 통해 어떤 생물체보다 뛰어난 능력을 지니게 됐다.[3]

지금 인류는 맹수와 전염병, 빙하기와 굶주림이라는 극한적 위험과 그로 인한 결핍 속에서 생존을 위한 창의적 방법을 찾아내던 필사의 시절과 정반대의 상황을 맞이했다. 식량과 정보가 넘쳐나 오히려 과잉 영양과 지식 과부하가 걱정이 되는 환경이고 각종 백신과 의술의 도움으로 우리는 안락함을 누리며 어느 시기보다 주변 상황을 마음대로 통제하고 있으며 미래를 스스로 계획해서 만들어가고 있는 것처럼 보인다. 나아가 인류의 지적 추구가 만들어낸 과학기술은 이제 사람만큼 똑똑한 기계를 만들어낼 수 있는 지경에 이르렀다. 하지만 이는 역설적으로 새로운 '극한 상황'을 불러오고 있다. 생각하는 기계인 로봇에게 인간의 지적 기능을 본격적으로 위임하고 있는 오늘의 현실은 지식과 판단을 고유 능력으로 활용해온 인간이 역사상 처음 직면하는 상황이고, 전에 없는 변화를 가져올 조건이 되기 때문이다. 인공지능이 재앙이자 인간의 마지막 발명품이 될 수 있다는 잇단 우려가 로봇 시대가 가져올 변화의 강도와 스케일을 말해준다.

극한 상황에서의 생존 비결에 대해 탐험 전문가는 침착하게 자신의 상태와 주변 여건을 객관적으로 파악하는 게 무엇보다 중요하다고 말한다.[4] 그 지식을 바탕으로 결정과 실행이 이어져야 위험에서 빠져나오게 되지만, 출발점은 항상 '아는 것이 힘'이다. '로봇 시대'는 인공지능과 자동화, 똑똑한 기계와 더불어 사는 시대를 말한다. 공생의 파트너이자 생존의 환경이 된 로봇의 세계를 이해하기 위해 관심을 기울이고 노력하는 게 절실하다.

먼저 디지털 세상의 기본적 구조와 속성을 파악하는 게 우선이다. 디지털 세상에서 모든 것은 0과 1로 이뤄진 데이터이고, 모든 데이터는 기계에 의해서 처리processing된다. 데이터에 접근할 수 있고 그를 활용한 알고리즘과 플랫폼을 만들어내는 능력을 소유한 집단이 모든 것을 지배한다. 그 지배집단은 검색과 디지털 서비스의 운영체제, 소셜미디어 플랫폼을 만들어낸 글로벌 정보기술 기업들이고, 사용자들의 활동내역에 접근하고자 하는 국가권력이다. 우리는 데이터를 만들어내는 주체이지만, 사용하는 주인이 아니다. 구글의 자율주행차도 방대한 데이터와 이를 처리하는 알고리즘으로 작동하는 기술이다. 에드워드 스노든Edward Snowden의 폭로로 밝혀진 미국 국가안보국National Security Agency의 전 세계 인터넷 이용자들을 대상으로 한 방대하고 치밀한 감시활동은 디지털 세상에서 데이터와 알고리즘을 지배하는 소수 권력집단에 의해 그 힘이 어떻게 쓰이는지를 알려준다.

절박한 생존의 물음들

이 책은 로봇과 인공지능이 우리의 생활 영역으로 들어오기 시작한 이즈음 자동화와 로봇으로 인한 직업의 지형도, 대학과 학습 등 교육 시스템, 로봇 시대가 직면하게 될 도덕적 딜레마, 새로운 감정적 관계의 대상, 외부에 아웃소싱할 수 있는 기억과 기능의 범위 등에 관해 어떠한 변화가 일어나고 있는지에 대한 정보와 논의를 전달한다. 그렇지만 이 책은 로봇 시대에 불어닥칠 거대한 변화와 혼란에 대한 모범적인 답안이나 미래 예측을 제시하지 못한다. 오히려 우리가 어렵고 힘든 업무를 로봇과 인공지능에 위임할 수 있어 편리한 시대라고 생각하면 오판이라는 점을 지적한다. 로봇 시대는 인류가 일찍이 경험해보지 않은, 실제 직면할 수 없던 새로운 차원의 문제들을 던진다는 것을 말하고자 한다. 로봇 시대에 우리가 직면해야 할 문제는 누구도 모범답안을 알려줄 수 없는, 사실상 답이 없는 복잡한 딜레마 더미이다.

로봇 시대에는 로봇이 대체할 수 없는 사람만의 기능이 무엇인지 찾아내는 것이 직업적 생존과 의미 있는 삶을 영위하기 위한 기본 요건이 될 것이다. 로봇에게 위임할 수 있는 기능과 일들이 늘어난다는 것은, 우리가 반복적이고 고된 업무로부터 해방되어 여유로워진다는 것을 의미하지만 동시에 로봇에 위임할 수 없는 인간의 본질이 무엇인지를 묻는 일이 된다. 이는 골치 아프고 복잡한 철학적인 물음에 직면하게 됨을 뜻한다. 자율주행차의 충돌 알고리즘을 어떻게 설계할지, 또는 전투용 로봇의 목표물 사격 알고리즘을 어떻게 설계할지와 같은 문제까지 각자가 답해야 할 필요는 없다. 그러한 문제는 사회적 차원에서 또는 국제적 차원에서 전문가 집단의 논의로 진행되어야 할 과제이다.

그렇다고 해서 우리 자신의 문제들까지 로봇과 전문가들에게 위임해서는 안 된다. 우리에게 그만큼 커다란 힘과 다양한 선택이 주어졌기 때문이다. 영화 〈스파이더맨〉은 '커다란 힘에는 커다란 책임이 따른다'는 볼테르의 경구를 전한다. 로봇과 인공지능을 소유하게 된 인간도 마찬가지다. 자신의 선택과 권력에 대해 책임 없이 권한과 편의만 누리는 것은 불가능하다. 우리는 지금 전 세계의 지식과 컴퓨팅 자원에 접근하고 활용할 수 있는 데다, 로봇과 인공지능을 이용해 일찍이 어느 제왕도 누릴 수 없던 지식과 권력에 닿을 수 있다. 일부 학자들은 인간이 똑똑한 기계를 만들어냄으로써 마침내 꿈꾸어오던 대로 신적 존재에 필적할 능력을 갖게 되었다고 말한다.

신의 존재와 구원, 인간의 본성에 대해 깊은 논의를 펼쳐놓는 도스토옙스키의 소설 《카라마조프 가의 형제들》에서 둘째아들 이반은 "신이 없으면 모든 것이 허용된다"라고 무신론을 설파한다. 신을 의지하지 않고 인간 이성의 절대성을 신봉하는 이반의 이 말은 모든 금기가 사라진다는 의미가 아니다. 신의 존재와 금기가 사라져 모든 것이 허용된다면 모든 것을 행위하는 사람 스스로 책임져야 한다는 것을 뜻한다.

인간 이성의 절대성에 대한 신뢰와 과학적 합리주의를 추구해온 결과 마침내 우리는 로봇과 인공지능의 시대를 직면하게 됐다. 바로 이반 카라마조프가 말하는 '모든 것이 허용되는 세상'일 것이다. 이는 도구를 활용해 모든 것을 할 수 있는 자유와 권능인 동시에 모든 것에 대해 스스로 판단하고 책임을 져야 하는 세상이라는 것을 의미한다. 로봇과 인공지능 시대에 우리가 부여받은 자유와 권능은 너무도 커서, 누구에게도 위임될 수 없다. 결국 각 개인이 스스로 그 권한과 책임을 함께 감당해야 한다.

이미 우리는 지능적 기계에 의존하면서 더불어 살고 있다. 디지털화가 진전될수록 점점 더 자동화와 알고리즘이 일상 업무를 편리하게 처리하는 세상이 될 것이다. 로봇은 인간의 지능과 감성을 모방하는 걸 넘어, 스스로 학습능력을 갖춘 인공지능을 지향한다.

지능적 알고리즘이 사람의 노동과 판단을 대체하는 상황에서 인간은 무슨 존재가 되는가? 로봇과 인공지능의 시대에 사람만이 할 수 있는 일은 무엇인가? 디지털 환경에서 컴퓨터와 알고리즘이 처리할 수 없는 사람만의 영역과 '사람다움'은 무엇이 될 것인가. 로봇 시대를 사는 우리 모두에게 실존적이면서, 철학적인 질문이 던져졌다. 사실은 현실화된 기계와의 경쟁에서 살아남기 위한 절박한 생존의 물음이기도 하다.

이 책은 《당신을 공유하시겠습니까?》(2014)에 이은 '디지털 리터러시 Digital Literacy'에 관한 두 번째 책이다. 앞의 책이 스마트폰과 인터넷 상시 연결 환경에서 현명한 사용자가 되기 위해 우리가 기술의 속성과 구조에 대해 무엇을 알고 써야 하는지를 다뤘다면, 이 책은 다가올 인공지능과 자동화, 로봇의 시대를 어떻게 준비하면서 맞아야 하는지를 이야기하고 있다. 우리가 로봇과 인공지능의 시대에 마주하게 될 상황을 10개의 질문으로 구성했지만, 내용은 질문에 대한 답안이라고 볼 수 없다. 우리는 모두 똑똑한 기계에 수고로운 업무를 위임한 것처럼 보이지만, 그를 통해서 생겨나는 복잡한 문제들에 대해 새로운 질문과 과제를 안게 됐다. 로봇 시대가 던지는 질문들은 결국, 진짜 중요한 문제는 스스로 생각하고 선택하는 것이라는 것을 알려준다. 이 책은 로봇 시대에 우리가 직면하게 될 진짜 문제들에 대해 스스로 답을 찾아갈 작은 실마리가 되고자 할 따름이다.

2015년 11월

Chapter 1

알고리즘 윤리학

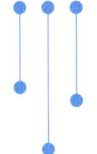

무인자동차의 등장, 사람이 운전하는 차가 더 위험하다?

자율주행 상황의 딜레마는 우리의 삶이 알고리즘의 세계로 변환되고 있음을 알려준다. 사람의 판단과 행동이 언제나 합리적이지도 않고 최선의 결과를 만들지도 못하지만 그에 대한 책임은 우연과 무작위, 그리고 무지의 장막으로 보호되어 왔다. '실수'라는 것은 사람에게 허용된 자유의 영역이기도 했다. 하지만 우리가 로봇과 인공지능에 의존하고 위임한다는 것은 이러한 우연과 무작위의 세계를 벗어난다는 의미다. 우리는 사람과는 달리 기계에 대해서는 너그러울 수도, 자유를 부여할 수도 없다.

"앞으로 사람이 자동차를 직접 운전하는 것은 불법화될 것이다. 너무 위험하기 때문이다."

전기자동차업체 테슬라Tesla를 설립한 경영자이자 기술혁신의 아이콘인 일론 머스크Elon Musk가 2015년 3월 미국 새너제이에서 열린 기술 콘퍼런스에서 연설한 내용이다. 자율주행차가 사람이 운전하는 자동차보다 훨씬 안전하며 널리 보급된 후에는 사람의 운전이 금지될 수 있다는 것이 머스크의 전망이다.

구글의 자율주행차는 2018년 도로주행 1000만 킬로미터를, 2019년엔 시뮬레이션 주행(가상주행) 100억 킬로미터를 돌파했다. 교통사고는 거의 없었다. 몇 건의 접촉사고와 추돌사고가 있었지만 다른 차량 또는 탑승자의 조작 실수였고, 구글이 책임을 인정한 사고는 2016년 2월 버스와 가벼운 접촉사고 단 한 건이었다.

세계보건기구WHO의 최근 통계에 따르면, 교통사고 사망자는 연간 119만 명이다. 세계대전 희생자에 버금가는 사망자가 해마다 교통사고로 발생하는 셈이다. 인구 대국인 중국이 27만 명, 인도가 23만 명으로 가장 많지만, 미국에서도 매년 3만 명 이상 숨지고 있으며 2024년 우리나라의 교통사고 사망자는 2521명이었다.

교통사고의 90퍼센트는 운전자의 실수에 따른 것이고 도로나 기계 장치 결함 등으로 사고가 발생한 경우는 10퍼센트 수준이다. 세계적 컨설팅 회사 매킨지는 2015년 보고서를 통해, 자율주행차가 본격적으로 도입되면 미국에서 발생하는 교통사고의 90퍼센트가 줄어들 것이고 이로 인한 경제적 효과가 매년 1900억 달러(약 263조 원)에 이를 것이라고 예상했다.[2]

과거에는 엘리베이터도 운전원이 조종했지만 지금은 탑승자가 원하는 층수를 누르기만 하면 된다. 엘리베이터는 훨씬 많은 사람을 싣고 더 빨리 더 높이 올라가게 됐지만 운전원 없이 한결 안전하게 운행되고 있다. 미래의 자동차는 엘리베이터의 진화 경로를 따르게 될까?

스스로 운전하는
차들의 경쟁

자율주행차 개발은 세계적 기술 기업들이 펼치는 치열한 경쟁의 최전선이다. 그동안 미국 항공우주국NASA과 국방부의 고등방위계획국DARPA 주도의 연구 개발 프로젝트로 진행되다가 민간 기업들의 경쟁 무대로 바뀌면서 빠른 속도로 기술이 진전하고 있다. 자동차는 현대 생활의 필수도구이자 기술과 기계 산업의 집약체인 만큼 자율주행차가 대세를 형성하게 되면 산업적, 문화적 지형이 지각 변동을 맞는다. 이런 거대한 변화를 예견한 글로벌 자동차 기업들과 관련 기업들은 경쟁적으로 기술 개발에 나서고 있다.

자동차업계가 수십 년 전부터 내부적으로 검토해오던 자율주행차 경쟁에 불을 지핀 곳은 다르파였다. 군사적 목적을 염두에 두었던 다르파는 2002년 무인자동차 경주 대회인 그랜드 챌린지를 열겠다고 발표하고 2004년 첫 공식 대회를 개최했다. 캘리포니아 모하비 사막을 240킬로미터가량 주행하는 경주였다. 2004년 다르파가 테스트를 통해 완주 능력을 갖췄다고 판단한 15대의 자율주행차가 출전했지만 결과는 보잘것없었다. 출발하자마자 두 대는 멈췄고 한 대는 이내 전복돼버렸다. 3시간 이상 달린 차는 네 대뿐이었다. 가장 먼 거리를 운행한 카네기멜론 대학의 샌드스톰Sandstorm도 전체 구간의 5퍼센트도 못 되는 11.78킬로미터를 주행하고는 제방에 처박혔다. 우승상금 100만 달러를 받을 곳은 없었다. 〈파퓰러 사이언스〉는 '다르파의 사막 대실패'라는 제목으로 이 대회를 소개하는 기사를 실었다.[3]

1년 뒤인 2005년에 열린 제2회 대회는 판이하게 달랐다. 결승에 진출한 23대의 무인자동차 중 22대가 2004년 최장 주행기록인 11.78킬로미터를 돌파했고 다섯 대는 240킬로미터를 완주했다. 스탠퍼드 대학팀의 스탠리Stanley가 6시간 54분의 기록으로 우승했다. 다르파 그랜드 챌린지 대회를 실질적으로 주도한 스탠퍼드 대학의 서배스천 스런Sebastian Thrun 교수와 카네기멜론 대학의 크리스 엄슨Chris Urmson 교수는 대회 이후 구글 자율주행차 프로젝트의 사령탑이 됐다.

구글은 2009년 도요타 프리우스를 자율주행용으로 개조한 뒤 개발과 실험을 계속하면서 흐름을 주도해왔다. 2012년 네바다주에서 세계 최초로 자율주행이 가능한 자동차라는 의미의 번호판 'AU001'

2005년 다르파 그랜드 챌린지에서 우승을 차지한 스탠퍼드 대학팀의 무인 자동차 스탠리.

을 획득한 이후 2015년 5월까지 시험 주행 거리가 160만 킬로미터에 이른다. 구글의 자율주행차는 라이더LiDAR로 불리는 각종 센서 장비와 데이터 처리 기술에 기반한다. 라이더는 레이더, 음파장비, 카메라, 위성항법장치GPS 등의 첨단 센서를 이용해 차량 주위의 360도 환경을 인식하고 사람보다 신속 정확하게 판단을 내리는 장비다.

구글이 개척해온 자율주행차 실험은 세계적 자동차메이커들이 가세하면서 뚜렷한 대세를 형성했다. 2018년 12월, 구글은 미국 애리조나주 피닉스에서 세계 첫 자율주행 택시 서비스를 시작하며 자율주행 상용화 시대를 열었다. 차량공유업체 우버와 전기차업체 테슬라는 자율주행을 서비스의 핵심 기능으로 홍보하고 있다.

자율주행차는 이미 미국, 중국, 독일, 영국 등의 주요 도시에서 운전자가 없는 '로보택시' 형태로 상용 운행 중이다. 웨이모(구글), 크루즈GM, 리프트 등이 피닉스, 샌프란시스코, 라스베이거스에서 로보택시 유료 서비스를 하고 있으며, 2025년 6월 테슬라도 텍사스주 오스틴에서 로보택시 서비스를 시작했다. 중국 바이두는 2019년부터 로보택시 '아폴로 고Apollo Go'를 베이징, 상하이 등 10여 개 도시에서 상용 서비스 중인데, 1년에 탑승 실적 수백만 건을 넘기며 빠르게 성장하고 있다. 국내에서는 서울시와 세종시 등 지자체와 현대자동차그룹 계열의 포티투닷42dot 등이 일부 구간에서 자율주행 시범 서비스에 나서고 있다.

땅으로 내려온
행성 탐사 기술

무인자동차 기술도 다른 많은 기술처럼 우주개발 연구에 뿌리를 두고 있다. 자율주행 기술은 일찍이 1970년대 이전부터 진행된 나사의 행성 탐사 프로젝트까지 거슬러 올라간다. 달이나 화성, 금성 등에 우주선을 보내 지표면을 탐사하기 위한 연구에 자율주행 기술과 장치가 필요했던 것이다.

화성이나 금성에 무인우주선과 무인착륙선을 보내 표면 탐사에 나설 경우 당시 기술로는 지구와의 실시간 통신이 불가능했다. 우주선이나 탐사선에서 보낸 통신을 지구상의 관제소가 수신하는 데는 상당한 시간이 걸린다. 행성에 착륙한 탐사선에서 나온 지표 탐사로봇 또는 탐사자동차가 지표면을 움직일 때는 지구 관제소의 통제가 사실상 불가능하다. 한 번 통신이 오가기까지 긴 시간이 필요하기 때문에 탐사로봇이 보낸 사진을 관제소에서 수신해 현장을 확인하면서 원격 조작을 하기 어렵다. 통신이 오가는 몇 시간 또는 몇십 분을 기다릴 수 없으므로 탐사로봇 스스로 장애물을 피하고 적절한 경로를 판단해 주행하는 기술이 필수적으로 요구됐다. 실제로 2006년 나사가 발사한 무인우주탐사선 뉴허라이즌스New Horizons가 2015년 목적지인 명왕성에 도달했다. 뉴허라이즌스는 명왕성의 신비로운 사진을 다수 보냈지만 이를 지구에서 수신하는 데는 평균 9시간이 걸렸다. 먼 거리와 느린 속도 때문에 뉴허라이즌스가 보낸 사진과 정보를 지구에서 모두 받는 데는 16개월이 걸렸다.

행성 탐사를 위한 무인로봇의 기능이 몇십 년 뒤 지구인들을 위한 기술로 변신 중이다. 자율주행 기술 경쟁은 센서 방식에 따라 라이다LiDAR 기반과 카메라 기반으로 구분되는데, 테슬라의 진입으로 판도가 변화하고 있다. 구글 웨이모 등이 초기부터 발전시켜온 라이다 방식은 안정성이 높지만 가격이 비싸 대중화에 어려움이 있다. 카메라 기반 방식은 사람 시각과 비슷하게 주변 상황을 이미지로 인식하고, 인공지능 활용에 유리하다. 값이 싸고 소형화, 대량 생산에 유리하지만 날씨나 조도 변화에 취약하고 거리 인식 정확도에서 라이다보다 불리하다. 테슬라는 처음부터 라이다 없이 카메라로만 자율주행 기술을 구현하겠다고 선언한 뒤 기술 개발을 통해 시장을 넓혀가고 있다.

자율주행차 개발과정에서 개발된 기능들은 시판 차량에 속속 적용되고 있다. 자동주행 속도유지 장치인 크루즈 컨트롤, 자동주차 시스템, 차선 이탈 경보 시스템, 추돌 방지와 보행자 감지 자동정지 기능 등은 이미 최신 차량 모델에 경쟁적으로 탑재되고 있다.

굴지의 자동차 기업들 대신 인터넷 기업인 구글이 자율주행차 경쟁을 선도한 데에는 무인자동차 영역에서는 기계의 성능보다 데이터와 소프트웨어를 활용한 알고리즘 기술이 더 중요하다는 배경이 작용한다. 자율주행차의 핵심은 주행 정보와 차량 외부의 다양한 정보를 신속히 분석해 최적의 결정을 내리는 알고리즘 기술이다. 구글의 자율주행차는 1초에 1GB의 정보를 처리한다. 360도로 외부를 감지하는 레이저 센서가 1초에 160만 번 정보를 읽고 3D카메라가 실시간 거리 측정을 하는 등 방대한 정보를 처리하려면 빅데이터 처리 기술과 네트워크 기술이 핵심적이다. 앞으로 사물인터넷이 진전돼 도로 시설물과 교통 보조 시설에 자율주행 차량과의 통신기능이 갖춰지고 차량간 vehicle to vehicle 통신이 이뤄지면 처리할 데이터의 양이 지금과는 비교할 수 없을 만큼 늘어난다. 실시간 처리는 기본인 데다 갈수록 더 빠르고 사각지대 없는 네트워크 기술이 요구된다. 방대한 데이터 처리 기술과 연산 능력은 구글이 지구상 어느 기업보다 강점을 지닌 영역이다.

트럭 같은 상용차 영역에서는 여러 대의 트럭이 무리를 지어 운전자 없이 자율주행하는 군집주행 기술이 개발돼 성공적 주행 테스트를 끝낸 단계다. 운전자가 모는 한 대의 트럭을 뒤따라 여러 대의 차량이 서로 통신하면서 일정한 거리를 유지한 채 자율주행하는 방식이다. 유럽연합 자동차업체들의 공동 개발 프로젝트인 사르트르 SARTRE가 대표적이다. 이 프로젝트의 회원사인 볼보는 2012년 스페인 도로 160킬로미터 구간에서 6미터 간격으로 무인차량들의 군집주행 테스트에 성공한 바 있다. 도로를 철도처럼, 트럭들을 열차처럼 만들어주는 기술이다.

　인천국제공항을 비롯한 각국 공항 터미널의 모노레일, 부산-김해 경전철 등에 이어 서울 지하철 신분당선에 이르기까지 전차와 지하철에 도입된 무인운전 시스템은 이미 검증된 기술이다. 하지만 제한된 궤도와 폐쇄적 시스템 안에서 관제실의 통제 아래 움직이는 전차의 무인운전 시스템과 자동차의 자율주행은 차원이 다르다. 다양한 돌발 변수가 수시로 출몰하는 일반 도로에서 무인주행이 제대로 작동하려면, 기계가 다양한 상황에서 사람처럼 판단할 수 있어야 한다.

　1980년대 국내에 방영된 〈전격 제트작전〉은 주인공이 손목시계에 대고 "가자, 키트" 하고 음성 명령을 내리면 자율주행 인공지능 기능의 자동차로봇 키트가 나타나 주인공을 목적지까지 데려다주는 장면으로 인기를 끌었던 미국 드라마다. 이미 우리 현실은 손목시계로 운전대 없는 자율주행 차량을 불러서 목적지로 이동하는 것이 기술적으로 가능해졌다. 우리는 이런 기술이 적용된 자율주행차에 언제 탑승하게 될까?

사람이 운전하지 않으면
바뀌는 것들

　　　　　　　　　　　1908년 헨리 포드가 '노동자들도 구매할 수 있는' 자동차인 모델 T를 출시한 것은 20세기를 자동차 문명의 세기이자 대중사회로 만든 결정적 계기였다. 로봇과 자동화의 시대가 될 21세기에 자동차의 진화는 지난 세기처럼 많은 사람들에

구글이 2014년에 선보인 자율주행차.
ⓒsmoothgroover22

게 가장 직접적인 변화로 느껴질 것이다. 탁월한 안전성과 경제적 효과를 고려하면 자율주행차가 대세가 되는 것은 시간문제다.

자율주행차의 효용은 앞서 이야기한 교통사고 사망자 감소와 경제적 효과에 머무르지 않는다. 에너지 절감은 물론이고 운전 문화 자체가 바뀔 것이다. 차량 간의 안전거리를 충분히 유지할 필요 없이 거의 밀착한 상태로 고속 주행할 수 있기 때문에 도로상의 빈 공간이 80~90퍼센트 사라진다. 주차장도 사람이 타고 내릴 공간이 필요 없으므로 효율이 지금보다 15퍼센트 이상 높아진다. 사고가 줄어들면 자연히 보험료도 낮아지게 된다.

그동안 스스로 운전할 수 없던 사람들이 자유롭게 차량을 이용하게 되면서 새로운 가치가 생겨나 사회구조와 삶의 질에 중대한 영향을 끼친다.

자율주행차는 고령화 사회로 진입한 상황에서 더욱 주목받고 있다. 노인이 운전대를 잡지 않고 버튼을 눌러서 병원과 식당, 상점을 찾아갈 수 있다. 장애인이나 어린아이도 자율주행차를 전용 기사가 있는 차량이나 콜택시처럼 이용할 수 있다. 초등학생이 학교에서 학원으로 가기 위해 부모의 차를 기다릴 필요 없이 자율주행차를 불러서 혼자 이동할 수 있다. 운전 가능 연령이나 운전면허의 개념도 사라진다. 외출을 하려면 제약이 컸던 장애인들은 전에 없던 이동의 자유를 누리게 된다.

자율주행차가 보급되면 자동차의 개념과 명칭도 변화하게 된다. 자동차가 운전하는 도구에서 이동하는 도구로 용도가 바뀌면 이를 지칭하는 새로운 명칭이 필요하다. 지금 컴퓨터computer는 사람이 아닌 기계를 의미하지만 원래 컴퓨터는 계산 기능을 수행하는 사람을 지칭하는 말이었다. 오늘날 컴퓨터가 대중화되어 계산하는 기계를 상징하게 되기 전까지 서구에서 '컴퓨터'라는 단어는 200년 넘게 사람이 수행해온 직업을 의미했다. 1828년 발간된 《웹스터 사전》은 컴퓨터를 "계산을 하는 사람"으로 뜻풀이했고 1913년에야 "계산을 하는 사람 또는 기기"라고 의미를 추가했다.[4] 모든 자동차가 자율주행 기능을 갖추면 '자율주행차'라고 부르는 것이 어색해진다. '컴퓨터'처럼 그 기능을 의미로 삼는다면 현재 운전하는 사람을 뜻하는 '드라이버'라는 단어가 나중에는 '내가 가려는 곳으로 나를 데려다주는 기계'를 지칭하게 될 수도 있다.

자율주행차는 종전의 자동차라는 개념이 어색해질 만큼 자동차의 기능과 형태 그리고 의미를 크게 변화시킨다.

구글이 2014년 선보인 모델처럼 운전대와 가속 페달, 브레이크 페달이 사라지고 내비게이션 기기처럼 터치패널로 목적지를 입력하면 된다. 벤츠가 2015년 선보인 'F015'처럼 탑승자가 앞을 주시할 필요 없이 아무 방향이나 바라봐도 된다. 동승자와 마주 볼 수 있도록 좌석 배치 방식이 달라지게 된다. 충돌에 대비할 필요가 없으므로 차량이 가벼워지게 된다. 트렁크가 없는 차량, 1인용 차량이 늘어난다. 가벼운 차체와 최적 주행으로 연료 효율도 높아진다.

음주운전, 졸음운전, 운전 중 스마트폰 사용처럼 주의 태만으로 인한 사고가 사라지게 된다. 버스나 지하철에서처럼 자율주행차에서도 스마트폰이나 다른 일에 몰입할 수 있다. 미국에서는 자율주행차가 대중화되면 사람마다 하루 50분씩의 자유시간이 더 주어질 것으로 전망된다. 교통 체증이나 주차장 찾기에 시달리지 않아도 되고 값비싼 도심에 주차공간을 확보할 필요성도 줄어든다.

자율주행차는 사용자들이 차량과 교통시설을 효율적으로 사용하게 함으로써 경제적 이득을 가져올 뿐만 아니라 궁극적으로 현재의 자동차 문화와 경제구조를 크게 변화시킬 것이다. 미국의 경우 평균적으로 자동차가 주행하지 않고 차고에서 잠자는 시간은 차량을 소유한 전체 기간의 90퍼센트에 이르고 승용차 한 대를 유지하는 데는 가구소득의 20퍼센트가 들어간다. 자율주행차가 차량 공유 시스템과 연결되면 유지비와 세금, 주차와 관리에 많은 시간과 비용이 들어가는 현재의 차량 구매와 이용 방식이 근본적으로 달라지게 된다. 차량을 소유하지 않아도 언제든 필요할 때면 차가 와서 나를 태우고 원하는 곳에 데려다준다. 차량은 주차장을 찾아 헤맬 필요 없이 가까운

곳에 있는 다른 사람의 이동을 위해서 옮겨간다. 굳이 개인이나 가정마다 차량을 소유할 이유가 크게 줄어든다. 세계적 미래학자 제러미 리프킨은 《한계비용 제로 사회》에서 모든 자가용이 공유 차량으로 활용된다면 전체 자동차 수가 80퍼센트 이상 감소하더라도 동일한 수준의 서비스를 제공할 수 있다는 미시간 대학의 연구 결과를 강조했다. 자율주행차는 리프킨이 《소유의 종말》에서 역설한 것처럼 소유 기반 경제를 공유 기반 경제로 바꾸는 주요한 도구다.

자율주행차가 보편화되면 사람의 운전은 승마나 텃밭 가꾸기처럼 일부 마니아들만 즐기는 스포츠나 취미 활동이 될 것인가?

우리는 운전대를 로봇에게 넘길 수 있을까

도로에서 성공적으로 안전성과 성능을 검증받았지만 일반인이 자율주행차를 구매하려면 선결되어야 할 과제가 적지 않다. 가격이 충분히 낮아져야 하고 자율주행 차량을 고려한 신호체계와 도로시설 등 인프라가 구축되어야 한다. 구글 자율주행차 프로젝트를 주도한 서배스천 스런은 도로에서 갑작스러운 동물의 출현, 눈이나 비가 오는 상황, 경찰의 수신호 등을 해결해야 할 과제로 꼽았다.

수학적 알고리즘을 통한 효율화를 추구하는 구글은 자율주행차가 도로상의 사고와 혼잡, 에너지 낭비를 줄일 수 있다면서 야심 찬 프로젝트를 시작했다. 1000만 킬로미터 넘는 도로주행 기록이 보여주듯 기술적 어려움은 상당 부분 해결한 상태다. 하지만 기술적 과제를 넘어선 진짜 과제들이 남아 있다.

그중 하나는 사람들이 좀처럼 운전대와 기존의 운전 습관을 포기하지 않을 것이라는, 사용자 수용성 차원의 문제다. 전문가들은 자율주행차의 대중화와 관련해 기술적 문제가 가장 간단한 과제이고 사용자 수용성이 가장 어려운 난제가 될 것이라는 일치된 의견을 보인다. 운전자들에게 핸들을 붙잡고 꽉 막힌 교차로 신호를 대기하는 출퇴근 운전은 짜증 나는 일상이지만 시원하게 뚫린 교외 도로를 드라이브하는 것은 포기하고 싶지 않은 즐거움이다.

내가 조작하는 대로 기민하게 반응하는 날렵한 차량을 운전하는 즐거움은 속도광이나 카레이서만의 취향이 아니다. 운전자의 조작과 명령이 생각한 대로 구현되지 않으면 아무리 안전하더라도 불만이 생겨난다. 안전을 강조하는 볼보는 수년 전에 앞차와의 안전거리를 넓게 유지하게 하는 자동 브레이크 기능인 시티 세이프티를 신차에 적용했다가 운전자들의 반발로 제거한 바 있다.[5]

위험이 존재하지만 주의를 집중하고 필요한 기량을 연마하면 충분히 상황을 통제하면서 목표에 도달하게 되고 그 결과로 몰입감과 성취감까지 맛보게 된다. 운전이 신체의 근력을 요구하는 운동은 아니지만 일종의 스포츠이자 취미 활동인 이유가 여기 있다. 100마력이 넘는 강력하고 정교한 기계장치를 원하는 대로 컨트롤하면서 목표를 향해 나아가는 행위를 일상의 즐거움이자 성취감으로 여기는 운전자들이 적지 않다. 이들에게 앞으로는 차량에 대한 통제권을 컴퓨터에 넘기고 그 시간에 좀 더 보람 있고 즐거운 무엇인가를 하라고 하면 상당한 저항을 부를 수 있다. 개인에게 즐거움과 성취감을 주는 행위를 지루하고 무의미한 시간으로 대체하라는 의미일 수도 있기 때문이다. 현대 문명에서 승용차는 개인에게 자유, 독립, 통제력을 경험하게 해주는 사적인 공간이자 상징적 도구다. 자율주행차는 현재의 자동차 시스템이 인간의 특성인 불완전성과 비효율성을 반영하고 있다면서 기계화를 통해 개선하겠다는 목표를 제시한다. 사람이 운전할 때와 달리 자율운전은 안전성, 효율성, 편의성을 가져다준다고 역설한다. 하지만 이는 운전자들이 느끼는 자유, 독립성, 통제권을 포기하라는 권유이기도 하다. 운전자들이 통제권 이양을 수용할지 여부가 자율주행차가 대중화를 위해 넘어야 할 가장 높은 고비다.

하지만 대부분의 운전자가 운전의 즐거움을 포기하지 못할 것이라고 속단하기에는 이르다. 많은 사람들이 운전 못지않게 잠시라도 포기하기 어려운 즐거움에 이미 길들여져 있기 때문이다. 닛산이 2006년 조사할 당시 대부분의 소비자가 자율주행차를 탐탁지 않게 여겼다. 2007년 아이폰 등장 이후 스마트폰이 대중화되자 소비자들의 태도는 180도 달라졌다. 그들에게 운전하는 시간은 스마트폰을 마음

마력

동력이나 단위 시간당 일의 양을 나타내는 단위. 짐마차를 부리는 말이 단위시간에 하는 일을 측정해 1마력으로 삼은 데서 유래한다. 1마력은 1초당 746줄(joule)에 해당하는 노동량으로 746W의 전력에 해당한다.

대로 쓰지 못하는, 자유롭지 못한 시간이다. 시간이 지날수록 스마트 미디어에 대한 사용자 의존도가 더욱 높아질 것이다. 독일 자료에 따르면 최근 교통사고 10건 중 한 건은 스마트폰 같은 미디어 사용으로 인한 운전자의 집중력 저하가 원인이었다.[6] 물론 이런 점을 고려한다 하더라도 스마트폰에 몰입할 시간을 얻기 위해 자율주행차를 선택할 운전자들이 많을 것으로 생각되지는 않는다.

자율주행차는 신호와 규정 속도를 준수하도록 설계된다. 사람의 운전은 다르다. 능숙한 운전자는 교통 상황에 따라 수시로 유연한 판단을 한다. 왕복 2차로 도로에 불법 주차하거나 오래 정차 중인 차량이 있으면 무조건 기다리는 대신 상황에 따라 중앙선을 넘어 주행한 뒤 원래 차로로 복귀한다. 도로에 나무가 쓰러져 있거나 장애물이 있을 때도 마찬가지다. 돌발 상황이 있을 때나 추월해야 할 경우에는 제한속도를 일시적으로 넘어서기도 한다. 자율주행차는 중앙선 침범이나 속도위반을 하기 어렵다. 프로그램된 대로 운행하는 자율주행차가 사람이 운전할 때처럼 상황에 따라 교통법규를 위반하도록 프로그램된다면 더 큰 문제로 이어질 수 있다.

사람의 판단은 고유한 상황에서 활용되고 그 패턴을 정형화시킬 필요가 없는 유연성을 갖지만 컴퓨터에겐 이러한 유연함이 없다. 구글의 자율주행차가 시험 주행 중에 만난 교통사고 가운데는 교통법규를 너무 고지식하게 지키다가 일어난 것들도 여럿이다.[7] 교차로 신호가 황색으로 바뀌자 구글 자율주행차는 여느 차량과는 달리 정지선에 정지하다가 뒤차로부터 추돌사고를 당했다. 사람 운전자가 알고리즘처럼 판단하고 반응하지 않기 때문에 일어난 사고였다. 기계가 사람처럼 유연한 판단을 하게 하려면 고유한 상황도 정밀하게 패턴화해서 그에 맞는 대응 절차를 입력해야 한다. 컴퓨터가 상황에 따라 적절하고 유연한 판단을 내린 것처럼 보여도 실제로는 알고리즘의 정교한 설정에 따른 결과다. 철로나 제한된 도로와 달리 실제 자동차가 달리는 세상의 모든 길은 엄청난 돌발적 변수와 예기치 못한 상황이 잇따르는 공간이다. 자율주행으로 인한 첫 보행자 사망사고로 기록된 우버의 2018년 3월 미국 애리조나 템피 사고는 밤중에 자전거를 끌고 횡단보도를 건너던 보행자를 자율주행 시스템이 제대로 식별하지 못한 게 원인이었다. 상황에 적절한 유연한 판단이 법규를 완벽하게 지키는 것보다 중요한 경우가 많다. 자율주행차가 교통법규를 잘 지키면서 교통 상황에 맞는 '유연한 판단'을 하게 하는 것이 가능할까? 자율주행차의 탑승자가 주시하고 있다가 수시로 '수동 모드'로 돌아가 '판단'을 내리는 역할을 해야 할까?

 자율주행차가 선택받으려면 충분한 신뢰성과 안전성이 확인되어야 한다. 그리고 기술적 완성도와 경제적 효과를 인정받고 적정한 구매 가격이라는 조건을 갖춰도 실제 도로를 달리려면 '법과 제도'라는 사회적 문턱을 넘어서야 한다. 대중화 단계에 접어들어도 한 번에 모든 자동차가 자율주행차로 바뀌고 도로 표지판과 신호등이 사람이 아닌 기계에 맞춰 교체될 수는 없다. 차량은 일회용품이 아니라서 한 번 구매하면 10년 가까이 운행한다. 앞으로 수십 년 동안 도로에서는 자율주행차와 사람이 모는 차량이 차선을 공유하며 서로 끼어들기와 차선 바꾸기, 추월을 허용해야 한다. 머스크의 말대로 사람의 운전을 불법화하기 전까지 도로와 교통법규는 기본적인 작동 방식이 판이한 두 가지 차량의 운행을 동시에 만족시킬 수 있는 복잡한 조건을 구현해야 한다. 충돌 방지 기능을 갖추고 언제나 법규를 준수하는 자율주행차와 사람이 운전하는 차가 함께 달리는 도로에서는 다양한 상황이 생길 수 있다.

자율주행차의 반응 메커니즘을 알게 된 운전자들이 이를 악용하는 난폭운전이나 장난운전을 할 수도 있다. 난폭운전을 하더라도 늘 법규를 지키면서 충돌 방지 시스템을 작동시키는 자율주행차들이 알아서 정지하거나 비켜갈 것이기 때문이다.

자율주행차의 사고, 누가 책임질까

1968년 제정된 도로교통에 관한 국제협약(일명 빈협약)은 "모든 차량에는 운전자가 있어야 하며, 운전자는 필요한 조작을 위해 모든 상황에서 차량을 제어할 수 있어야 한다"고 명시하고 있다. 2014년 유엔 전문가위원회가 이 협약에 "운전자가 언제든지 활용할 수 있는 자율주행 시스템은 허용된다"는 내용을 추가했지만 국가별로 법률 제정이 필요하다.

법 제정이 어려운 것은 자율주행차의 주행 이후 생겨날 다양한 상황에 대한 연구와 대응방안, 사회적 합의가 만들어지지 않았기 때문이다. 대표적인 것이 사고 책임과 이에 따른 보상 문제다. 차선 이탈

방지 기능이나 보행자 감지 장치처럼 운전자가 통제하는 운행 보조 장치는 운전자가 책임의 주체가 된다. 하지만 완전 자율주행 상태에서 사고가 나면 누구 책임일까?

사고 원인과 책임을 놓고 운전자, 차량 제조사, 부품 공급업체, 운영체제와 소프트웨어업체, 지도 서비스업체, 통신 서비스업체 등 다양한 주제가 관련된 골치 아픈 논란이 이어질 수 있다. 운전자 한 사람의 책임 아래 발생한 개별적 사고가 아니라 시스템과 소프트웨어에 따른 '구조적 사고'이기 때문에 보상과 책임의 범위가 비슷한 유형의 사고 전체로 확대된다. 해킹이나 운영체제 또는 시스템 차원의 오류로 전 세계에서 수십만 대의 차량이 동시에 급발진을 하거나 먹통이 되는 경우도 있을 수 있다. 운영체제와 소프트웨어업체는 잘못이 드러나면 감당하기 어려운 보상책임을 지고 파산할지도 모른다.

미국의 대표적 싱크탱크인 랜드연구소 RAND Corporation가 2014년 발표한 〈자율주행차 기술에 관한 정책가이드〉라는 보고서에 따르면 교통사고에서 운전자 책임이 사라짐에 따라 자동차 회사가 보험료를 부담할 가능성이 높다고 한다.[8] 또한 몬트리올협약에 따른 항공사고 배상처럼 사고가 나면 과실 여부를 따지지 않고 무조건 보험금을 지급하는 무과실 책임 형태의 보험이 대세가 되리라고 한다.

항공기의 자동운항 기능은 조종사들의 수동 조종 능력을 저하시켜서 사고를 일으키곤 한다. 2013년 미국 샌프란시스코 공항에서 세 명의 사망자를 냈던 아시아나 214편 사고가 그런 경우다. 자율주행차 역시 이런 사고를 유발할 우려가 있다. 갑자기 자율주행 기능이 제대로 작동하지 않거나 수동운전이 필요한 상황에서 운전자는 늘 핸들을 붙잡고 운전하던 시절과 같은 기민한 판단을 하기 어렵다.

자율주행차는 프라이버시와 관련해서도 새로운 차원의 논의를 불러온다. 앞서 살핀 것처럼 자율주행차는 이동 기능을 수행하는 디지털 정보 기기다. 차량과 도로 상태, 교통 상황, 지도 데이터, 다른 차량이나 교통시설과의 통신 등 방대한 규모의 데이터가 운행에 필수적이다. 제조업체와 보험사 등은 기능 개선과 안전도 향상을 위해 점점 더 많은 데이터를 요구한다. 이렇게 생성되는 방대한 데이터를 누가 소유하고 제어할 것인가, 어떤 형태의 데이터를 저장할 것인가, 어떤 목적의 데이터 사용을 허용하고 검증할 것인가, 어느 수준까지 데이터를 익명화하고 공유할 것인가, 서비스업체와 국가기관의 데이터 접근을 어느 수준까지 허용할 것인가 등에 관한 다양하고 복잡한 논의가 불가피하다.

네트워크 기능이 필수적인 자율주행 차량은 기본적으로 해킹과 테러 위협에 노출돼 있다. 2015년 7월 두 명의 미국인 해커가 주행 중인 원격 접속 네트워킹 기능의 자동차를 해킹했다. 미국의 정보기술 전문지 〈와이어드〉는 기자가 지프 체로키를 몰고 시속 100킬로미터 이상의 속도로 미주리주의 고속도로를 달리다가 해킹에 의해 차량의 통제권을 빼앗기는 상황을 생생하게 보도했다.[9] 해커들은 차량으로부터 10여 킬로미터 떨어진 지하실에서 노트북으로 차량을 해킹해 운전대는 물론 브레이크, 에어컨 등 차내 모든 기기를 조작할 수 있음을 입증했다. 해킹 사실에 화들짝 놀란 제조사 피아트-크라이슬러는 보도 이후 곧바로 원격 접속을 차단하고 해당 차종을 비롯한 140만 대의 차량에 대해 긴급 리콜을 실시한다고 발표했다. 자율주행차 시대에 심심치 않게 만날 수 있는 유형의 사고를 알려주는 사건이다. 만약 특정인의 차량을 악의적 해커가 탈취해서 사고를 일으키거나 누군가를 사망에 이르게 한다면 파장은 컴퓨터 해킹과는 차원이 다를 것이다.

자율주행차의 운행에 적합한 법규가 만들어지고 사회와 소비자가 요구하는 기술적, 경제적 기준과 안전성 기준을 충족시키면 우리는 서슴없이 자율주행차를 선택할 수 있을까? 운전대를 컴퓨터와 로봇에게 넘기기에 아직 풀지 못한 문제가 남아 있다.

누구를 죽일 것인가

비용이 많이 들고 시간이 오래 걸려도 기술이나 합의로 대책과 답을 마련할 수 있다면 그 문제는 언젠가는 해결되기 마련이다. 진짜 어려운 문제는 답이 없는 문제인 '딜레마'다. 앞으로 자율주행차, 인간형 로봇이 직면할 가장 어려운 문제는 윤리적 딜레마다. 정확히 말하면 무인 차량과 로봇의 문제라기보다 사람이 로봇의 판단 메커니즘과 결과를 어떻게 설계할 것인가 하는 문제다.

자율주행차의 최대 과제는 앞으로 생겨날 윤리적 문제를 얼마나 매끄럽게 해결해 기존의 사회적 전통과 맥락에 이어지게 만들 것인가 하는 것이다. 다임러 벤츠 재단은 무인자동차가 사회에 어떤 영향을 끼칠지에 관한 연구 프로젝트를 후원한다. 이 프로젝트의 윤리 책임자인 캘리포니아 폴리테크닉 대학의 패트릭 린Patrick Lin 교수는 자율주행차가 불러올 다양한 윤리적 딜레마 연구에 초점을 맞추고 있다.

자율주행차 시대가 눈앞에 다가옴에 따라 윤리학 분야에서 해묵은 주제들이 불려나오고 있다. 1967년 영국의 철학자 필리파 풋Philippa Foot이 처음 소개한 '전차 문제trolley problem' 사고실험이 대표적이다.

멈출 수 없는 속도로 선로를 달려오는 전차 앞에서 다섯 명이 작업 중이다. 선로변환기를 손에 쥐고 있는 당신은 다른 선로로 방향을 전환할 수 있으나 그 선로에도 한 명이 작업 중이다. 당신에겐 두 개의 선택지만 있다. 하나는 아무 조작도 하지 않고 다섯 명이 죽도록 방치하는 길이다. 또 다른 선택은 변환기로 선로를 바꿔서 한 명을 죽게 하는 길이다. 어떤 경우가 더 나은 선택인가?

다수의 목숨을 살리기 위한 선택은 항상 도덕적으로 정당화될 수 있는가? 아니면 사람을 수단으로 사용하는 것 자체가 잘못된 것인가? 어느 결과든 만족스럽지 못하다. 본래 이 문제는 결과주의의 맹점을 공격하기 위해 만들어진 윤리학의 사고실험이다. 의도적 살인과 죽음을 방치하는 것의 도덕적 차이는 무엇인지를 묻는 문제이기도 하다.

유사한 '터널 문제' 사고실험도 있다. 자율주행 모드로 운행 중인 당신의 차가 좁은 1차선 터널에 진입하려는 순간 근처에 있던 어린 아이가 발을 헛디뎌서 도로 위로 넘어진다. 차가 아이를 피할 시간은 없다. 아이를 치고 터널로 진입하든가, 아니면 터널 입구 암벽에 차를 부딪쳐서 아이를 구하는 대신 자신은 죽거나 다쳐야 한다.

이제껏 이런 유형의 윤리학적 문제는 말 그대로 사고실험일 뿐이었다. 유사한 실제 상황에서 사람은 도덕이나 윤리를 생각하고 판단할 겨를 없이 순간적으로 본능이나 습관에 따라서 행동한다. 일반적으로 교통사고가 발생하면 조수석 부상률이 운전석보다 높다. 짧은 순간이지만 운전자가 본능적으로 자신을 보호하는 방향으로 핸들을 조작하는 성향 탓이다. 하지만 이런 결과에 대해 운전자에게 책임을 묻지 않는다.

하지만 컴퓨터는 다르다. 컴퓨터는 모든 것을 사전에 계산해서 입력된 대로 실행하는 기계다. 사고를 앞둔 상황에서도 판단력이 흐려지거나 지체되지 않는다. 컴퓨터에게 1초는 엄청난 규모의 연산을 수행할 수 있는 긴 시간이다. 사람 운전자라면 면책받을 수 있는 사고 상황에서의 곤란한 선택을 자율주행차는 피할 수 없다.

로봇 연구자들의 비영리 네트워크 사이트인 로보허브robohub.org는 2014년 '터널 문제'에 대해 누가 자율주행차의 방향을 결정할지를 묻는 설문조사를 실시했다.[10] 절반가량의 응답자가 차량 탑승자가 결정해야 한다고 응답했다. 국회의원 등 입법가에게 맡겨야 한다는 의견이 그다음을 차지했고, 차량 제조사가 결정할 일이라고 답한 의견이 13퍼센트로 가장 소수였다.

구글의 자율주행차 연구 책임자를 지낸 크리스 엄슨은 이런 상황에 대비한 시스템을 설계하는 데 주력하고 있다. 구글 자율주행차는 사람의 개입 없이 사람보다 더 나은 판단을 해야 한다는 특성에 따라 모든 상황에 대비한 알고리즘을 짜고 있다. 엄슨은 "실제 우리가 운전하면서 한 번도 만나지 못한 0.001퍼센트의 경우도 준비해야 한다"고 말한다.[11]

자율주행차가 사고 상황에서 어떤 선택을 할지 알고리즘을 설계하는 일은 윤리적 딜레마의 연속이다. 무인운전 기술은 사고로 인한 피해를 최소화하기 위해 '최적의 충돌 알고리즘 crash-optimization algorithm'을 개발하고 있다. 물체별 충돌 결과는 다양한 충돌 사례와 실험 데이터를 통해 확보할 수 있고 이는 충돌 피해를 최소화하기 위해 필요한 절차다. 상대 차와 충돌이 불가피한 경우도 상정해야 한다.

중앙선을 넘어 맞은편 차로의 차와 충돌이 불가피한 상황에서 피해를 최소화하기 위한 방법을 선택해야 하는지, 아니면 어떤 결과가 나올지 판단하지 않는 무작위의 선택을 할지의 문제다. 패트릭 린 교수는 충돌이 불가피한 상황에서 마주 오는 차로에 육중한 볼보 SUV와 사망 사고가 날 수도 있는 경차가 있다면 어느 차와 충돌하도록 알고리즘을 설계할 것인지를 묻는다.[12] 이는 마주 오는 오토바이와 충돌이 불가피한 상황에서 헬멧을 쓰지 않은 운전자 대신 헬멧을 착용한 운전자를 골라서 충돌하게 함으로써 피해를 최소화하는 알고리즘이 허용될 수 있는가를 묻는 물음이다. 볼보와 헬멧을 착용한 운전자를 선택해 충돌하는 것이 피해를 최소화하는 방법이므로, 차량 제조업체에 이런 충돌 최적화 설계를 허용할 것인가가 문제다. 이러한 최적화 설계가 허용된다면, 안전을 위해 헬멧을 쓰고 튼튼한 차량을 선택한 사용자가 충돌 최적화 알고리즘의 공격 대상이 되는 결과로 이어질 수 있다. 헬멧을 쓰지 않으면 충돌을 피하고 헬멧을 쓰면 충돌 대상이 되는 상황을 수용할 수 있을까? '아이와 여성 먼저'와 같은 기준을 자율주행차의 충돌 최적화 알고리즘에 반영해야 할까? 만약 충돌이 불가피한 상황에서 맞은편 차선의 트럭과 스쿨버스 중 하나를 선택해야 한다면 어느 한 차량에 우선순위가 주어질 수 있는가?

다양한 윤리적 딜레마 상황에서 어떤 선택을 할지 고민해야 한다. 한 가지 방법은 앞서 '터널 문제'처럼 탑승자, 제조업체, 입법기구 중 누가 이런 판단을 하는 것이 적정한지를 골라 위임하는 방식이다. 같은 상황에서 다양한 결과가 나오게 되고 그때마다 논란이 불가피하다. 다른 방법은 어떤 선택이든 곤혹스러운 결과가 나오는 만큼 기준 없이 자율주행차가 무작위로 선택하게 하는 것이다. 하지만 이런 무작위 선택은 인간의 판단을 따라 하는 것으로, 사람의 실수에서 비롯하는 사고를 줄이겠다는 자율주행차의 개발 동기에 부합하지 않는다. 사람이 무작위 선택을 하는 것은 위기 상황에서 합리적 판단이 불가능하기 때문이다. 그러니 기계는 판단하기에는 너무 짧은 시간이라는 이유로 면책될 수 없다. 또 하나의 방법은 맞은편 차량이나 승객에 대한 정보를 파악하지 않고 '무지의 장막' 뒤로 숨는 것이다. 이 역시 자율주행차의 기본 목적과 어긋난다. 데이터를 활용해서 합리적 결과를 얻을 수 있는데도 이를 일부러 포기하는 것이기 때문이다. 현실적으로 개발 기업과 보험사 등은 자율주행차의 성능을 높이고 사고율을 낮추기 위해 부단히 데이터를 추구하는 성향을 지닐 수밖에 없을 것이다.

자율주행차로 생겨날 몇 가지 윤리적 딜레마와 그를 해결하기 위한 접근법을 살펴보았지만 모두가 곤혹스러운 경로뿐이다.

도로에서 삶으로
들어온 자동화

자율주행차 또는 무인자동차는 이미 현실화되고 있다. 연구자들이 말하는 대로 기술 개발은 가장 쉬운 과제이고 진짜 과제는 사용자 수용성과 윤리적 문제다. 자율주행차에서 드러난 윤리적 딜레마는 도로라는 특수한 상황에서만 적용되는 것이 아니라 우리가 로봇과 인공지능에 판단을 위임하면서 생겨나는 근본적 문제 상황이기도 하다. 이는 교통사고의 원만한 처리를 넘어 자동화와 로봇 시대 삶의 방식을 알려준다. 로봇에게 복잡하고 힘든 일을 위임한다는 것은 수고로운 절차를 맡기는 것일 뿐, 윤리적 딜레마와 같은 어려운 문제는 결국 사람이 고민하고 풀어야 한다는 의미다. 이전까지 '전차 문제'나 '터널 문제' 같은 딜레마는 윤리학적 사고실험에 불과했으나 이제는 알고리즘 설계에서 구체적으로 대면하는 문제가 됐다. 우리가 살고 있는 디지털 세계, 인공지능의 세계에서 사람이 불가피하게 직면하는 문제는 결국 사람의 역할이 무엇인지 다시 한번 확인시켜준다.

자율주행 상황의 딜레마는 우리의 삶이 알고리즘의 세계로 변환되고 있음을 알려준다. 사람의 판단과 행동이 언제나 합리적이지도 않고 최선의 결과를 만들지도 못하지만 그에 대한 책임은 우연과 무작위, 그리고 무지의 장막으로 보호되어왔다. '실수'라는 것은 사람에게 허용된 자유의 영역이기도 했다. 하지만 우리가 로봇과 인공지능에 의존하고 위임한다는 것은 이러한 우연과 무작위의 세계를 벗어난 다는 의미다. 우리는 사람과는 달리 기계에 대해서는 너그러울 수도, 자유를 부여할 수도 없다.

인공지능과 로봇은 우연을 따르거나 무작위로 작동해서는 안 된다. 프로그래머가 설계한 알고리즘대로, 사회적으로 허용된 범위 안에서 움직여야 한다. 이 알고리즘은 데이터와 처리 규칙으로 구성된다. 갈릴레이는 일찍이 "자연이라는 책은 수학의 언어로 쓰여 있다"고 말했다. 스마트폰 시대에 이미 우리는 자연만이 아니라 인간의 행동마저 데이터로 이뤄져 있음을 실감한다. 물리적 세계만이 아니라 인간의 행동마저 '데이터를 이용하는 처리 공식'이라는 알고리즘으로 변환된다.

만물의 데이터화가 세상의 알고리즘화를 가져온 것이다. 이런 구조와 원리를 활용해 자율주행차가 사람 운전자와는 비교할 수도 없을 만큼 안전하게 1000만 킬로미터를 무사고 주행할 수 있었다. 차량 개발과 운영체제 개발은 프로그래머와 기업의 몫이지만 사용자와 사회도 새로운 역할과 임무를 부여받는다. 거의 모든 영역에서 데이터를 수집해 알고리즘화하는 세상에서 생겨나는 임무다. 어떤 데이터를 어떻게 수집하고 이용할지를 논의하고 결정해야 한다. 어떤 경로에 더 가중치를 줄지 고민스러운 선택을 해야 한다. 우리가 정한 알고리즘에 따라 자율주행차가 어떤 차량과 충돌할지, 횡단보도에서 탑승자와 보행자의 생명 중 어느 쪽을 우선할지 판단이 달라진다. 많은 사람들이 받아들일 수 있는 기준을 만들기 위해서 사회적 논의와 투명성이 요구된다.

앞으로 운전자는 혼잡한 교차로에서 핸들을 붙잡고 사방을 주시하면서 신경을 곤두세워야 하는 피곤한 운전에서 자유로워질 것이다. 자율주행 기능 덕분에 운전의 즐거움만 선택해서 누릴 수 있을 것이다. 하지만 스스로 운전하는 똑똑한 차를 부린다고 해서 윤리적 판단마저 위임할 수 있는 것은 아니다. 여전히 기계에 맡기지 못하고 사람이 처리해야 하는 과업들이 기다리고 있다.

Chapter 2

언어의 문화사

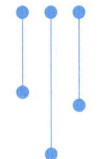

자동 번역 시대, 외국어를 배울 필요가 있을까

외뇌 시대에 외국어를 익힐 것인가라는 물음은 필연적으로 학습의 본질과 삶의 목표에 대한 근원적 질문으로 연결된다. 어떤 기능까지 외부에 의존할 것인가. 내가 직접 배워서 몸에 지녀야 할 기능은 무엇인가. 외뇌를 어떻게 활용하느냐에 따라 개인의 능력과 삶의 질이 달라지는 세상이 도래한 것이다.

외국을 여행하다 보면 수시로 난감한 상황을 만나게 된다. 가령 큰 맘 먹고 찾아간 식당에서 메뉴를 고를 때도 그렇다. 그 고장 고유의 음식을 맛보는 것이 여행의 즐거움이라고 생각하면서도 도무지 어떤 종류의 음식인지 짐작이 안 되는 메뉴판을 마주하고 있으면 언제나 당황스럽다. 영어라면 어림짐작이라도 하겠는데 비영어권 국가의 식당에서 사진도 없이 현지어로만 적힌 식당 메뉴판을 보면서 말이 통하지 않는 웨이터에게 주문해야 하는 상황이라니! 결국 의사소통에 실패하고는 손가락으로 메뉴를 짚으며 "이것" 하고 주문을 하지만 그렇게 나온 음식이 만족스러운 경우는 그리 많지 않다.

하지만 이제는 이런 이야기도 추억이 되어가고 있다. 웬만한 곳에서는 스마트폰 로밍 서비스가 가능한 요즘 외국 여행은 달라졌다. 사진 한 장 없이 프랑스어나 그리스어 또는 키릴문자로 가득한 메뉴판을 만나더라도 당황할 이유가 없다. 구글 번역앱이나 네이버 파파고papago 같은 스마트폰 앱을 실행해서 메뉴를 촬영하면 메뉴가 바로 영어나 한글로 번역된다. 이 앱들은 암호 같던 글자를 해독해서 요리 이름과 재료는 물론이고 해당 요리가 전채 요리인지, 주 요리인지,

워드렌즈 앱을 실행해 스페인어로 쓰인 팻말을 촬영한 모습.
ⓒRonhijones

후식인지 등을 즉시 알려준다. 주문에 실패할까 봐 패스트푸드점에나 가야 했던 여행객들도 이 앱들만 알면 식도락 여행자가 될 수 있다. 메뉴판만이 아니라 현지어 간판과 교통 표지판 등도 사진을 찍으면 영어나 한국어로 번역해준다. 이런 시대에 굳이 외국어를 배울 필요가 있을까?

인류의 꿈,
바벨 피시의 등장

인터넷과 컴퓨터 기술이 언어 장벽을 낮추고 있다. 눈부신 속도로 발달하고 있는 기계 번역은 많은 비용과 시간을 쏟은 외국어 학습의 가치를 돌아보게 한다. 국내에서 영어 교육에 쏟는 비용은 1년에 약 10조 원으로 추산된다. 많은 시간을 들여 영어 단어를 외우고 문법을 익혀도 일상적 환경에서 외국어를 접하지 않거나 반복 학습하지 않으면 대부분은 잊어버리게 마련이다. 어떤 용도로 쓰일지 모를 외국어를 익히기 위해 수고로운 학습과 망각을 반복할 필요 없이 수시로 기계 번역을 활용할 수만 있다면 이는 단순히 편리함의 차원을 뛰어넘는다. 외국어 학습에 쏟았던 시간과 노력, 그리고 비용을 훨씬 생산적이고 의미 있는 일에 쓸 수 있다. 이미 구글은 200개 넘는 언어 간의 번역 서비스를 제공하고 있고, 네이버 라인Line의 자동 번역 기능은 스마트폰으로 실시간 한국어-일본어 문자 대화를 가능하게 하는 수준이다. 플리토Flitto는 번역하고 싶은 문장을 올려놓으면 해당 언어의 능통자들이 이를 번역해주고 포인트를 주고받는, 소셜 네트워크 서비스 기반의 크라우드소싱 서비스다.

2015년 2월 초 아일랜드 남부 코크 지역에서는 산통을 느끼고 병원으로 가던 아프리카계 여성이 구글 번역의 도움을 받아 앰뷸런스 안에서 출산하는 일이 있었다. 스와힐리어로 말하는 콩고 여성이 진통을 시작하자 앰뷸런스 구호대원은 영어가 통하지 않는 그녀를 위해 스마트폰의 구글 번역기를 실행시켰다. 덕분에 산모는 의료진의 지시에 따라 무사히 출산할 수 있었다.[1] 〈스타워즈〉, 〈스타트렉〉 같은 공상과학 영화에서 선보인 통역로봇이 이제는 먼 미래의 이야기가 아니다. 〈스타워즈〉에 나오는 휴머노이드 로봇 'C-3PO'는 600만 개의 서로 다른 언어를 이해할 수 있으며, 〈스타트렉〉의 유니버설 번역

크라우드소싱 crowdsourcing
대중crowd과 외부자원활용outsourcing의 합성어로 2006년 잡지 〈와이어드〉에서 처음 쓰인 말이다. 다수 사용자가 참여해 만들어낸 데이터로 유용한 결과를 이끌어내는 작업을 의미한다.

기는 외계인과 인간의 소통을 도와주는 인공지능이다. SF소설 《은하수를 여행하는 히치하이커》에는 귀에 꽂으면 모든 언어를 모국어로 번역해 들려주는 '바벨 피시Babel Fish'가 등장한다.

〈구약성서〉에서는 높고 거대한 바벨탑을 쌓아 하늘에 닿으려 했던 인간의 오만에 분노한 신이 본래 하나였던 인간의 언어를 서로 알아듣지 못하도록 뒤섞은 것을 '저주'라고 묘사한다. 이후 모든 사람이 하나의 언어로 장애 없이 소통하는 것은 인류의 오랜 꿈이자 이상이었다. 꿈을 향한 시도는 두 가지 형태로 나타났다. 하나는 새로운 보편언어를 만들어 쓰자는 운동이고 다른 하나는 기계를 이용한 자동번역이다. 2012년 가을 구글의 에릭 슈미트Eric Schmidt 회장은 미국 애리조나 주에서 열린 한 강연회에서 컴퓨터 전문가들을 대상으로 "자유로운 정보 공유가 문맹을 없애고 부정부패를 청산해서 민주주의를 굳건히 해줄 것이며, 번역 프로그램 덕분에 언어 소통의 불편이 사라지면서 서로에 대한 편견이나 오해, 심지어 전쟁도 피할 수 있다"라는 낙관론을 역설했다.[2]

에스페란토Esperanto는 1887년 폴란드의 유대인 안과 의사 라자루스 자멘호프Lazarus Ludwig Zamenhof 박사가 고안한 대표적인 국제 공용어다. 민족 간의 갈등과 불화, 차별의 뿌리가 각자 다른 언어로 인한 의사소통의 부재에 있다고 보고 인류의 공용어를 대안으로 제시한 것이 바로 국제 에스페란토 운동이다. 유럽 9개 언어에서 공통점과 장점만을 추출하고 불규칙과 예외가 없는 단순한 문법을 만들었다. 어휘도 주요 핵심 단어에 접두어와 접미어를 붙여서 확장해나가는 방식이라 배우기 쉽다. 하지만 국제 공용어 보급과 학습을 통해 민족, 종교, 언어의 장벽을 뛰어넘고 인류 평화와 공영을 추구하자는 에스페란토 운동은 거의 모든 국가로부터 환영받지 못했다. 국제연맹에서 배척당했을 뿐만 아니라 나치 독일과 소련 등으로부터는 사회 전복을 꿈꾸는 '위험한 언어'로 여겨지며 극심한 탄압의 대상이 되었다.[3]

에니그마에서 인공지능까지, 기계 번역의 역사

기계 번역의 역사는 제2차 세계대전에 뿌리가 닿아 있다. 나치 독일의 암호체계인 에니그마Enigma를 해독하는 과정에서 축적된 경험이 1950년대 미국의 대학과 연구기관으로 이전됐다. 1954년 미국 조지타운 대학과 IBM은 러시아어-영어를 대상으로 최초의 기계 번역 공개 실험을 시도했다. 1960년대 소련과 미국에서 주로 이뤄진 기계 번역 연구는 상대국 언어로 쓰인 과학기술 문서를 빨리 해독하고자 하는 군사적 목적이 중심이었다. 하지만 1966년 미국 자동언어처리전문위원회ALPLC가 발표한 평가보고서는 기계 번역 연구에 찬물을 끼얹었다. 기계 번역이 사람을 통한 번역보다 돈은 더 많이 드는 반면 정확도는 떨어지고 시간도 더 오래 걸린다는 것이었다. 이후 기계 번역에 대한 자금 지원이 크게 줄었고 기대도 하락했다.

1988년 IBM이 진보된 컴퓨터 기술에 기초한 통계 방식의 접근법을 시도함으로써 30여 년에 걸친 기계 번역의 역사에 전기가 마련됐

에니그마(좌)와 봄브Bombe(우). 제2차 세계대전 발발 후 앨런 튜링을 비롯한 영국의 학자들이 에니그마 암호를 해독하는 전자동 기계 봄브를 개발하는 데 성공했다.

다. 그동안 기계 번역은 구문론적, 의미론적 연구를 통해 언어의 구조와 규칙을 파악하는, 규칙 기반 접근법 위주였다. 성인이 학교나 학원에서 외국어를 배울 때는 규칙과 구조 위주의 학습을 하는데, 기계에도 이런 방식을 적용했던 것이다.

하지만 통계 방식의 접근법은 완전히 다르다. 언어학 대신 수학, 그중에도 통계학을 활용한다. 문법을 토대로 동사, 부사, 전치사 등 문장 구성 요소 간의 기능과 상호작용을 분석하고 그 역할에 따라 번역을 하는 것이 아니라 두 언어의 통계적 관계에 초점을 맞춰서 번역을 한다. 데이터가 많아질수록 정확도가 높아지는 구조다. 기계에 구문론 등 문법을 가르치는 과정 없이 바로 번역을 할 수 있는 방법이다. 실제로 구글은 아랍어와 중국어 등의 번역 서비스를 개발할 당시

아랍어와 중국어 전문가 없이 통계와 알고리즘 전문가들로만 팀을 구성했다.[4] 통계 방식의 기계 번역은 대상 언어쌍에 대한 방대한 말뭉치와 예문이 활용되면서 정확도와 효용성이 높아졌고, 이후 기계 번역의 대세가 되었다.

이러한 방식은 프랑스의 천재 언어학자 장프랑수아 샹폴리옹Jean-Francois Champollion이 로제타석에 기록된 세 가지 언어를 서로 비교하면서 고대 이집트의 상형문자체계를 해독해낸 방식과 유사하다. 통계 방식의 번역은 동일한 내용의 문서를 전문 번역사를 통해 다양한 언어로 제공하고 있는 국제연합UN이나 유럽연합EU의 방대한 자료를 활용한다. 인터넷과 빅데이터 환경은 기계 번역의 정확도를 높일 최고의 조건을 제공한다. 구글의 경우 다양한 언어로 제공되는 동일한 내용의 국제뉴스를 활용하여 기계 번역의 성능을 개선하고 있다. 200개 넘는 언어 간의 번역이 이뤄지고 있는 구글 번역 서비스의 하루 이용 건수는 수십억 건을 넘는다. 네이버의 번역앱 파파고도 2025년 이후 월간 이용자 2000만 명을 넘어서며 국내외에서 빠르게 성장했다.

한동안 기계 번역의 품질은 "번역기를 돌린 것 같은 문장"이라는 표현이 말해주듯 사람의 번역을 대체하기에는 부족함이 많아서 아쉬운 대로 대강의 의미를 파악하기 위한 보조수단으로 활용되는 정

로제타석 Rosetta Stone
기원전 196년에 고대 이집트에서 만들어진 비석으로 같은 내용의 글이 이집트 신성문자, 민중문자, 고대 그리스어로 새겨져 있다. 이집트 상형문자는 동물, 사물, 신체를 본떠 만들어졌다.

도였다. 그러나 10년 넘게 자동 번역 연구에 집중해온 마이크로소프트 연구소가 실시간 번역 서비스를 공개하면서 기계 번역의 완성도에 대한 기대가 다시 크게 높아졌다. 마이크로소프트는 화자가 영어로 말하면 즉시 중국어로 자동 번역해서 텍스트와 음성으로 서비스하는 동영상을 공개했다. 마이크로소프트는 이 자동 번역 기술을 자사의 화상통화 서비스인 스카이프 Skype에 적용해 2014년 12월부터 영어-스페인어 동시통역 기능을 제공하기도 했다.

 2014년 실시간 통역이 가능할 정도로 기계 번역이 정교해지고 빨라지게 된 배경은 무엇일까? 방대한 말뭉치 데이터를 기계가 스스로 학습하는 머신러닝 machine learning의 심화신경망 알고리즘이 기계 번역의 성능 개선에 결정적 원인으로 작용했다. 기계 학습 기능의 인공지능은 데이터가 많을수록 스스로 학습을 통해 정확도를 개선하는 것이 특징이다. 스마트폰 시대를 거치면서 SNS를 통해 방대한 양의 문자 데이터가 생성되고 음성 인식 기능이 정교해졌으며 인터넷 사용은 폭발적으로 늘어났다. 1988년 IBM이 시도했던 통계 방식의 접근법이 근래의 빅데이터 축적, 컴퓨터와 알고리즘의 성능 개선으로 인해 비약적 발전을 가져온 것이다.

 점점 더 많은 데이터가 생산, 분석되고 컴퓨터 성능도 점차 개선되

심화신경망 deep neural network
하나의 인공 뉴런이 다수의 인공 뉴런과 연결된 형태로 복잡한 문제와 방대한 데이터를 병렬 분산 처리하는 인공신경망을 일컫는다.

는 것을 고려하면 거의 완벽한 기계 번역이 눈앞으로 다가온 셈이다. 정보기술에 힘입어 정확도가 크게 개선된 기계 번역은 산업과 생활 속으로 침투하고 있다. 유럽 언어 위주로 뛰어난 번역 품질로 보여온 딥엘 DeepL이 2023년 1월 한국어 서비스를 시작하고, 2023년 8월 국내에서 딥엘 프로 유료서비스에 나서면서 자동번역 이용자가 크게 늘었다.

인간 번역 VS 기계 번역

외국어를 모르는 사람도 스마트폰의 번역 앱으로 외국 여행의 두려움을 덜어내리라는 기대가 커지는 한편, 통·번역 업무가 머지않아 자동 번역과 기계화에 의해 대체될 것이라는 관련 분야 종사자들의 불안도 높아지고 있다. 사용되는 단어와 문장이 정형화된 각종 사용설명서나 매뉴얼은 이미 기계 번역으로 상당수 대체되었다. 28개 언어권으로 컴퓨터를 수출하는 델 Dell은 2011년 이후 기계 번역을 활용한 결과, 번역에 들이는 시간을 40퍼센트나 줄였고 비용 또한 40퍼센트 절감했다.[5] 델은 기계 번역에서 투자비용 대비 900퍼센트의 효과를 거뒀다. 특히 특허 문서나 법률, 군수, 국방 같은 특정 분야의 번역은 사람의 번역보다 기계 번역이 더 정확하고 뛰어나다고 평가받는다.[6] 유용성과 활용도가 검증됐고 만족도도 높다.

기계 번역은 인간의 번역에도 도움을 준다. 단어만이 아니라 숙어와 예문까지 풍부하게 실은 영어사전이 문장 번역에 도움이 되는 것처럼 번역 활동에서 형성된 표현들을 축적한 데이터베이스인 '번역 메모리translation memory'가 인간 번역에도 훌륭한 보조 도구가 되는 것이다.

영어 책을 몇 권 번역한 내 경험으로 돌아보면 십수 년 전에 비해 최근의 번역 일은 한결 수월해졌다. 과거에는 영어사전에서 찾을 길이 없는 구어 표현이나 신생 전문용어를 만나면 그 뜻과 쓰임을 알아내느라 많은 시간과 노력을 기울여야 했지만 최근에는 온라인 사전과 검색으로부터 많은 도움을 받았다. 이전에는 두툼한 사전에도 올라 있지 않던 관용적 표현의 쓰임을 풍부한 예문을 통해 확인할 수 있었다. 번역 중에 부닥치는 낯선 정보도 검색하면 바로 의미를 알 수 있어 작가의 의도를 맥락 속에서 파악하기 훨씬 수월했다.

과거 전문번역가들이 지니고 있던 번역 노하우와 지식의 데이터베이스를 누구나 인터넷으로 손쉽게 활용할 수 있는 환경이 된 것이다. 번역 업무의 필수 자질로 여겨졌던 풍부한 외국어 어휘력, 문법 지식, 상식이라는 '작업 도구'를 인터넷이라는 만능 툴에 의존하고 아웃소싱할 수 있게 되었다.

이처럼 기계 번역이 갈수록 정확하고 신속해지고 있어 활용 범위가 넓어지겠지만 기계는 결코 사람의 영역을 대체할 수 없을 것이라는 반론도 강력하다. 안내판이나 사용설명서와 같이 용도와 표현법이 분명한 영역이나 맥락 정보가 크게 필요하지 않은 글은 기계 번역이 대체할 수 있지만 사람의 대화나 발언을 실시간 기계 번역으로 완전히 대체하는 것은 불가능하다는 것이다. 정교한 알고리즘이 대체할 수 있는 다른 직무와 달리 번역은 사람만이 지니고 있는 언어 기능 자체의 문제이기 때문이다. 언어는 사고가 표출되는 인간의 정신 작용인데, 기계가 아무리 똑똑해지더라도 사람의 정신을 대체할 수 있는가라는 문제가 제기된다.

대개 말과 대화는 다양한 상황에서 각기 다른 맥락을 갖는다. 아무리 음성 인식과 인공지능 기술이 발달하더라도 발화자의 의도와 배경을 기계가 알지 못하는 이상 기계 번역은 기본적으로 중대한 결함을 지닐 수밖에 없다.

인공지능과 알고리즘이 침투하기 이전부터 번역은 논쟁적 영역이었다. 작가의 의도와 해당 언어 고유의 표현법을 잘못 해석한 데서 오는 오역은 차치하고라도 번역의 방법론에 대한 논란이 끊이지 않았다. 본래의 표현법과 문장의 분위기를 그대로 옮기는 것과 작가의 의도가 잘 이해되도록 변형해서 옮기는 것, 즉 직역과 의역 중에 어느 쪽이 더 좋은 방법이냐에 관한 논쟁이다. 독일 언어학자 빌헬름 폰 훔볼트가 말한 대로 "번역가가 충실하려고 노력하면 할수록 원문으로부터 점점 멀어진다". "번역은 반역이다 Traduttori traditori (직역하면 '번역하는 사람들은 반역자들이다'라는 의미)"라는 이탈리아 토스카나 지역의 속담이 널리 인용되고 있는 이유도 마찬가지다. 언어마다 고유한 문화에 뿌리를 둔 문법과 표현법이 있어서 단어나 문장을 옮기는 것은 하나의 문화를 또 다른 문화로 옮기는 것이 된다. 예를 들어, 《성서》의 "Man does not live on bread alone"이라는 대목은 우리말로 "사람이 떡으로만 사는 것이 아니라(마태복음 4장 4절)"로 번역되어 있다. 고대 히브리 사람들이 주식에 대해 지녔던 생각과 해당 문장의 맛을 2000년 뒤의 한국 사람에게 전달하기 위해 '밥, 떡, 빵, 음식' 중 무엇이 적절할지 고민해도 그 무엇도 만족스럽지 못하다.

2020년 2월 아카데미영화제에서 작품상과 감독상 등 4개 부문을 수상한 봉준호 감독의 〈기생충〉의 성공에도 번역의 공로가 숨어 있다. 영어 자막번역가 달시 파켓은 한국말과 한국 고유의 문화를 다른 언어와 문화권에서도 자연스럽게 받아들일 수 있도록 섬세하고 정확한 번역을 선보여 외국 영화팬들도 〈기생충〉을 호평하게 만들었다. 딸이 포토숍을 이용해 가짜 졸업장을 만든 솜씨에 반한 기택(송강호 분)이 "야… 서울대학교 문서위조학과 뭐 이런 거 없나?"라고 말하는 장면을 영어 자막에선 서울대를 '옥스퍼드대'로 옮겼다. 세계인들에게 명문대의 상징으로 이해될 가장 적합한 표현을 번역가가 고심해 골라낸 창의적 결과다. 완벽한 자동 번역이라면 서울대를 'Seoul National University'로 정확하게 옮길 뿐이다.

번역이란 전문성과 식견을 갖춘 번역가도 글쓴이의 의도와 두 언어 간의 문화 차이를 고려해서 고심에 고심을 거듭하며 단어를 고르는 작업이다. 이러한 수고로운 절차 없이 기계적으로 통계적 확률에 따라 매칭하는 자동 번역은 아무리 기술이 진보해 효율성과 정확성이 높아지더라도 근본적인 한계를 안고 있다는 비판을 피할 수 없다. 번역 기계가 발언의 의도와 맥락에 대해 아무것도 모르는 상태에서 완벽해 보이는 '번역 결과'를 내놓는다고 해서 사람처럼 생각하는 능력을 갖춘 것으로 볼 수 있을까?

'중국어 방' 사고실험

미국의 언어철학자 존 설 John Searle 은 '중국어 방 Chinese Room'이라는 사고실험을 통해 인공지능과 기계 번역의 맹점을 지적했다. '중국어 방'은 튜링 테스트를 비판하기 위해 제시된 사고실험으로 기계 번역 개념에 대한 적확한 비판이기도 하다.

'중국어 방' 실험은 다음과 같다. 우선 어느 방에 중국어를 모르는 사람을 들인 다음 중국어로 작성된 질문과 답변 목록을 필담 도구와 함께 넣어준다고 치자. 이어 중국인 심사관이 그 방으로 중국어 질문을 적어 넣는다면 방 안의 사람은 중국어를 전혀 몰라도 목록에 따라 질문에 대한 대답을 중국어로 써서 심사관에게 건네주게 된다. 밖에서 관찰하는 사람들에게는 '중국어 방' 안의 사람 혹은 기계가 중국어에 능숙한 것처럼 보이지만 사실은 중국어를 전혀 몰라 질문도, 답변도 전혀 이해하지 못하는 상태다.

인디애나 대학의 인지과학자 더글러스 호프스태터 Douglas Hofstadter 도 IBM의 인공지능 컴퓨터인 왓슨 Watson 이나 애플의 음성인식 인공지능 비서인 시리 Siri 같은 현재의 인공지능은 진짜 인공지능이 아니라고

듀링 테스트 Turing test
인공지능 판별법으로, 사람이 컴퓨터로 대화를 나누면서 대화 상대인 기계의 반응을 인간의 반응과 구별하지 못할 경우 해당 기계를 지능을 갖춘 것으로 보는 실험.

비판했다. 호프스태터에 따르면 구글 번역은 데이터베이스 축적, 알고리즘과 컴퓨터 성능 개선으로 뛰어난 결과를 내놓고 있지만 이런 결과물은 번역 대상에 대해 전혀 이해하지 못한 상태에서 나온 것이기 때문에 인공지능이 아니라는 것이다.[7] 진정한 번역은 담화 내용에 대한 이해를 통해 그 생각을 다른 언어로 창조하는 작업이다. 번역은 기본적으로 생각을 다루는 작업이지만 기계 번역은 단지 단어를 확률에 따라 매칭할 뿐이기 때문에, 언어에서 가장 중요한 말하는 사람의 의도를 담아낼 수 없다는 한계를 지닌다는 것이다.

스마트폰이나 자동차 등의 사용설명서는 델컴퓨터의 매뉴얼처럼 기계 번역으로 무리 없이 처리되지만 생각하는 존재인 사람의 말은 기본적으로 기계 번역에 적합하지 않다. 대개 사람은 의도를 가지고 말을 한다. 그 발화 의도가 문장에 명료하게 나타난다면 기계 번역에도 아무런 문제가 없다. 하지만 말에서 의도를 파악하는 것은 간단하지 않다. 사람들끼리의 대화도 결코 쉬운 일이 아니다.

남녀 간의 대화는 흔히 '화성인과 금성인의 대화'로 불린다. 그래서인지 "오빠는 내가 왜 화났는지 몰라?"로 시작하는 연인 사이의 말다툼이 인터넷에서 회자되며 큰 공감을 얻는다. 대화는 문장으로 표현된 것이 전부가 아니라 의도와 맥락이 중요하다. 강의나 연설처럼 원고를 바탕으로 진행되는 말이 아닌, 사람들 간의 일상적인 대화를 글로 옮겨놓으면 문장이 성립하지 않는 경우가 대부분이다. 글로 옮기면 비문투성이지만 상대의 얼굴을 보면서, 또는 목소리를 들으면서 이뤄지는 소통에는 전혀 문제가 없다. 게다가 한국어에서는 주어도 대부분 생략된다. 외국인은 이해하기 힘들다고 하지만 한국인은 전혀 불편이 없다. 상대가 어떤 의도로 무슨 내용을 말하고자 하는지 알기 때문에 문장이 정확하지 않아도 별문제가 되지 않는다.

하지만 발화 의도를 알아차리지 못할 경우 대화는 겉도는 수준을 넘어 엉뚱한 상황으로 이어진다. 창이 닫힌 회의실에서 던지는 "덥지 않나요?"라는 말은 의문문의 형태를 띠고 있지만 실제로는 발화자의 지위와 상태에 따라 창문을 열라는 완곡한 요청이나 지시를 수반한다. 번역 기계는 "덥지 않나요?"를 어떻게 번역해야 할까.

말은 정보를 전달하거나 참·거짓을 담는 기능을 하는 외에 사회집단 안에서 다른 구성원과 상호작용을 하는 '발화 행위'이기도 하다. 이 점에 주목한 언어철학에서는 화용론의 한 분야인 언어 행위speech act 이론이 발달했다. 문장은 고립된 채로 분석되거나 기능하는 것이 아니라 발화가 이뤄진 맥락에서 다양한 기능을 수행하는 언어 행위라는 것이다. 그래서 똑같은 말이라도 상황에 따라, 듣는 이의 감정 상태와 의도에 따라 전혀 다른 의미로 받아들여진다. 그래서 사람들은 '말이 통하는 사람'과 '말이 안 통하는 사람'으로 구분된다.

존 설은 말을 하거나 글을 쓸 때 서너 종류의 언어 행위가 동시에 수행된다면서 '간접 화행indirect speech act' 이론을 내세웠다. 한국어에서

화용론
말하는 이, 듣는 이, 시간, 장소 따위로 구성되는 맥락과 관련하여 문장의 의미를 체계적으로 분석하려는 의미론의 한 분야.

는 공손화법과 완곡어법이 발달했다. 다시 말해 직설적으로 발화자의 의도를 표현하지 않고 완곡하게 다듬어서 드러낸다. 문장 자체의 의미보다 발화의 의도가 핵심이기 때문에 그 문장을 그대로 받아들였다가는 소통에 문제가 생긴다. "수고스럽게 이런 선물을 왜 가지고 오셨어요"나 "차린 것은 없지만 많이 드세요"라는 말을 제대로 해석할 줄 알아야 하는 것이다.

이런 문제로 다른 언어와 문화 속에서 살아온 외국인은 말할 것도 없고 북한 이탈 주민들도 남한 사회에 적응하는 과정에서 대부분 의사소통에 어려움을 겪는다고 한다.[8] 그들이 남한 정착 초기 "언제 밥 한번 먹어요"라는 인사말이나 면접 본 회사 사장의 "나중에 연락드릴게요"라는 말을 문자 그대로 해석해서 하염없이 기다리다가 상처를 받았다는 얘기도 언어 문화의 차이에서 비롯한다. 동일한 언어 사용자도 거주지와 문화에 따라, 또 성별에 따라 문장을 말하고 이해하는 방식이 다르다. 그러니 아무리 기계 번역 기술이 발달한다 해도 이러한 복잡하고 다양한 언어 기능을 대신 처리하기를 기대하기는 어렵다.

나는 2019년 8월 프랑스, 이탈리아, 스위스에 걸쳐 있는 몽블랑 둘레길 Tour du Mont Blanc 트레킹을 하면서 스마트폰 번역앱을 요긴하게 썼다. 낯선 이탈리아어와 프랑스어 단어를 찍기만 하면 바로 번역이 되어 문제가 해결됐다. 특히 세 나라 식당 메뉴판은 현지 언어로만 쓰여 있어 무슨 음식인지 알 길 없는 경우가 많았는데 스마트폰으로 바로 궁금증을 해소할 수 있었다. 하지만 산장에서 여러 나라 등반객들

다양한 국적의 등반객이 찾는 투르 드 몽블랑 트레킹 루트의 프랑스 산장 화장실에 있는 안내문. 자동 번역의 한계를 보여준다.

을 위해 붙여놓은 안내문의 구글 번역 결과는 자동 번역의 한계도 그대로 드러냈다.

  물론 기술 발달은 기계 번역의 품질을 빠르게 개선시키고 있다. 덕분에 각종 사용설명서나 업무용 문서, 전문 정보 등은 사람이 번역하는 수준으로 자동 번역되지만 이는 기계가 사람의 말을 이해하는 것과는 차원이 다른 문제다. "기계 번역의 시대에 우리는 여전히 외국어를 배워야 할 것인가"라는 실용성에 관한 질문은 "인간에게 언어란 무엇인가"라는 근원적인 물음으로 연결된다. 외국어 번역에서 기능적이고 전문적인 영역을 기계가 대신해주는 환경에서 여전히 외국어 학습의 필요성을 묻는다면, 결국은 언어로서 외국어의 특성을 생각해 보아야 하기 때문이다.

인간의 본능이
로봇에겐 난제?

언어는 인류만이 보유한 기능으로, 인류 진화의 비밀을 푸는 열쇠이자 지구상에서 인류 진화가 최종적 단계임을 말해주는 결정적 증거다. 언어는 인간이 성취한 가장 중요한 문화적 발명이자 기술이다. 수백만 년간 큰 변화가 없던 초기 인류의 역사는 약 5만 년 전에 중대한 변화를 겪게 된다. 아프리카에 거주하던 원시인류 사회에서 이전 시기와는 비교할 수도 없을 만큼 정교한 도구가 빠르게 보급되었던 것이다. 한 사람과 집단의 지식이 유동화되어 다른 사람과 집단으로 이전될 수단이 생겨났다는 것 외에는 이러한 변화를 설명할 방법이 별로 없다. 연구자들은 이때 언어가 생겨난 것으로 추정한다. 하버드 대학의 저명한 진화심리학자 스티븐 핑커는 《언어본능》에서 언어는 우리가 학습을 통해 후천적으로 획득하는 기능이 아닌 '본능'이자 생물학적 뇌 구조의 일부라고 주장한다.[9]

기계 번역의 역사 초기에는 낙관적 기대가 압도적이었다. 1954년 조지타운 대학과 IBM이 60개의 러시아어 문장을 영어로 자동 번역하는 실험에 성공하자 기계 번역에 대한 대대적인 연구와 투자가 이뤄졌다. 당시엔 3~5년이면 기계 번역이 완성될 것이라고 예상됐다. 최근 몇 년간 기술이 빠른 속도로 발전했지만 최고 성능의 컴퓨터조차 아직 사람의 언어능력을 따라잡지 못한 채 미묘한 상황에서는 어처구니없는 결과를 내놓는다.

하지만 사람들은 자연스러운 언어 환경에 놓여 있기만 하면 누구나 특별한 노력 없이도 모국어를 익혀 능숙하게 구사할 수 있다. 인간의 언어능력은 교육 정도와도 상관이 없다. 우리는 핑커의 말처럼 언어본능을 지닌 존재다. 탁월한 언어학자 놈 촘스키Noam Chomsky는 인류는 누구나 '보편문법'을 지닌 존재이기 때문에 언어를 자연스럽게 배운다고 말한다.

초기에 인공지능 과학자들은 인간에게 어려운 문제가 컴퓨터에게도 풀기 어려운 과제일 것이라고 생각했다. 사람이 풀지 못하는 어려운 문제를 컴퓨터가 풀 수 있다면 그보다 덜 어려운 문제들은 아주 쉽게 인공지능이 해결해줄 것이라고 여겼다. 사람은 누구나 특별히 배우지 않아도 본능에 따라 말을 배우고 두 발로 걷고 개와 고양이를 식별한다. 복잡한 수학 문제를 풀거나 체스 게임을 하는 것이 사람에게는 어려운 일이다. 로봇도 마찬가지일 거라고 생각했지만 그렇지 않았다. 인공지능 컴퓨터는 사람이 평생 풀지 못할 복잡한 계산 문제를 눈 깜짝할 사이에 풀어내고 인간 체스 챔피언도 이길 정도가 되었지만 대신 사람에게 쉬운 동작을 매우 어려워한다. 사람 아기들은 간단히 할 수 있는 두 발로 걷고 개와 고양이를 식별해내고 말을 하는 것이 로봇에게는 여전히 최고의 난제다.

로봇이 직면한, '쉬운 문제는 어렵고 어려운 문제는 쉬운' 현상이다. 미국의 로봇과학자 한스 모라벡Hans Moravec이 주장한 이 현상은 '모라벡의 역설Moravec's Paradox'로 불린다. 컴퓨터가 고도의 논리적 작업을 위해 수행하는 계산량은 얼마 안 되지만 운동이나 감각 능력에는 엄청난 계산 능력과 제어 능력이 필요하기 때문이다. 모라벡은 이런 역설적 현상을 인류의 기나긴 진화 과정으로 설명한다. 걷거나 말하는 등의 기능은 인류가 오랜 진화 과정 끝에 최적화한 기능이지만 논리 능력 같은 인지기능은 상대적으로 나중에 학습한 기능이다. 인공지능은 인간의 기능을 분석해서 재구성하는 일종의 역설계reverse engineering 과정을 거쳐야 한다. 그런데 일반적인 상식과 달리 오랜 시간에 거쳐 본능화한 걷기, 말하기 같은 기능일수록 역설계가 어렵다는 것이 모라벡의 주장이다.

그렇다면 앞으로는 외국어 학습과 언어적 역량 향상을 위해 노력할 때도 인공지능이 할 수 있는 영역과 할 수 없는 영역을 구분하는 것이 필요하다. 다시 말해 인공지능과 기계화로 대체되지 않을 인간 고유의 언어 영역과 기능은 무엇일까라는 물음을 던져보아야 한다. 이를 위해서는 언어의 의미와 본질을 찾아내고 기계 번역 시대에 그 기능을 유지할지를 고민해야 한다. 지금 당장은 우리가 그토록 많은 시간과 노력을 투입하는 외국어 학습에 어떻게 접근해야 할지가 문제다.

언어 장벽이 사라지는 시대에
외국어를 배운다는 것

기본 환경이 바뀐 만큼 외국어 학습의 방법도 근본적으로 달라질 수밖에 없다. "학업에는 왕도가 없다"라는 모토 아래 문장과 단어를 반복해서 암기하는 것이 오래된 영어 학습법이었고 간혹 사전을 통째로 외운 덕분에 남다른 어학 실력을 갖게 됐다는 전설 같은 경험담도 있지만 이제는 효용이 떨어지는 방법이다. 평생 써먹을 일이 올지조차 모를 활용도 낮은 단어를, 사전에 있다는 이유로 무턱대고 암기할 이유는 없다.

그렇다면 사람들은 왜 외국어를 학습할까. 우선 진학이나 취업 또는 승진같이 외부적으로 외국어 실력을 요구하는 환경 탓이다. 여기에 학습자 나름의 다양한 내적 동기까지 더해진다. 크게는 외국어를 통한 정보 습득 기회 확대, 해당 언어 사용자와의 소통 확대, 다른 문화권에 대한 이해 심화 등 세 가지로 구분된다. 이런 자발적 학습 동기에도 환경 변화를 고려한 새로운 접근이 요구된다.

기계 번역이 대중화되면 모든 사람이 외국어 학습에 많은 시간과 비용을 들일 이유가 사라진다. 직업이나 진학 등과 연계되지 않는 상황에서는 학창 시절 배운 외국어는 대부분 망각되기 마련이다. 더욱이 자동 번역이나 번역 앱처럼 손쉽게 활용할 수 있는 도구가 늘어나고 완성도가 높아져 과거처럼 외국어를 몰라서 큰 어려움을 겪는 상황도 줄어들었다.

하지만 이러한 미래의 변화에 관심이 깊은 사람들에게 외국어 학습은 이전 시절 못지않게 중요하다. 미래는 정보의 가치가 더 커지는 고도의 지식 정보 사회이기 때문이다. 지식 정보 사회에서는 일상적 환경에서 누가 고급 정보에 더 많이 더 자주 접근하고 이를 활용하느냐가 중요하다. 인터넷 정보 대부분은 영어로 작성되어 있고 학계 등 글로벌 지식 사회의 공용어도 영어다. 필요한 경우 기계 번역이나 집단 지성으로부터 도움을 받을 수는 있지만 스스로 원문을 찾아 읽고 이를 활용하는 것과는 효율성 차원에서 비교가 되지 않는다. 앞으로 대부분의 업무가 글로벌 동향과 연계될 것을 고려하면 관련 정보와 판단을 외부나 2차 자료에 의지하는 대신 직접 1차 자료에 접근하는 것이 크게 도움이 된다. 한마디로 과거보다 외국어를 요긴하게 활용할 상황이 늘어나는 것이다. 다만 외국어 학습법에 있어서 과거처럼 단어와 숙어를 반복적으로 암기하는 대신 조화롭게 기계의 도움을 받는 방법을 모색해야 한다. 직접 외국어를 구사하지는 못하더라도 기계 번역과 같은 도구를 능숙하고 효율적으로 활용하는 능력을 갖추는 것도 하나의 방편일 것이다.

 소통 도구로서 외국어를 학습하는 동기는 기술의 영향을 크게 받을 것으로 보인다. 이미 스마트폰으로도 실시간 통번역 서비스를 이용할 수 있는 것처럼 그동안 소통의 걸림돌이던 언어 장벽도 신기술에 의해 상당 부분 사라질 전망이다. 과거 국한문 혼용 시절에 편지를 마음껏 주고받던 사람들은 한자를 익힌 식자층이었다. 한자를 익히지 못한 사람들은 대서소代書所나 주변 누군가의 도움을 받아 편지를 보낼 수 있었다. 친밀하고 긴요한 소통을 위해서는 같은 언어를 사용하는 것이 유리하겠지만 오늘날 기술은 그동안 존재해왔던 소통의 장벽을 개선할 수 있을 것이다.

 한편 문화 이해의 도구로서 외국어 학습의 기능이 과거보다 더욱 커질 것으로 전망된다. 외국어 학습이 정보 습득과 소통의 도구로써 기능해온 부분을 기계 번역이나 검색 등으로 대체할 수 있기 때문이다. 외국어 학습 동기에서 실용적 목적보다는 다른 문화권에 대한 이해가 더 중요해질 수 있다. 기능적 대체 수단이 제공되면 좀 더 본질적인 목적에 대한 관심이 높아지기 마련이다.

외뇌 시대, 언어 능력도 아웃소싱할 수 있을까

정보 습득, 소통 확대, 타문화권 이해의 차원에서 외국어 학습의 가치는 변함없이 크다. 하지만 인공지능을 활용한 기계 번역이 발달함에 따라 외국어 구사력은 상당 부분 아웃소싱이 가능한 능력이 되어간다. 프랑스 철학자 미셸 세르Michel Serres는《엄지세대, 두 개의 뇌로 만들 미래》에서 스마트폰을 손에 든 엄지세대를 유명한 성인 디오니시우스의 전설에 빗대어 '탈착형 두뇌'의 소유자로 표현한다. 일본 소프트뱅크의 손정의 회장도 스마트폰과 SNS를 사용하면서 "좌뇌, 우뇌에 이어 마치 외뇌外腦를 얻은 느낌"이라고 표현했다. 스마트폰 시대에 '외뇌'는 더 이상 가톨릭 성인의 전설이나 글로벌 IT기업 경영자만의 세계가 아니다. 누구나 스마트폰이라는 '외뇌' 없이는 일상생활이 거의 불가능할 정도가 됐다.

외뇌를 활용하는 법을 익히면서 우리의 의존도와 활용 범위는 점점 깊어지고 확대되고 있다. 처음에는 스마트폰에 가족과 친지의 전화번호를 기억하게 하는 정도였지만 이내 길을 찾고 지도를 읽는 법까지 맡기게 되었다. 수첩과 지도를 대신하는 비교적 단순한 기능만을 맡기던 것에서 이제는 기억과 판단, 사고의 기능까지 떠맡기는 법

노트르담 대성당의 성 디오니시우스(드니Denis) 조각상. 서기 250년경 파리 몽마르트르 언덕에서 참수형을 당할 예정이던 드니 주교는 미처 언덕에 이르지 못하고 목이 잘린다. 그러자 드니 주교는 잘려나간 자신의 머리를 집어 들고 언덕으로 걸어 올라가 순교했다고 한다.

을 발견해가고 있는 것이다. 인류가 이렇게 똑똑한 외뇌 활용법을 익혀가는 것을 감안하면 시간과 노력을 많이 들여서 배우고 곧 잊어버리고 마는 외국어 학습은 앞으로 외부에 의존하거나 아웃소싱하는 것이 어쩌면 자연스러운 선택일 수도 있다.

번역도 뛰어난 도구들에 위탁할 수 있을 것이다. 하지만 작업 환경이 좋아진 만큼 품질과 생산성 향상에 요구되는 기량은 달라진다. 사전에 수록되지 않았던 구어나 새말들도 이제는 온라인 검색을 통해 쉽게 찾을 수 있게 되었다. 그렇지만 뜻풀이와 쓰임이 다른 여러 개의 보기 중에 무엇을 골라 가져올지는 여전히 내가 결정해야 하는 일이다. 기계가 문장을 번역해주더라도 그 결과가 제대로 된 문장과 표현인지를 판단하고 수용하는 것은 여전히 사람이 해야 한다. 사소한 작업은 기계에 위탁할 수도 있지만 그 결과를 어느 정도 신뢰할지를 결정하는 판단력과 통찰력은 앞으로도 사람의 몫일 것이다. 이를테면, 번역 메모리 데이터베이스 같은 보조수단이 늘어나 번역 작업이 용이해지면 작품의 맥락과 배경이 되는 문화에 대한 이해 수준이 좋은 번역을 판별하는 잣대가 된다.

언어는 주소를 기억하거나 길을 찾는 것처럼 외부저장장치memory 또는 외부연산장치CPU로 처리할 수 있는 기능이 아니다. 우리에게 판단의 토대가 되어주는 모든 표현과 소통이 이뤄지는 '궁극의 도구'이기 때문이다. 생각하는 존재로서, 만물의 영장으로서 인간에게 언어는 아웃소싱할 수 없는 최후의 기능이다. 퀴즈대회에서 인간을 제치고 우승한 IBM 왓슨이 문제 출제자의 말과 의도를 알아듣고 기계 번역이 사용설명서나 특정 업무문서를 사람보다 빠르고 정확하게 번역해준다고 해서 기계가 우리의 언어생활 깊숙이 들어올 수 있는 것은 아니다. 무엇보다 사람의 언어는 부정확하고 모호한 것이 주요 특징이다. 굳이 문학적으로 쓰이지 않더라도 '밥', '길', '바람' 같은 하나의 단어가 가리키고 상징하는 영역은 광활하다. 하지만 언어의 모호함과 융통성은 약점이 아니라 장점이다. 단어마다 그 뜻과 대상이 정확하게 규정되어 있으면 수십억 개의 세부적인 고유 단어가 필요하고 사람들 간의 의사소통은 거의 불가능해질 것이다.[10] 단어 하나로 우주를 끌어안는 화두를 내거는 선승들의 법어는 언어의 모호성이 우리의 사유를 어떻게 작동시키는지를 잘 보여준다.

언어를 인간 궁극의 도구로 보는 관점은 모국어와 외국어 학습의 관계에 대해서도 중요한 함의를 제공한다. 많은 사람이 관심을 갖고 있는 외국어 학습법에서 무엇이 가장 효율적인지를 결정하는 것은 불가능하다. 워낙 상황이 개별적인 데다 다양한 교육 이론이 있기 때문이다. 그중에서 이중 언어 교육의 권위자인 캐나다 토론토 대학의 언어학자 짐 커민스Jim Cummins 교수의 이론은 기계 번역 시대에 흥미로운 관점을 제공한다.

커민스는 외국어 학습을 자전거에 빗대어 설명한다.[11] 커민스는 이중 언어를 배우는 상황에는 네 가지 유형이 있다고 말한다. 현지의 단일 언어만을 사용하는 사람을 외발자전거monolingual로, 이중 언어를 쓰는 사람을 두발자전거bilingualism로 구분한다. 두발자전거는 다시 세 유형으로 구분된다. 큰 바퀴와 작은 바퀴 자전거(부분적 이중 언어 사용, partial bilingualism), 두 바퀴가 같은 자전거(고도 이중 언어 사용, proficient bilingualism), 두 바퀴가 펑크 난 자전거(이중 제한적 이중 언어 사용, double-limited bilingualism)다. 가장 이상적 형태는 두 바퀴가 똑같이 튼튼하게 작동하는 자전거다. 하지만 외국어 학습에서 완벽한 이중 언어 구사자가 되는 것은 매우 어려운 일이다. 커민스는 현실적으로 '제대로 작동하는 하나의 바퀴'가 있어야 동력 전달과 조향성이 갖춰진다면서 이중 언어 교육에서 모국어 구사력의 중요성을 강조한다. 외국어 학습의 필요성과 효율성을 따지는 것과 별개로 번역기를 외뇌로 잘 활용하기 위해서도 모국어 능력이 튼튼해야 한다.

물론 두 개의 튼튼한 바퀴를 지닐 수만 있다면 더할 나위가 없을 것이다. 하지만 어느 경우든 구동 기능을 수행할 튼튼한 하나의 바퀴와 엔진은 반드시 필요하다. 외뇌 시대에 어떻게 새로운 방법으로 외국어를 익힐 것인가라는 물음은 필연적으로 학습의 본질과 삶의 목표에 대한 근원적 질문으로 연결된다. 어떤 기능까지 외부에 의존할 것인가. 내가 직접 배워서 몸에 지녀야 할 기능은 무엇인가.

기계 처리와 인공지능이 발달할수록 인간 고유의 사고력과 통찰력이 중요해진다. 두 개 이상의 두뇌를 굴리려면 제1 두뇌가 더 기민하고 정확하게 작동해야 한다. 슈퍼컴퓨터 수준의 외뇌를 손에 쥐게 됐다는 것은 우리가 엄청난 능력을 부여받은 존재라는 의미다. 외뇌를 어떻게 활용하느냐에 따라 개인의 능력과 삶의 질이 달라지는 세상이 도래했다. 이런 환경에서 진짜 중요한 것은 외뇌와 도구는 항상 제1 두뇌의 명령과 조작에 따라 움직일 뿐이라는 사실을 인식하는 것이다.

Chapter 3

지식의
사회학

지식이 공유되는 사회, 대학에 가지 않아도 될까

모든 지식에 대한 만인의 접근이 가능해지고 방대한 양의 지식이 생산되면서도 정보의 유효기간은 급속히 단축되는 새로운 지적 생태계의 현실은 대학의 가치와 역할을 돌아보게 한다. 우리는 사회와 개인이 대학교육에 의존해온 현실을 고민할 필요가 있다.

2014년 〈하버드 비즈니스 리뷰〉는 "대학 졸업장이 과거처럼 유용하지 않다"면서 "사람을 학위로 평가하는 시대는 끝났다"는 글을 실었다.[1] 최상위권 대학의 학위는 졸업생의 능력, 인맥, 업무 태도에 관한 핵심 정보를 보여주는 것으로 여겨져왔지만 최근의 고등교육 시스템은 파괴적 변화를 겪고 있다. 교육 수준이 높다고 업무 실행 능력도 높은 게 아님이 드러나면서 학위의 의미가 줄어들었다. 이에 학위를 대신해 취업 지원자의 자질과 능력을 효과적이고 전반적으로 평가할 수 있는 새로운 도구들도 다양하게 등장하는 중이다.

대학 졸업장이
한낱 종잇장이 되다

대학 등록금은 천정부지로 치솟아 우리나라 대학 등록금의 가계 부담률은 OECD 최고 수준이다. 출산율과 학령인구의 감소로 2018년부터 이미 대학 입학정원보다 고교 졸업생이 줄어들었다. 1971년 101만 명이던 신생아는 2024년 23만 8300명으로 급감하는 등 한국은 세계에서 가장 빠른 속도로 출생인구가 줄고 있다. 결국 학생을 모집하지 못하는 대학들은 문을 닫거나 구조조정을 해야 하는 상황이 생겨나고 있다. 대학교가 학생들을 모집하기 위해 경쟁에 나서게 되면 그동안 한국 사회에서 가장 치열했던 대학 입시 경쟁에 변화가 생겨날 것인가?

대학 졸업장 취득이 쉬워지고 흔해지면 변별 요인으로서의 가치가 줄어든다. 그 변화가 가장 잘 드러나는 곳은 고용시장, 특히 IT처럼 근래에 성장한 혁신 산업 분야일 것이다. 한국 사회는 대학 졸업장이 평생 꼬리표처럼 개인을 따라다니는 극심한 학벌 사회다. 학벌은 지나친 입시 경쟁의 원인이 되고 공정한 경쟁과 합리적 의사결정을 방해하는 것은 물론, 다양한 사회적 불평등의 배경으로서 한국 사회에서 추방되어야 할 대표적 병폐로 지목된다. 학벌을 평가 잣대로 삼아서는 안 된다는 한국 사회의 자성론과는 별개로 구글과 같은 세계적 기업들은 직원 채용 시에 출신 대학에 큰 비중을 두지 않는다. 내가 구글 본사에서 인터뷰한 구글의 글로벌 채용 담당 임원도 "출신 학교나 성적 같은 외형적 지표로 사람을 뽑는 것은 '게으른 방식'"이라면서 문제를 해결하는 보편적인 인지능력과 리더십을 갖춘 지원자를 뽑기 위해 노력한다고 말했다.[2] 가정환경과 청소년기의 특성 등 다양한 변수를 지닌 18~19세 때의 시험 성적으로 한 사람의 직업적, 사회적 능력을 판가름하는 평가 방식이 불합리하다는 인식은 국내 기업들도 공유하고 있다. 일부 대기업들은 이력서에서 출신 학교와 성적 기재란을 없애고 다양한 평가 방식을 도입하기 위해 노력하는 중이다.

한 사람의 능력에 대한 평가수단으로서 대학 졸업장의 가치가 축소되고 있는 추세는 정보기술 환경에서 새로운 평가수단이 생겨났기 때문이다. 업무 샘플, 자기소개서, 동료와 관리자의 평가, 성적과 자격증, 웹에 공유한 자료 등이 새로운 평가수단들이다. 미국의 경우 입사 지원자들은 이미 에듀클리퍼 EduClipper, 패스브라이트 Pathbrite 같은 교육 목적의 도구나 텀블러 Tumblr 같은 다용도 플랫폼을 통해서 온라인 포트폴리오를 전시하고 있다. 이들 도구는 최신 지식의 보유 정도와 업무 능력을 면밀하게 측정할 수 있는, 과거에는 없던 도구다. 특히 몇 년 전만 해도 구체적 직업군을 상상하기 어려웠던 인터넷이나 관련 혁신 산업 분야에서는 기존의 평가수단이 적절하지 않다. 커뮤니티에서 포트폴리오나 활동상을 기반으로 이뤄지는 동료들의 평가와 평판이 중요하다. 디자인이나 소프트웨어 공학 능력을 평가하는 데는 기트허브 GitHub, 개발자 부트캠프 Dev Bootcmp 같은 커뮤니티가 유용하다.

채용 담당자들이 입사 지원자들의 능력과 자질, 평판을 면밀하게 검증해주는 다양한 수단에 손쉽게 접근할 수 있는 환경에서 대학 졸업장은 너무 낡은 잣대가 되었다.

교실을 넘어선
새로운 교육

교사와 학생, 교단과 책상, 칠판과 교재로 이뤄진 강의실은 사회의 다른 어느 영역보다 과거의 틀을 온전히 보존한 채 교육이라는 본질적 기능이 수행되는 장소다. 온라인 교육업체 코세라Coursera의 공동 창업자인 대프니 콜러 박사는 "300년 전의 교사를 잠재웠다가 오늘날의 강의실에서 눈뜨게 하면 '여기가 어디인지 정확히 알겠다'라고 말할 것"이라고 했다.[3]

하지만 지식 생산량이 방대하게 늘어나고 변화 속도가 빨라짐에 따라 기존 교육제도도 위협받고 있다. 온라인으로 전문 정보를 습득하는 것이 가능하고 세계적인 명문 대학 교수들이 최고의 강의를 무료로 제공하는 시대가 온 것이다.

정보기술의 발달로 지식의 생산과 유통체계가 변하고 신기술이 등장하면서 오랫동안 유지되어온 교육 시스템에도 변화가 불가피했다. 인터넷과 컴퓨터를 통해 최신 정보기술을 적용한 온라인 학습법이 대표 사례다.

북유럽 등 일부 복지국가를 제외하면 대부분의 나라에서 대학 등록금은 아주 비싸다. 미국 스탠퍼드 대학의 1년 등록금은 약 6만 달러 수준이다. 여기에 기숙사비와 생활비도 필요하다. 미국 대학의 4년간 등록금은 평균 10만 달러 수준이다. 명문 대학에 어렵게 입학을 하더라도 한 강의실에 수용 가능한 학생은 제한되어 있다. 그 대학에 재직 중인 세계적 석학의 강의를 학생들이 원한다고 해서 모두 수강할 수 있는 것도 아니다. 대학교육은 비용, 공간, 시간, 인원 등 다양한 물리적 한계 속에서 이뤄져왔다. 인터넷은 이러한 물리적 장애를 별 의미 없는 문턱으로 낮춰버리는 마법의 수단이다. 또한 교실에서 저마다 학습 능력과 진도가 다른 학생들에게 동일한 강의가 이루어지던 것과는 달리 디지털 기술을 이용하면 개인별 수준과 특성을 고

칸 아카데미의 설립자 살만 칸. 2011년 TED에서 교육을 변화시키기 위해 영상을 이용하자는 주제로 강연하고 있다. TED 역시 수준 높은 강연을 동영상으로 온라인에 무료로 공개한다.
ⓒjurvetson

려한 맞춤형 수업을 제공할 수 있다.

  온라인을 활용한 다양한 고등교육 방법이 등장하고 있다. 대표적인 것이 개방형 온라인 강의인 무크MOOC, Massive Open Online Courses다. 다양한 형태의 무크가 교육시장에서 선풍적인 인기를 누리고 있다.

  매사추세츠 공대 MIT에서 수학과 컴퓨터공학을 전공하고 헤지펀드 애널리스트로 일하던 살만 칸Salman Khan이 2006년 설립한 비영리 온라인 교육 프로그램인 칸 아카데미Khan Academy가 대표적인 무크 프로그램이다. 칸은 2004년 인도에 사는 사촌동생에게 수학을 가르치기 위해 비디오를 찍어서 유튜브에 올리기 시작했다. 그런데 이 동영상이 큰 인기를 끌게 되자 2009년 칸은 헤지펀드를 그만두고 칸 아카데미에 전념한다. 수학, 과학, 컴퓨터 중심의 무료 온라인 교육은 교육 기회를 제공받지 못하는 전 세계 어린이들에게 교육 불평등을 해소할 수단으로 활용되면서 세계적으로 큰 호응을 얻었다. 2025년 현재 이용자가 1억 7000만 명에 이르며, 50개 언어로 강의가 제공되고 있다.

대학 과정 등 고급 교육과정을 온라인에 특화된 교육수단을 통해 제공하는 기업 형태의 온라인 교육 서비스도 속속 등장했다. 스탠퍼드 대학 컴퓨터학과 교수인 앤드루 응Andrew Ng과 대프니 콜러가 2011년 설립한 교육 기업 코세라가 이 분야의 대표 격이다. 코세라는 2012년 스탠퍼드 대학, 프린스턴 대학, 미시간 대학, 펜실베이니아 대학 등 명문 대학들의 강의를 제공하는 것을 시작으로 2015년에는 예일 대학, 컬럼비아 대학, 캘리포니아 공대, 도쿄 대학, 베이징 대학, 세계은행 등 주요 대학과 기관을 다수 포함한 119개 교육기관과 파트너십을 맺고 수준 높은 교육을 제공하고 있다. 카이스트도 2014년 세 개의 강좌를 코세라에 제공하는 것으로 제휴를 시작했다.[4]

칸 아카데미와 코세라 같은 온라인 강의가 인기를 끄는 데는 여러 요인이 있다. 대학교육에 비해 비용 부담이 적고 시공간적 제약이 없다는 것은 하나의 요인에 불과하다. 왜냐하면 과거 우편교육이나 교육방송, 방송통신대학 등도 저렴한 교육비로 수준 높은 강사가 진행하는 원격 교육을 진행했기 때문이다.

기존 고등교육이 온라인 교육 프로그램에 위협받는 본질적인 이유는 무엇보다 디지털 환경에서 지식의 유효기간이 짧아지고 있고 기존 교육기관들이 피교육생들의 기대에 부합하지 못한다는 것에 있다. 아무리 명문 대학 졸업장이라고 해도 지식의 세계와 직무 환경이 근본적으로 그리고 지속적으로 변화하는 환경에서 최신의 정보와 기능을 습득하지 않으면 그 가치는 하락한다. 더욱이 알고리즘과 자동화가 빠르게 일자리를 대체하고 있는 고용시장에서 20대에 취득한 대학이나 대학원의 졸업장으로 평생 일자리와 경쟁력을 유지한다는 것은 사실상 불가능해졌다.

미국 조지타운 대학 매코트 공공정책대학원의 '교육과 노동 센터'가 발표한 〈2020년 미국의 고용 성장과 교육 수요 보고서〉는 직업 현장에서 재교육의 필요성을 잘 말해준다.[5] 미국의 경우 1973년에는 전체 일자리의 약 28퍼센트만 대학교육과 전문 직업훈련을 요구했지만 2010년 이 비율은 59퍼센트로 늘어났다. 2020년에는 65퍼센트까지 높아질 것으로 전망했다.

2015년 3월 미국 노동통계국의 자료에 따르면 현재 50대 미국인들은 평균적으로 11.3번 직업을 바꾼 것으로 조사됐다.[6] 지식산업과 서비스 부문의 일자리까지 로봇과 자동화가 대체하고 있는 노동시장에서 전직 횟수는 갈수록 늘어날 수밖에 없다. 모든 사람이 직장을 그만두고 대학원에 입학해 변화된 직무에 필요한 새로운 교육을 받을 수는 없다. 온라인 교육이 대안이 되는 이유다. 특히 로봇의 영향을 덜 받고 지속적으로 고용 성장이 일어날 분야에서 고등교육과 재교육의 수요는 높다. 조지타운 대학의 보고서는 2010년부터 2020년까지 과학, 공학, 엔지니어링, 수학 부문의 일자리는 26퍼센트 늘어날 것이며, 그중 95퍼센트가 대학 졸업 이상의 학위와 재교육을 요구한다고 내다보았다.

새로운 일자리는 그에 적합한 새로운 직무 능력을 요구하지만 지식의 유효기간이 단축됨에 따라 대학과 대학원 등 전통적 고등교육기관이 이런 수요에 적합한 인력을 교육해내는 것은 매우 어렵다. 빅데이터와 인공지능의 급속한 발달로 관련 직종인 데이터 사이언스 분야가 유망 직종으로 각광받고 있다. 데이터 사이언스는 십수 년 전만 해도 개념 자체가 없던 영역이다. 미국의 경우 2015년 현재 데이터에 대한 이해와 분석 능력을 갖춘 데이터 전문 인력이 14만~19만 명 부족한 상태다.

이런 고용시장의 수요를 반영하듯 코세라에서 10만 명 이상의 수강생이 이수할 정도로 인기가 높은 최고의 강좌는 앤드루 응 교수가 진행하는 18주 과정의 머신러닝 교육이다. 머신러닝은 컴퓨터가 스스로 학습해서 인지능력을 높여가는 인공지능 관련 최신 연구 분야다. 구글 브레인Google Brain 연구를 이끈 앤드루 응 교수는 컴퓨터가 기계학습을 통해 분류되지 않은 유튜브 동영상에서 고양이 사진을 식별해내게 함으로써 인공지능의 새 지평을 연, 머신러닝 분야의 최고 전문가다. 스탠퍼드 대학의 서배스천 스런 교수가 2011년 온라인에 개설한 인공지능 강좌에는 전 세계 16만 명의 학생이 몰려들면서 유사 이래 최대의 강의실이 만들어졌다.[7]

연구실에서 개발된 기술이 관련 학계에도 채 보급되지 않은 상태이고 전 세계에서 이 분야를 강의할 만한 연구자가 많지 않은 게 현실이다. 이런 상황에서 세계적 전문가로부터 직접 스탠퍼드 대학의 강의를 공짜로 들을 수 있게 되었으니 수강생들이 몰리는 것은 당연하다.

코세라를 설립한 앤드루 응과 대프니 콜러 교수도 2014년 〈타임〉이 선정한 '세계에서 가장 영향력 있는 100인'에 선정되었다. 미국의 고등교육시장은 코세라 같은 온라인 교육 프로그램에 의해 요동치고 있다. 하버드 경영대학원이 온라인 MBA 과정을 개설한 것에 이어 펜실베이니아 대학의 와튼스쿨 등 최고의 경영대학원들이 잇따라 온라인 과정을 개설했다. 평판이 높지 않은 MBA 과정은 유명 대학의 온라인 프로그램에 밀려나 입학 정원을 채우지 못할 전망이다.

칸 아카데미와 코세라에 이어 "최상의 교육을 만인에게 무료로"라는 기치를 내건 온라인 교육 프로그램이 잇따라 개설되었다. 서배스천 스런 교수는 16만 명이 몰린 온라인 강의에 깊이 감명을 받고 개발도상국의 젊은이들에게 세계 최고 수준의 무료 강좌를 제공하기 위해 2011년 유대시티Udacity라는 무료 온라인 대학을 출범시켰다. 교육계를 뒤흔든 무크 열풍 속에서 2012년 하버드 대학과 MIT는 각각 3000만 달러를 투자해 에드엑스edX라는 무료 온라인 교육 프로그램을 개설했다.

한계비용 제로 사회의 역설

미래학자 제러미 리프킨은 《한계비용 제로 사회》에서 세계 최고 수준의 교육이 온라인으로 무료 제공되는 것, 즉 제로 수준의 한계비용으로 제공됨에 따라 전통적이고 중앙집권적인 과거의 교육 시스템은 붕괴 또는 근본적 변혁이 불가피하다고 말한다. 하지만 온라인 교육 프로그램의 인기에도 불구하고 대학교육은 여전히 고유의 장점을 지니고 있어서 그 가치가 유지될 것이라는 목소리도 결코 작지 않다.

  2012년 무크 열풍 속에서 미국을 중심으로 한 교육계에는 온라인 교육 쓰나미가 곧 광범하게 닥칠 것이라는 불안과 기대가 팽배했다. 하지만 온라인 교육 프로그램의 실제 성적표는 기대와 사뭇 달랐다. 펜실베이니아 대학 교육대학원이 온라인 공개강좌에 등록한 수백만 명의 데이터를 분석한 결과 그중 절반만이 한 개 이상의 수업을 신청했고, 등록한 강의를 끝까지 들은 학생은 4퍼센트에 불과했다.[8] 2013년 1월 미국 새너제이 캘리포니아 주립대학은 유대시티와 협력해 온라인 강의로 학점을 취득하는 것을 가능하게 했다. 하지만 온라인으로 수강한 학생들은 캠퍼스 강의실에서 수업을 들은 학생보다 성적이 낮았다. 대수학 수강생 중 수업을 이수한 비율은 25퍼센트도 되지 못했고, 결국 이 대학은 한 학기 만에 학점 취득이 가능한 온라인 프로그램을 중단했다.

  등록금 부담이 없거나 낮고 출석과 과제 등의 의무가 적은 데다 학생이 시간과 장소에 구애받지 않고 언제 어디서든 스마트폰으로 수강할 수 있다는 편리함은 동시에 온라인 교육 프로그램의 치명적 단점이 됐다. 낮은 참여율과 몰입도, 높은 중도 포기율, 학습 의무감 저하, 시험 성적 저조 등의 결과가 나타난 것이다. 무크가 내세우는 "최상의 교육을 모두에게 무료로"라는 이상과 현실 사이에는 상당한 차이가 있다는 연구도 공개됐다.

미국의 교육평론가이자 언론인인 제프리 셀링고는 2014년 《무크 U: 온라인 교육의 중도 포기 이유》라는 책에서 온라인 교육 프로그램의 열기에 가려진 그늘을 조명했다.[9] 2012~3년 미시간 대학과 펜실베이니아 대학의 온라인 공개강좌에 등록한 학생의 80퍼센트는 이미 유사한 분야의 학위를 보유하고 있었다. 온라인 무료 강의의 혜택이 가장 클 것으로 기대됐던 개발도상국의 수강생들도 마찬가지였다. 브라질, 인도, 중국, 러시아, 남아프리카공화국의 무크 등록 학생들도 80퍼센트가 학사 학위를 지닌 것으로 조사됐다. 온라인 무료 교육은 개도국의 가난한 학생들에게 세계적 수준의 강의를 무료로 제공하는 인도주의적 교육 이상을 목표로 내세웠다. 하지만 실제 수혜 대상은 대부분 이미 학위를 지니고 있는 미국과 개도국의 최고 엘리트였음이 통계로 밝혀졌다.[10]

　또 무크는 자발적 학습 동기가 강하고 학습 능력이 뛰어난 소수의 학생을 대상으로 만들어졌기 때문에 95퍼센트에 이르는 대다수의 학생들에게는 적절한 교육수단이 아니다. 대부분의 무크 프로그램이 세계 최고 대학의 강의를 기반으로 만들어진 까닭에 학습 동기나 자율성 측면에서 보통 수준에 해당하는 학생들에게는 강의 효율성이 낮다. 따라서 온라인 교육 프로그램은 오프라인 교육을 대체하는 것이 아니라 주로 교실에서의 학습을 돕는 보조수단이나 직업교육의 도구로 쓰일 전망이다.

　《생각하지 않는 사람들》에서 인터넷과 멀티태스킹이 깊은 사고와 창의력에 끼치는 악영향을 경고한 니콜라스 카는 온라인 강의 프로그램에도 회의적이다. 100년 전엔 당시의 최신 기술인 우편을 통한 대학교육 프로그램이 도입되어 고등교육의 비용을 크게 낮출 것으로 기대를 모았다. "통신강의는 강의실보다 더 개인에게 최적화된 교육을 제공한다"는 것이 당시의 홍보 문구였다. 각 대학은 통신교육 전담 부서를 만들고 절정기였던 1920년대에는 통신교육과정에 등록한 학생 수가 실제 대학 재학생의 네 배에 이르렀다."

대부분의 전문가들은 온라인 교육 프로그램의 인기가 높다 해도 실제 대학교육을 대체하지는 못할 것이라고 주장한다. 대학의 가치는 온라인으로 대체할 수 있는 강의와 수료증이 전부가 아니기 때문이다.

코세라, 에드엑스, 유대시티 등의 온라인 교육 프로그램들은 하나같이 스탠퍼드, 하버드, MIT의 야심 찬 컴퓨터공학자들에 의해 개설됐다. 그들은 온라인 교육 프로그램이 이제껏 비디오와 통신을 통해 이뤄진 원격 교육과는 다르다고 주장한다. 무크 프로그램은 빅데이터와 머신러닝 환경에서 컴퓨터 기술을 적극 활용해 학생들의 학습 패턴과 이해 수준, 상호작용을 반영한 효율성과 경제성이 높은 혁신적 교육수단이라는 것이다. 학생별 맞춤 학습과 관리를 통해 대형 강의실에서 진행되는 캠퍼스의 강의보다 더욱 효과적으로 교육할 수 있다는 점을 내세운다. 학습 데이터를 분석하면 학생들이 어느 부분을 이해하지 못하고 지나쳤는지, 어떻게 개선해야 하는지에 대한 데이터를 얻을 수 있어 맞춤 교육을 제공할 수 있다.

하지만 기술적 수단 위주로 온라인 교육에 접근하는 것에 대한 경고의 목소리도 높다. 미국 스워스모어 칼리지의 역사학 교수 티머시 버크Timothy Burke는 "과거 원격 교육의 실패는 기술적 문제 때문이 아닌 교육 모델과 관련된 깊은 철학적 문제에 기인한다"고 지적했다.[12] 온라인 프로그램이 효율적인 교육 방법을 제공한다고 할지라도 대학교육의 본질은 교수와 학생들 간의 미묘한 상호작용에 있기 때문이다. 이런 상호작용은 아무리 컴퓨터 프로그램과 기계가 정교해지더라도 대체될 수 없는 영역이다. 대학 강의실과 세미나실은 역설적으로 디지털 시대에 더욱 그 가치를 주목받을 것이다. 전통적 토론과 학습 기법을 전수하는 것은 물론이고 디지털 네이티브 세대가 오프라인 상태에서 깊은 토론과 사고에 몰입하는, 드문 경험을 제공하는 공간으로서의 의미 또한 보태질 수 있기 때문이다.

비단 강의실에서의 수업만이 아니라 동료나 선후배와의 토론, 전문 장비를 이용한 실험실습, 공동 프로젝트, 인턴십, 자원봉사, 외국 유학 등은 실제 대면교육을 통해서만 경험할 수 있다. 온라인을 통해서 대부분의 활동과 관계가 가능해진 현실에서 대학은 교수와 학생들이 실제로 얼굴과 얼굴을 맞댄 채 공동의 주제를 논의하고 모색하는 시간과 공간이 된다. 대학은 특정한 목표를 추구하는 호기심 강한 동년배 집단을 강의실과 실험실, 커뮤니티를 통해서 만나게 하는, 대체 불가능한 공간이자 제도라는 특성을 지닌다. 온라인에 대한 의존도가 높아질수록 거꾸로 오프라인에서의 면대면 만남과 몰입이라는 희소해진 경험을 제공하는 기능도 주목받는다.

더욱이 온라인으로 유명 대학의 강의를 수강할 수 있고 대학 입학의 문이 넓어진다고 해서 당장 명문 대학의 졸업장이 지닌 가치가 줄어들 것으로는 보이지 않는다. 지식 정보 사회에서 지식과 직결된 브랜드의 가치는 더 중요하게 여겨질 수 있다. 주택 보급률이 100퍼센트를 넘어서고 경제적 사정으로 끼니를 거르는 사람이 없어졌다고 해서 집과 음식에 대한 사람들의 관심과 추구가 사라지지는 않는 것과 마찬가지다. 오히려 좋은 집과 맛있는 음식에 대한 선호가 더욱 커지는 현상이 나타난다. 대학이 단지 전문 지식을 제공하는 것만이 아니라 인적 네트워크를 구축하고 한정된 사회자원을 분배하는 기능을 수행한다는 점도 고려되어야 할 부분이다.

인류 지식의 보고,
백과전서에서 위키피디아로

달라진 세상에서 앞으로 무엇을 학습해야 하는가가 개인과 사회의 화두로 떠올랐다. 무엇을 배울지를 묻기에 앞서 지식은 어떤 형태를 띠고 있는지, 어떻게 변하고 있는지를 파악하는 것이 우선이다.

백과사전은 한 사회와 시대의 지적 수준을 드러내는, 출판의 정점에 있는 서적이다. 수십 권의 부피에 담겨 있는 지식의 양과 수준은 물론 기획 기간과 집필진, 투입 자본의 규모에서 여느 출판물과는 차원을 달리한다. 백과사전의 역사는 정보와 지식의 기능과 구조가 시대에 따라 어떻게 달라져왔는지를 보여주는 인덱스다.

근대 역사에서 백과사전은 서적 이상의 의미를 지녔다. '백과전서

온라인 백과사전 위키피디아.

파'는 중요한 역사적 사건의 배경이 되는 사상적 흐름의 명칭이다. 18세기 프랑스 철학자이자 저술가인 드니 디드로는 《백과전서》 편찬과 발간을 통해 프랑스 사회가 이전의 중세적 세계관에서 근대의 과학적, 이성적 세계관으로 나아갈 수 있도록 길을 닦은 대표적 계몽주의 사상가다. 그 도구가 되었던 《백과전서》는 이제껏 인류가 축적해 온 지식을 집대성하고 체계화한 것이었다.

루소와 몽테스키외 등이 집필자로 참여한 것에서 알 수 있듯, 《백과전서》는 절대왕정의 왕권신수설을 부정하고 사회계약론을 적극 옹호했다. 당시 교황 클레멘스 13세와 영국 왕 조지 3세는 한목소리로 디드로를 비난했고 프랑스 왕 루이 15세는 1759년 《백과전서》의 출판 허가를 취소해 출간을 정지시켰다. 디드로는 《백과전서》를 편찬 중이던 1749년 다른 책(《장님에 관한 편지》)이 빌미가 되어 102일 동안 뱅센 감옥에 투옥되었고 압수당한 6000권의 책이 소각되었다.

《백과전서》는 종교적 관용, 사상의 자유, 과학과 기술의 가치를 중시한 내용 못지않게 지식의 형태와 구조에도 혁명적 변화를 가져왔다. 그동안 왕족과 귀족 등 특권층과 지식인층만 누리던 전문 지식에 시민도 쉽게 접근할 수 있게 한 것이다. 계몽주의는 《백과전서》를 도구로 시민들의 이성과 이상을 고취시켜 프랑스대혁명으로 가는 길을 닦았다.

지식의 민주화에 대해 왕족이 불쾌해한 것과 별개로, 신학자들은 다른 이유로 디드로를 비난했다. 백과사전 항목이 알파벳순으로 나열되어 신의 질서를 어지럽혔다는 것이 이유였다.[13] 신에 관한 내용이 첫머리에 오는 대신 알파벳순으로 배열된 질서를 당시 기득권자들은 받아들이기 어려웠다. 항목을 분류하고 서열을 매기는 행위는 세계를 파악하기 위한 인지행위인 동시에 질서를 부여하는 권력행위다. 로마 시대에 현재와 같은 12개월 365일의 달력체계를 만들고 다듬으면서 율리우스 카이사르와 아우구스투스 황제가 각각 7월과 8월에 자신들의 이름을 붙인 것도 분류하고 서열화하는 권력의 한 모습이다.

현대로 넘어오면서 《브리태니커Britannica 백과사전》이 디드로판 《백과전서》를 이어 '인류 지식의 보고'라는 명성과 가치를 계승했다. 각 분야의 전문가들이 정리하고 집필한 《브리태니커》는 15판을 거듭하면서 세계 최고의 지식백과로 자리매김했지만 2012년 3월 15일 더 이상 종이 사전을 내지 않겠다고 선언했다. 첫 발간 이후 244년 만이었다. 이후 《브리태니커》는 온라인으로만 서비스된다.

컴퓨터 세상을 누구보다 앞서 내다본 미국의 마이크로소프트는

1985년부터 전자 백과사전을 준비하다가 1993년 CD-롬 형태의 〈엔카르타 멀티미디어 백과사전Microsoft Encarta Multimedia Encyclopedia〉을 발행했다. 항목별로 시청각을 동원한 입체적 정보, 지도에 대한 줌업과 회전은 물론 검색 기능과 하이퍼링크까지 종이 사전이 제공하지 못하는 다양한 경험을 제공하며 인기를 끈 신개념의 백과사전이었다. 하지만 2009년 마이크로소프트는 야심 차게 전개해온 엔카르타 사업에서 철수했다.

'위키피디아'와 구글 때문이다. 사람들은 과거와는 비교되지 않을 만큼 많은 정보를 찾고 수시로 사전을 이용하게 됐다. 하지만 그들이 이용한 것은 종이 백과사전이 아니었다. 2000년 1월부터 이용자 참여형 온라인 백과사전 위키피디아가 무료로 서비스를 시작하면서 기존의 종이나 CD-롬 백과사전의 운명은 하루아침에 달라졌다. 아무리 많은 자본을 투입해 저명한 전문가 필자를 동원하고, 수록 항목을 늘리고, 빠르게 개정판을 내고, 홍보와 마케팅을 강화한다고 해도 승산 없는 경쟁이었다. 정보가 만들어지고 유통되고 소비되는 구조 자체, 즉 게임의 룰이 바뀐 까닭이다.

백과사전의 쇠락은 정보의 디지털화에서 비롯한다. 아날로그 시대에 개별성과 유한성을 지녔던 선형적linear 정보가 디지털 환경에서 비선형적non-linear으로 달라지면서 연결성과 무한성을 지니게 됐다. 뛰어난 연결성은 정보에 시간 축이라는 새로운 차원을 부여했고 정보의 실시간성이 부각되었다. 지식의 규모와 구조, 속성이 근본적으로 달라진 것이다.

종이와 CD-롬 형태의 백과사전은 제한된 공간에 정제된 정보를 담아왔다. 디드로가 편찬한 《백과전서》는 최초로 지식을 집대성한 방대한 규모였지만 이후 사정은 달라졌다. 지식의 양은 엄청난 규모로 늘어났지만 백과사전은 물리적 한계를 지닌 정보수용 매체다. 연감을 통해 새 정보를 보강하고 십수 년에 한 번씩 내용을 업데이트한 증보판을 발간하는 것이 기존의 방식이었다. 지속적으로 늘어나는 지식에 백과사전이 대처하는 방법은 표제 항목을 계속 늘려가는 것이 아니라 편집을 통해 내용을 선별하고 사전의 부피는 적정 수준으로 유지하는 것이었다. 2012년 마지막 종이 판본의 《브리태니커》는 모두 32권에 12만 항목을 담았다. 2025년 위키피디아 영문판의 표제 항목은 약 700만 개로 전 세계의 수많은 자발적 편집자들이 새로운 정보를 빠르게 지속적으로 보강하고 있다. 수요자에게 판매될 가격대와 서가에서 차지할 부피가 《브리태니커》의 권수를 32권으로 제한했지만 위키피디아에는 이런 제약이 없다. 위키피디아는 공간의 제약을 느낄 필요가 없는 무료 온라인 사전이다.

위키피디아 공동 개설자인 지미 웨일스Jimmy Wales가 사용자 참여로 편집이 이뤄지는 새로운 형태의 온라인 백과사전에 '위키피디아'라는 명칭을 붙인 것은 그 본질을 정확하게 간파하고 있음을 알려준다. '위키wiki'는 하와이 원주민어로 '빨리'라는 뜻이다. '빠른 백과사전'은 시간을 필요로 하고 위계적 특성을 지닌 지식체계의 피라미드를 흔들어버렸다. 새로운 지식이 등장해 《브리태니커》와 같은 권위 있는 백과사전에 실리기까지는 상당한 시간이 걸린다. 설명을 필요로 하는 새로운 현상이 보고되면 전문가들의 해석과 의견이 쏟아지지만 이러한 주장이 학계와 전문가 커뮤니티의 인정을 받아 하나의 이론과 학설로 구축되기까지는 적잖은 시간이 소요된다. 더욱이 빨라야 십수 년 만에 한 번씩 내용이 증보되는 발행 주기의 특성상 백과사전은 검증되고 확립된 정보와 이론을 싣는 도구였다. 출판물은 일단 인쇄되면 고칠 수 없다. 나중에 심각한 오류가 발견되면 회수, 환불, 폐기해야 하므로 출판 전에 꼼꼼하게 검토하는 과정이 필수다.

손쉽게 수정이 가능한 온라인 백과인 위키피디아는 백과사전의 제작 방식을 근본적으로 변화시켰다. 전문가가 아닌 익명의 다중에 의해 자유롭게 편집되고 수정되는 특성으로 인해 위키피디아는 오류 가능성이 상대적으로 높다는 지적을 받아왔다. 하지만 사전의 신뢰 수준에 대한 연구 결과는 이런 지적과는 사뭇 달랐다.

영국의 과학학술지 〈네이처〉는 2005년 12월 《브리태니커》와 위키피디아의 정확도를 비교한 연구 결과를 게재했다.[14] 과학 분야 항목 50개를 무작위로 선정한 뒤 전문가들에게 주제별로 두 사전의 정확도를 비교해달라고 의뢰했다. 최종적으로 42개의 주제가 엄격한 검토 대상으로 압축됐고 비교 결과 심각한 오류로 판단된 것은 모두 여덟 개였다. 《브리태니커》가 네 개, 위키피디아가 네 개였다. 사실 기록상의 오류와 누락, 오해의 소지가 있는 표현 등은 《브리태니커》가 123개인 반면 위키피디아가 162개로 약간 많았다. 연구 논문은 두 백과사전의 정확도가 크게 다르지 않다고 결론 내렸다. 일반인은 물론 세계 지성계를 놀라게 한 연구였다.

진짜 놀라운 일은 〈네이처〉의 논문 게재 이후 벌어졌다. 이후 수많은 사람들이 새로 편집에 나서면서 《브리태니커》와의 비교 과정에서 지적된 위키피디아의 오류 항목들은 빠르게 수정됐다. 종이에 인쇄된 《브리태니커》로서는 불가능한 일이었다. 결국 《브리태니커》는 종이 사전 발간과 판매를 중단하고 온라인에서 유료(월 이용료 70달러)로 사전을 서비스하기로 결정했다.

당시 브리태니커 사장 조지 코즈Jorge Cauz는 종이 사전 발행을 포기하겠다면서 이렇게 말했다.

"종이 《브리태니커》에 대한 향수와 아쉬움을 느끼는 사람들도 있겠지만, 우리는 훨씬 훌륭한 도구를 지니고 있다. 웹은 지속적으로 업데이트되고, 훨씬 방대하며, 멀티미디어 기능을 구현한다. 《브리태니커》가 보유한 디지털 데이터베이스는 너무 방대해서 백과사전 한 질에 담을 수 없다. 그리고 우리가 지금도 하루에 여러 차례 수행하고 있는 것처럼 몇 분 안에 보완이 가능하기 때문에 항상 최신의 정보를 유지할 수 있다."[15]

《브리태니커》가 종이 사전을 포기하고 온라인 버전만으로 서비스하겠다면서 밝힌 '장점들'은 정확히 위키피디아의 특징이었다. '인류 지식의 보고'를 품은 지식집단은 패배를 인정해야 했다. 《브리태니커》는 전성기인 1990년 한 해에만 12만 질을 판매해 6억 5000만 달러의 매출을 올렸으며, 한국어판을 내기 전 영어판을 판매하던 1992년 한국브리태니커의 경우 직원 수가 1000명을 넘었을 정도였다.[16] 전 세계적으로 위키피디아는 인터넷에서 가장 이용률이 높은 콘텐츠

사이트다. 웹 트래픽 분석업체 시밀러웹에 따르면, 2024년 6월 기준 세계 10대 사이트는 구글, 유튜브, 페이스북, 인스타그램, X, 바이두, 위키피디아, 야후, 얀덱스, 왓츠앱 순이다. 콘텐츠 사이트는 위키피디아가 유일한 셈이다.

《브리태니커》와 위키피디아의 엇갈린 운명은 지식의 생산, 유통, 소비 구조를 완전히 바꿔버린 정보사회의 단면이다. '인류 지식의 보고' 《브리태니커》가 인터넷 시대에 겪은 변화는 출판물만이 아니라 다른 지적 생산물이 온라인 세상에서 불가피한 거대한 격변을 만나 어디로 나아가는지를 알려주는 시금석이다.

지식 도구의 진화

15세기 중반에 등장한 구텐베르크의 인쇄술은 인류의 오랜 구술 문화를 문자 문화로 바꿨다. 구텐베르크 인쇄기가 등장하기 한참 전부터 문자체계와 필사 문화가 있었지만 인류 대다수가 본격적인 문자 생활을 누린 것은 16세기 인쇄혁명 이후다. 구어와 필사본을 통해 주변의 소수에게 제한된 양의 정보가 유통되고 전승되던 환경이 근본적으로 바뀌었다.

인쇄술이 등장하기 이전까지 지식과 정보의 전달자는 사람이었다. 장사를 위해 도시를 옮겨 다니는 상인이나 구도와 선교를 위해 떠도는 탁발수도사가 새로운 지식을 전달하는 주된 역할을 했다. 인쇄술 이전에는 새로운 지식을 구하려면 스승과 책이 있는 곳을 찾아다녀야 했다. 수도사들은 필사본을 보유한 수도원에서 또 다른 수도

원으로 옮겨 다녔다.[17] 하지만 책이 인쇄되면서 사정이 달라졌다. 사람이 편력하는 대신 책이 이동하게 됐다. 스마트폰 덕분에 세상 어느 곳의 소식이든 이리저리 이동하며 실시간으로 접하게 되는 것처럼 출판물은 서재와 도서관에 앉아서 새로운 지식을 얻을 수 있는 길을 열었다.

책을 매개로 한 지식의 생산과 유통이 폭발적으로 늘어나면서 인류 역사상 경험하지 못한 비약적 발전과 변화가 사회 모든 영역에서 일어나기 시작했다. 종교개혁, 시민혁명, 민주주의, 근대과학, 기술혁신, 발명과 발견, 산업혁명, 정보혁명…. 오늘날 인류 문명은 인쇄술 덕분에 가능했다. 캐나다의 미디어학자 마셜 매클루언의 표현대로 우리가 살고 있는 세계는 '구텐베르크 은하계'다.

종이를 매개로 하는 물리적 형태의 문자가 전자신호 정보로 바뀌면서 구텐베르크 은하계에도 종말이 시작됐다. 전신 시스템은 엄청난 속도로 확산되어 발명 14년 만인 1858년에는 세계 최초로 대서양 횡단 해저케이블이 완공되었을 정도다. 〈이코노미스트〉 부편집장인 톰 스탠디지는 전신을 '빅토리아 시대의 인터넷'이라고 명명하고 눈부신 전신 보급 경쟁에 실린 희망적 기대와 에피소드를 상세하게 전달했다.[18] 19세기 중반 신문사들이 보도에 전신을 활용하기 이전까지 대서양 건너편의 뉴스 보도는 대서양을 횡단하는 선박의 속도보다 절대 빠를 수가 없었다. 전신이 나오자 당연히 뉴스 매체들은 필수 도구로 활용했다.

생산 도구와 접근 도구가 널리 보급되면서 지식의 생산량은 빠르게 늘어났다. 효율적으로 정보를 찾는 방법이 절실해졌다. 인류의 지식 전체를 분류함으로써 체계화한 대표적 도구는 도서관학의 개척자 멜빌 듀이Melvil Dewey가 1876년 발표한 '듀이 십진분류법'이다. 듀이의 도서분류법은 합리적이고 효율적이었지만 그 유용성이 한시적이었다. 새로이 발간되는 도서가 빠르게 늘어나고 분류법 제정 당시 존재하지 않던 새로운 영역의 학문과 지식이 생겨나면서 듀이 십진 도서분류법은 이내 낡은 체계가 됐다. 듀이 생존 당시의 도서 발행량을 기준으로 분류법을 만들었기 때문이다. 컴퓨터 과학처럼 듀이 사후에 생겨난 분야는 분류체계상 어디에 위치시켜야 할지 논쟁을 야기한다.

활자 시대 지식의 안내자이자 인덱스인 도서분류 시스템은 새로운 분야의 학문이 생겨나고 특정 분야의 발간물이 늘어나면서 효용성이 낮아졌다. 정보가 디지털화하고 네트워크로 연결되면서 그 시스템은 완벽한 종말을 맞게 됐다. 디지털과 온라인은 과거의 분류법으로는 제대로 파악되기 어려운 구조를 지녔다.

정보가 디지털화하면서 새로운 질적 변화가 일어나기 시작했다. 0과 1로 구성된 디지털은 사람의 언어가 아닌 기계의 언어다. 정보 처리가 사람의 업무에서 컴퓨터와 알고리즘의 업무로 바뀌었다.

정보 시스템의 변화를 읽어내고 달라진 지식 구조에 적합한 새로운 질서를 만들어내려는 이들도 생겨나기 시작했다. 이들은 인터넷 검색엔진을 만든 주인공들이다. 인터넷 검색 분야는 일찌감치 야후가 선점 효과를 누리며 시장을 지배했지만 몇 년 뒤에 후발 주자인 구글에 밀려났다. 두 업체의 차이는 엔지니어의 숫자나 마케팅 역량에 있지 않았다. 차이는 기술력에 있었다. 기술력의 차이는 지식 정보 사회에서 진짜 권력과 부가 무엇인지를 알려준다. 누가 더 정보 세계의 속성과 구조를 정확히 파악했느냐가 기술의 방향과 수준을 판가름하는 결정적 요소다.

1994년 미국에서 제리 양Jerry Yang이 공동 설립한 검색엔진 야후는 인터넷 서비스의 진화 역사를 보여준다. 당시는 인터넷 보급 초창기여서 검색엔진도 발달하지 않았고 어디에 무슨 콘텐츠가 있는지도 몰랐다. 그렇게 인터넷 이용법이 제대로 알려져 있지 않던 시절에 야후의 가치는 독보적이었다.

제리 양은 개인적인 인터넷 서핑을 위해 만든 '주제별 즐겨찾기'가 주위에서 인기를 끌자 이를 인터넷에 개방하고 검색 서비스와 결합해서 체계적 분류 시스템을 갖춘 인터넷 포털 서비스로 발전시켰다. 사이버 공간에서 우후죽순으로 생겨나는 웹사이트 가운데 알짜 콘텐츠만 추려내 주제별로 정리하는 방식이었다.

인터넷은 어느 분야보다 기술 발전이 빠르고 선발업체의 우위가 오랫동안 지속되지 않는 곳이다. 야후의 봄날도 길지 않았다. 야후의 봄날을 끝낸 경쟁 상대는 제리 양처럼 스탠퍼드 대학의 박사과정 학생인 래리 페이지Larry Page와 세르게이 브린Sergey Brin이었다. 1998년 그들이 설립한 구글은 야후와 다른 방식으로 설계된 인터넷 검색엔진이었다. 검색 기술의 핵심은 컴퓨터학 박사과정에 있던 두 공동 창업자가 대학에서 연구를 하면서 발견한 방식이다. 한 편의 논문은 다른 학자들이 참고문헌으로 표기하는 경우가 많을수록, 즉 인용 지수가 높을수록 중요한 논문으로 평가받는다. 학문 연구에서 상식으로 통용되어온 방식이다.

구글의 검색 기술은 해당 페이지가 다른 사이트에서 얼마나 많이 언급되고 링크로 연결되어 있는가를 통해 순위를 알려준다고 해서 '페이지랭크PageRank'로 불린다. 페이지랭크는 인터넷의 정보량이 많아질수록 진가가 드러났다. 야후의 즐겨찾기(디렉토리) 방식은 검색 전문가가 일일이 사이트를 살펴본 후 추천사이트로 올리는 구조이기 때문에 정보량이 증가하면 정확성이 떨어지고 최신 상태를 반영하기도 어렵다. 야후가 눈썰미 좋은 안내자를 통해 인터넷 서핑의 비결을 알려주고자 했다면, 구글은 최대한 정교한 수학공식을 만들어 사람의 개입 없이 기계가 가장 정확한 답을 빠르게 내놓을 수 있도록 설계됐다. 정보량이 늘어나고 참여자가 많아질수록 효율성과 정확도가 높아진다는 점에서 인터넷 구조에 적합한 알고리즘이다. 구글은 디지털에서는 새로운 방식의 분류가 필요하다는 것을 알아차리고는 모든 것을 인덱싱하고 결과를 서열화하면서 인터넷 세상을 지배하는 권력과 자산을 획득했다.

정보의 유효기간이
단축되는 지식 반감기

디지털 환경에서 지식의 구조와 관련해 중요한 것은 지식의 유효기간이다. 천동설이 지동설에 의해 대체된 것처럼 세상에 대한 우리의 지식은 늘 변화한다. 부모 세대는 태양계의 행성이 아홉 개라고 배웠지만 지금 자녀들은 여덟 개로 알고 있다. 1930년 발견되어 태양계의 아홉 번째 행성으로 불린 명왕성이 2006년 국제천문연맹의 분류법 변화에 따라 행성에서 제외되었기 때문이다. 지식은 늘 새로운 지식에 의해 보완되거나 대체되면서 변화해왔지만 오늘날과 같은 변화의 빠르기는 인류가 이제껏 경험해보지 못한 속도다.

의술이나 화학물질에 대한 평가도 시대에 따라 달라진다. 무해한 것으로 알려져 있던 식품첨가물이나 합성물이 유해한 것으로 밝혀지는 경우는 흔하다. 치명적 독성을 지닌 비소와 수은은 과거 오랜 기간 의료와 미용에 사용되었고, 생태계를 파괴하는 재앙 물질임이 밝혀져 퇴출당한 DDT는 1948년 노벨생리의학상을 받은 '기적의 살충제'였다.

디지털 세상에서는 원활한 정보 소통과 생산 덕분에 엄청난 양의 정보가 빠른 속도로 만들어진다. 방대한 규모의 지식 생산은 정보의 유효기간을 단축시킨다. 지식의 유용성과 효력이 시간의 경과에 따라 사라지는 것이다. 이런 현상을 설명하기 위해 하버드 대학의 복잡계 물리학자 새뮤얼 아브스만은 모든 지식이 유효기간을 갖고 있다면서 '지식의 반감기'라는 개념을 제시했다. 주로 핵물리학에서 방사능 물질의 세기가 절반으로 줄어드는 현상을 설명하는 용어인 '반감기'를 지식 일반에 적용한 것이다.

아브스만은 지식을 변화 속도에 따라 세 가지로 분류한다.[19] '고속 변화 지식'은 내일의 날씨나 특정 시점의 주가처럼 끊임없이 달라지는 지식이다. '저속 변화 지식'은 사람 손가락의 개수, 지구상 대륙의 숫자처럼 불변의 사실로 여겨지는 지식들이다. 이 두 가지 사이에 '중속 변화 지식' 또는 '가변적 지식'이 있다. 몇 년, 몇십 년 단위로 바뀌는, 사실상 우리가 아는 지식 대부분이 이 범주에 속한다. 과학 지식이나 교육기관에서 배우는 내용 대부분은 '중속 변화 지식'이다. 끊임없이 변화하는 가변적 지식의 변화 기준이나 규칙을 찾아내면, '무어의 법칙'처럼 탁월한 발견을 하거나 정확도 높은 예측을 하게 된다.

이런 변화하는 지식을 수용하는 태도에 따라 결과도 달라진다. 예를 들어 무어의 법칙을 신뢰하거나 수용하는 사람은 컴퓨터와 저장장치의 미래 가격과 보급률을 어렵지 않게 상상해낸다. 그리고 그에 적합한 산업적, 개인적 대응을 한다. 하지만 달라지고 변화하는 지식을 수용하기 꺼리는 사람도 많다. 새로운 것을 학습하고 이해하려는 인지적 노력이 피곤하기 때문이다. 새로운 정보가 가져온 '인지 부조화' 현상을 해소하기 위해 새로운 지식을 배우고 이해하는 대신, 거꾸로 기존에 자신이 알고 있는 사실에 외적 변화를 끼워 맞춰서 이해

무어의 법칙 Moore's law

반도체의 집적도가 18~24개월마다 두 배로 높아져 그만큼 성능이 증기한다는 법칙으로 1965년 인텔의 공동 설립자인 고든 무어가 주장한 내용이다. 컴퓨터의 성능이 일정 시기마다 배가하여 기하급수적으로 증가한다는 의미로 쓰이고 있다.

하려는 '확증편향', '선택적 인지'가 일어나기도 한다. 아브스만은 "단순히 지식을 습득하는 것보다 변화하는 지식에 어떻게 적응해야 할까를 배우는 것이 더 중요하다"고 말한다. 디지털 세상에서는 계속 학습하지 않으면 이내 낡은 지식과 권위에 의존하는 구세대가 된다. 어느 분야에서든 구세대로 밀려나지 않으려면 계속 배워야 하는 평생학습 사회가 되어버린 것이다.

모든 정보는 '절대 지식'이 될 수 없고 유효기간과 반감기를 지닌 '가변적 지식'이라는 통찰의 힘은 디지털 시대에 더욱 두드러진다. 위키피디아는 '지식의 반감기'가 점점 단축되는 환경에 적합한 지식체계다. 온라인 백과 위키피디아의 가장 큰 특징은 다중이 참여하는 열린 편집체계라는 점 못지않게 '빨리빨리'라는 뜻의 '위키'처럼 빠른 속도로 지속변화하는 지식의 진화 구조에 최적화한 체계라는 점이다. 위키피디아의 장점은 정보의 '정확성'과 '불변성'이 아니라 '가변

인지 부조화 Cognitive Disonance

개인이 지니고 있는 신념, 생각, 태도와 행동이 불일치할 때 생기는 심리적 불편함. 이를 해소하기 위해 확증 편향이나 선택적 인지 같은 심리적 전략을 동원하는 경향이 있다.

확증편향 Confirmatory Bias

자신의 가치관, 기대, 신념, 판단에 부합하는 확증적인 정보만을 선택적으로 인지하는 인식 방식을 말한다.

선택적 인지 Selective Perception

환경을 인지할 때, 자신에게 영향을 주거나 자신이 기대하는 것과 일치하는 것만을 인식하는 경향을 말한다.

성'과 '신속성'이다. 권력과 전문성을 지닌 소수가 지식과 정보의 생산과 유통을 도맡던 시절에 비해 누구나 정보에 접근하고 생산에 참여하는 디지털 환경에서 지식의 변화 속도는 말할 수 없이 빨라졌기 때문이다.

위키피디아는 '지식의 반감기'가 단축되는 환경에 최적화한 열린 지식체계이지만, 지식의 가변성은 장점인 동시에 단점이다. 즉 위키피디아의 정보는 기본적으로 '최종적 지식'이 되기 어렵다. 위키피디아를 만든 지미 웨일스는 "위키피디아를 잘 쓰는 방법은 지식의 최종 지점이 아닌 출발 지점으로 사용하는 것"이라고 말한다.[20] 지식과 교육 시스템은 언제나 학습자에게 호기심과 동기를 제공하고 지식의 출발 지점을 알려줄 따름이다. 이후는 학습자 스스로 찾아가야 하는 여정이다.

지적 존재가 되는 길

사회제도와 한정된 자원의 배분이라는 차원에서 대학의 가치와 기능은 앞으로도 주요하게 유지되겠지만 디지털 사회에서 달라지는 지식의 구조, 유효기간, 접근방법에 따라 상당히 큰 폭의 변화가 불가피하다.

1088년 북이탈리아에서 세계 최초로 볼로냐 대학이 설립된 이래 대학은 세계 각지로 확산되며 학문 발달과 지식 생태계의 원동력 역할을 해왔다. 대학의 역사는 중세 이후 지식의 발달사이기도 했다. 근대 산업혁명 이후 지식과 정보의 중요성이 커지면서 대학의 가치와 역할은 점점 확대됐다. 하지만 대학이 인류 지성사에서 늘 번영의 기록만 남긴 것은 아니다. 대학도 새로운 기술과 이로 인한 사회 변화를 수용하는 과정에서 결정적 위기를 경험했다. 유럽에서 탄생한 대학은 중세를 거치면서 교황 권력과 황제 권력 등 지배 권력 사이의 대립과 균형 속에서 번영했지만 16세기 즈음 시작된 근대로의 이행 과정에서 지식 생산자로서 종전의 지위와 영향력을 상실하게 된다. 이 시기에 대학을 대신해 지성사와 사회 변화를 이끈 힘은 인쇄술이었다.[21]

프로테스탄티즘, 종교개혁, 근대과학의 발달, 민족국가, 시민혁명 등 실질적으로 근대를 탄생시킨 주된 동력은 중세 이후 큰 변화가 없던 대학 시스템이 아니라 인쇄혁명이 가져온 새로운 사회적, 문화적 변화였다. 구텐베르크의 활판 인쇄술에 기초한 새로운 미디어로서의 출판이 중세의 교회나 대학이 하지 못한 새로운 방식으로 전문적 저자와 광범한 독자를 만들어냈고, 지식의 생산과 유통 방식은 근본적으로 달라졌다. 도쿄 대학 정보학 교수인 요시미 순야는 저서 《대학이란 무엇인가》에서 "17~18세기 대학은 라틴어 집착과 국민어 경시, 인문주의와 과학혁명에 대한 무기력한 대응으로 지식생산의 전선에서 완전히 사라져버렸다"고 평가한다. 백과전서파와 같은 대학 밖의 인문주의자들과 예술가들이 새로운 지적 풍토 변화에 기민하게 대응했다. 실제로 데카르트, 파스칼, 스피노자, 로크, 라이프니츠 같은 근대 지성의 거장들은 하나같이 대학 교수를 생업으로 삼은 이들이 아니었다. 인쇄술 이후 등장한 위대한 저자들이 독자나 지성계와 직접 소통하는 미디어로 출판물을 활용함으로써 근대로의 변혁과 이

세계 최초의 대학인 볼로냐 대학 도서관.

행이 촉진된 것이다.

대학은 19세기 이후 유럽과 미국에서 대학 단위 또는 국가 차원에서 이뤄진 개혁 노력을 통해 다시 한번 지적 생태계의 중앙으로 진입했다. 대학 시스템은 점점 줄어드는 고교 졸업생과 진화한 온라인 교육 프로그램의 등장으로 과거의 독점적 지위를 위협받고 있지만, 그럼에도 불구하고 대학만이 제공할 수 있는 학문적 접근방법과 깊이 있는 경험이라는 장점을 지니고 있다. 대학은 동일한 관심을 가진 집단 속에서 호기심을 키우고 단련할 수 있는 최적의 공간이기도 하다. "내가 더 멀리 내다보았다면 거인들의 어깨 위에 서 있었기 때문"이라는 뉴턴의 말이 제도화되어 있는 곳이 바로 대학이다. 학문적 전통이 우수하고 평판이 좋은 대학에 진학하는 것은 여전히 가치 있는 선택이다.

그렇지만 21세기 디지털 정보사회에서 대학은 새로운 도전에 직면했다. 모든 지식에 대한 만인의 접근이 가능해지고 방대한 양의 지식이 생산되면서도 정보의 유효기간은 급속히 단축되는 새로운 지적 생태계의 현실은 대학의 가치와 역할을 돌아보게 한다.

디지털 환경에서 개인은 대학교육을 거치지 않고도 방대하고 깊이 있는 지식을 최신의 연구 결과를 통해 배울 수 있고 이를 활용해 다양한 지적 활동을 할 수 있다. 앞서 보았듯이 근대 지성의 거장들은 대학에 의지하지 않고 출판물을 통해 위대한 지적 활동을 해냈다. 지식의 구조가 아날로그에서 디지털로 바뀌어버린 환경에서 인터넷과 이를 활용한 학습은 어떠한 제도교육 시스템보다 강력하고 본질적인 지적 도구로서 기능한다. 우리는 대학의 위기를 고민할 것이 아니라 사회와 개인이 대학교육에 의존해온 현실을 고민할 필요가 있다. 지식의 반감기가 갈수록 단축되고 있는 시대에 개인이 인생의 특정 시기에 집중 교육을 받고 자격증을 얻는 대학 시스템은 앞으로 기존의 가치를 잃어버릴 수밖에 없다. 대학과 대학원 교육으로는 충분치 않으므로 학위에 의존하는 것은 지극히 위험한 선택이 된다.

인터넷은 지식을 개방하고 연결해 지식의 생산과 유통 구조를 근본적으로 바꾸어놓았다. 현재 10~20대에 집중되어 있는 고등교육 시스템은 달라진 환경에서 더 이상 유용하지 않다. 엄청난 양의 지식이 빠른 속도로 생산되는 환경에서 효과적이고 유일한 교육과 학습 방법은 이러한 지식의 구조를 알고 여기 대응하는 것이다. 당장 1~2년 뒤에 등장할 새로운 지식과 기술에 의해 기존의 지식체계와 기득권이 송두리째 흔들릴 수 있는 것이 디지털 사회다. 지식의 구조가 바뀐 디지털 세상에서 유용한 것은 스스로 학습자가 되어 끊임없이 변화하고 확대되며 새로워지는 지식을 탐구해나가는 길이다.

네트워크화된 디지털 환경에서는 어떠한 명문대 졸업장도 과거처럼 평생 직업과 전문성을 담보해줄 수 없다. 나날이 새로워지는 첨단 지식을 학습하기 위해 새로운 학위를 추가로 취득하거나 지속적으로 재교육을 받는 것도 쉽지 않은 일이다. 오히려 그동안 대학 졸업장에 사회와 개인이 과도하게 부여해왔던 의미와 부가적 기능들이 사라지는 과정을 받아들이는 것이 필요하다. 졸업장과 학위에 붙어 있던 포장과 장식이 제거되고 나면 교육이 수행해야 하는 좀 더 본질적인 기능과 의미가 드러나게 된다. 시대와 환경이 바뀌어도 자신에게 의미 있는, 지속 가능한 교육의 가치가 무엇인지를 질문하게 만들기 때문이다.

세계 최고 대학의 전문가들이 무료 온라인 강의를 제공하고 있는 것처럼 최고의 콘텐츠는 졸업장과 캠퍼스가 아닌 인터넷에 이미 널려 있다. 이는 앞으로도 지속적으로 제공될, 사실상 무한한 교육자원이다. 이제는 전문가와 특별한 교육과정을 찾기보다 스스로 학습 동기를 키워서 공개된 콘텐츠를 효율적으로 활용하는 것이 최고의 교육이 되어가고 있다. 소크라테스가 일깨운 대로, 내가 무엇을 알고 있고 또 무엇을 모르고 있는지를 파악하는 것이 로봇과 다른 지적 존재로서 성장할 첫걸음이다.

Chapter 4

일자리의 경제학

제2의 기계 시대, 내 직업은 10년 뒤에도 살아남을 수 있을까

모든 기술은 결국 그동안 해당 업무를 수행해온 사람들의 일자리를 빼앗을 운명을 지닌 채 태어난다. 이제 직업 선택에서 중요한 것은 지금 시점에서 어떤 직업이 미래에도 안정성이 높고 유망할까가 아니다. 저마다 고유한 특성을 지닌 개인들에게 필요한 것은 오히려 직업과 미래를 바라보는 관점의 변화다.

수많은 사람들이 다양한 목적지를 향해 드나들고 이별과 만남의 정을 나누는 공항은 여러 가지로 특별한 장소다. 특히 국제공항은 다른 곳에서는 접하기 어려운 다수의 전문적 직업군을 만나게 되는 장소이기도 하다. 세관, 출입국관리, 검역, 보안 업무 종사자를 비롯해서 항공정비 기술자 등은 공항에서 비로소 만날 수 있는 직군이다. 그중에도 항공기 조종사들은 공항에서 만날 수 있는 직업군의 꽃이다. 수백 톤이 넘는 기계에 수백 명의 생명을 싣고 대양을 건너 지구 반대편 대륙의 목적지로 운항하는 항공기 조종사는 실로 특별해 보인다. 전문성, 사회경제적 대우, 안정성에서 여느 직업들과 차원을 달리하는 전문직이다.

하지만 거대한 자동화의 물결은 하늘 길을 오가는 고소득 전문직의 세계도 피해 가지 않는다. 변화의 무풍지대는 어디에도 없는 것이다.

두 번의 항공 격추 사고가
알려준 것

항공기는 첨단기술의 집약체다. 수많은 생명을 싣고 하늘을 날아다니는 교통수단이라는 특성상 안전성과 효율성이 검증된 첨단기술이 적극 수용되는 기계다. 비행기가 지속적으로 개량되는 기술의 발전상을 보여준다면 그 두뇌인 조종실은 기술과 사람이 관계를 맺는 방식의 변화를 알려주는 공간이다. 그 핵심은 각종 기기의 성능과 조작법, 그리고 이를 다루는 사람의 변화다. 조종실 기기의 성능은 향상되었고 조작도 안정적이고 직관적인 방향으로 개선되어간다. 자연히 조종하는 사람도 기술의 영향을 피할 수 없게 됐다.

항공기 조종 능력은 누구나 마음먹는다고 익힐 수 있는 기능이 아니다. 까다로운 신체검사를 통과한 이후 국가나 민간의 전문 교육기관에서 오랜 기간 학습과 훈련을 거치고 자격증을 취득해야 조종석에 앉을 수 있다. 급여가 높고 직업 안정성이 뛰어나기 때문에 실직에 대한 걱정과는 거리가 먼 전문 직종으로 여겨져왔다. 하지만 안정적일 것으로 여겨졌던 하늘 위의 일자리도 자동화의 영향권을 피해가지 못한다.

냉전 시대의 비극으로 기록된 대한항공기의 두 차례 격추 사고는 일자리 측면에서 항공기 조종실이 어떻게 달라져왔는지도 함께 알려준다. 1978년 4월 20일 프랑스 파리 오를리 공항을 이륙한 대한항공 902편(보잉 707)은 알래스카 앵커리지 공항을 경유해 김포공항에 도착할 예정이었다. 앵커리지를 향하던 902편은 항로를 이탈해 당시 공산진영이던 적성국가 소련의 영공을 침범했다. 902편은 출동한 소련 전투기의 미사일 공격을 받아 날개가 부서진 상태에서 얼어붙은 무르만스크의 호수 위에 불시착했다. 소련 전투기의 공격으로 두 명이 숨졌지만 기장의 뛰어난 조종술로 비행기가 얼음판에 무사 착륙해 탑승객 107명이 생존한 '무르만스크의 기적'으로 불린 항공사고다. 이 사고의 발단은 항법장치였다. 자동항법장치나 관성항법장치가 없던 당시, 조종사와 항법사가 비행기의 위치를 알려주는 항법장치를 잘못 판독하는 바람에 항로를 벗어나 소련 영공을 침범한 것이다. 사고 후 기장과 항법사는 스파이 혐의로 소련 당국에 억류돼 조사를 받고 풀려났다. 그만큼 비행에서 항법사의 역할은 핵심적이었다.

5년 뒤인 1983년 9월 1일 또다시 대한항공 007편(보잉 747)이 격추되는 사건이 발생했다. 007편이 항로를 이탈해 소련 영공을 침범하자 출격한 소련 전투기가 미사일로 공격해 탑승자 269명 전원이 사망했다. 이 사건을 계기로 국제민간항공기구ICAO는 민항기의 항로 이탈 사고를 예방하기 위해 미국 정부가 군사 목적으로 개발 운용해오던 위성항법장치GPS의 민간 개방을 미국 정부에 강력히 요청했다. 이 듬해인 1984년 로널드 레이건 미국 대통령은 군사 용도를 제외한 GPS의 신호를 전 세계에 무료 개방하기로 결정했다. 이는 항공기와 선박의 자동항법장치는 물론 오늘날 스마트폰, 차량 내비게이션 등 GPS 신호를 이용한 다양한 위치 기반 서비스의 계기가 됐다.

GPS 개방은 만인에게 독도법과 길 찾기의 수고 없이 목적지를 손쉽게 찾아갈 수 있는 편의를 가져왔지만 일부에게는 음울한 소식이었다. 그 일부란 바로 지도와 나침반을 통해 항공기의 위치와 항로를 계산하던 항법사들이었다. 1970년대 말 국내의 항법사는 200명이 넘었다. 그러나 GPS 개방으로 인해 고소득의 전문직 종사자였던 전 세계의 항법사들이 하루아침에 실업자 신세가 되었다.

1950년 이전만 해도 대개 항공기 조종실에는 기장과 부기장, 항법사, 무선통신사, 항공기관사 등 다섯 명의 전문 기술자가 탑승했다. 1950년대부터 통신기술의 발달로 무선통신의 신뢰성과 편리성이 높아지면서 무선통신사의 자리가 먼저 사라졌고, 1960년대엔 항공기에 탑재된 다양한 기기가 안정화되고 계기판을 통해 파악이 가능해지면서 항공기관사가 사라지게 됐다. 기장과 부기장 뒤에 마련돼 있던 항법사의 자리는 GPS 개방 이후인 1980년대에 사라졌다.

기술 발달과 자동화 그리고 경비 절감을 이유로 비행기 조종실의 인원은 계속 축소되었고 마침내 항공기 운항을 책임지는 조종사마저 감원 대상이 되는 지경에 처했다. 오토파일럿 덕분에 조종사는 비상시를 대비하는 게 주된 업무로 바뀌고 있다. 항공사 최고경영자가 "자동차 운전보다 쉬운 오토파일럿으로 간다"고 조종사 직무를 표현했을 정도다. 지속적인 조종사 감축 추세가 2015년 독일 저먼윙스German Wings의 자살 비행 사건으로 일시적 제동이 걸렸을 따름이다. 2015년 3월 24일 알프스에 추락해 탑승자 148명 전원이 숨진 독일 저먼윙스 4U9525편(에어버스 A320) 사고는 정신질환을 앓던 부조종사가 기장이 조종실을 잠시 비운 사이 조종실 문을 잠그고 자살 비행을 감행한 사건이다. 이 사고 이후 항공사들의 조종사 감원이 문제로 떠올랐다. 미국, 오스트레일리아 등 각국은 2인 이상의 조종실 탑승을 강제하는 의무 규정을 만들었고 한국도 이 사건을 계기로 조종실 2인 승무제를 의무화했다.[1]

안토노프사의 민간수송형 항공기 An-124-100의 조종실. 왼쪽부터 시계방향으로 통신사, 항법사, 기장, 부기장, 기관사 두 명의 자리. 이후에 나온 개량형 모델은 4석, 마지막 모델은 3석까지 줄었다.
ⓒRussavia

    2001년의 9·11 테러 사건과 2015년의 저먼윙스 자살 비행으로 조종실 2인 탑승이 의무화되고 있지만 이는 일시적 현상으로 보인다. 조종실 2인 승무 의무화의 배경이 기장의 역할을 보조하거나 대신하기 위해서라기보다 보안요원처럼 테러나 자살 비행을 막기 위해서이기 때문이다. 사실 과거에 부조종사와 항법사, 통신사, 항공기관사가 하던 일들은 GPS, 자동항법장치, 계기착륙장치 등 각종 기기와 자동화 장치들이 사람보다 훨씬 충실하고 안정적으로 수행하고 있다.

    이미 미군은 조종사 없는 무인비행기를 정찰기와 폭격기로 실전에서 운용하고 있다. 미국 네바다주의 공군기지에서는 이라크와 이란 등 지구 반대편 하늘 위의 무인전투기를 조종해 군사작전을 펼친다. 항공기 원격 조종 기술이 민간 항공기에 도입된다고 해도 승객의 심리적 안전을 지키고 만일의 경우에 대비해 기장 역할을 할 조종사는 여전히 탑승할 것이다. 하지만 미군처럼 지상의 통제센터가 항공기에 대한 원격 조종 능력을 갖춘다면 테러나 자살 비행 같은 만약의 사태가 발생했을 경우 비행 중인 항공기의 조종실을 무력화시키고 지상에서 원격으로 통제권을 접수하는 시나리오를 상상하기는 어렵지 않다. 지금도 이미 비행기 조종사는 이륙과 착륙 때를 제외한 비행 중에는 자동항법장치에 의존하는 것이 현실이다.

  비행기 조종사처럼 고도로 숙련된 전문가의 역할마저 기계가 대신하고 조종사는 승객을 안심시키고 만약을 대비하기 위한 대기 인력이 되는 세상이라면 대다수 직업군의 미래가 안정적이라고 보기는 힘들다.

구조적 실업

  일자리의 미래는 기술 발전 외에도 정부, 법규, 기업, 교육기관, 경쟁 상황 등 예측하기에는 너무나 많은 변수에 영향을 받는다. 고용시장은 주식시장처럼 참여 주체들의 심리와 행위 결과에 따라 수요와 공급 상황이 변화하는 속성을 지닌다. 건축사, 한의사, 변호사처럼 오랜 교육 기간과 자격 부여를 통해 제한된 인력이 공급되는 직업군에서도 시장 상황, 소비자 정서, 법규와 정책 결정에 따라 직업의 인기도와 가치는 시기별로 크게 달라진다.

버스안내양, 주차관리원, 전화교환원, 은행 창구직원, 매표직원, 경비원 등 기술과 사회 변화로 사라지거나 사라질 직업들을 거론하는 것은 식상할 정도다. 한국고용정보원이 해마다 편찬하는 직업사전에는 매년 사라진 직업과 새로 생겨난 직업들이 실린다. 《한국직업사전》 2019년 판은 인공지능과 드론 등 신기술 관련 직업들을 다수 추가하며 총 1만 2145개의 직업을 수록했다.

오랫동안 인간 고유의 영역이던 일자리들이 알고리즘에 의한 자동화, 컴퓨터화, 로봇에 의해 위협받거나 사라지고 있다. 한 예로, 2014년 12월 국내 금융과 보험 분야 취업자는 80만 7000명으로, 1년 전에 비해 5만 2000명이 줄어들었다. 자동화기기를 통한 입출금과 송금만이 아니라 예금계좌 개설과 해지 등 인터넷과 스마트폰으로 모든 것이 가능하다. 모바일 뱅킹과 핀테크 덕분에 사용자들은 더 많은 금융거래를 하게 되었지만 창구를 찾는 일은 갈수록 줄어든다.

로봇robot이라는 단어 자체가 인간의 노동을 대체한다는 뜻을 담고 있다. 체코의 극작가 카렐 차페크가 1920년 발표한 희곡 〈로숨의 유니버설 로봇Rossum's Universal Robots〉에 처음 사용했으며, 허드렛일 또는 노예상태를 뜻하는 체코어 로보타robota로부터 만든 말이다. 차페크는 "우리는 왜 로봇을 만드는가"에 대해 "일을 시키기 위해서"라고 말한다. 로봇과 비교하면 인간 노동은 "대책이 안 설 만큼 불완전"하다는 것이다. 차페크가 작품에서 '로봇'을 등장시킨 지 100년이 채 안 되어, 현실에서 인간의 일자리를 로봇이 위협하기 시작했다.

2015년 4월 영국 옥스퍼드 대학 마틴스쿨의 칼 프레이 교수와 마이클 오즈번 교수는 영국의 대표적 싱크탱크인 네스타NESTA의 지원으로 〈창의성 대 로봇〉이라는 연구 보고서를 발표했다. 미국 노동부의 분류에 따른 702개 직업군을 대상으로 각각의 직업이 컴퓨터와 자동화 등의 영향으로 대체될 위험성을 진단한 연구다.[2] 2010년의 직업군 중 47퍼센트가 10~20년 안에 컴퓨터 자동화의 영향으로 줄어들거나 사라질 위험에 처했다는 것이 연구의 핵심 결과다. 창의성 높은 21퍼센트의 직업군만 컴퓨터 자동화에도 안전할 것으로 조사됐다. 예술가, 건축가, 웹 디자이너, 정보기술 전문가 등의 직업군이다. 이와 반대로 대부분의 직업은 컴퓨터와 자동화에 의해 자리가 대체될 것으로 전망됐다. 그중 특히 취약한 직군은 교통, 물류, 제조, 건설, 사무행정 분야다. 구체적으로는 콜센터 직원, 도서관 사서, 농업과 목축업 종사자, 벌목꾼, 광부, 자동차 판매원, 호텔 직원 등의 미래가 유난히 암울했다.

이런 변화는 시대와 기술 변화에 따라 매년 《한국직업사전》의 수록 내용이 달라지는 것처럼 직업의 세계에서 늘 일어나는 현상일 뿐인가, 아니면 과거와는 근본적으로 다른 차원의 일자리 변화가 시작된 것인가.

지식산업을 장악한
제2의 기계 시대

MIT 슬론경영대학원 교수 에릭 브린욜프슨과 앤드루 맥아피는 이 문제에 대해 저서 《기계와의 경쟁》

과 《제2의 기계 시대》를 통해 적극적이고 포괄적인 답변을 시도해온 대표적 인물이다. 두 사람은 21세기 들어 일자리의 구조가 근본적으로 변했다고 주장한다. 두 저자는 증기기관의 발명으로 시작된 18세기 산업혁명이 제1의 기계 시대를 가져왔다면 디지털과 컴퓨터 기술은 제2의 기계 시대를 열고 있다고 말한다. 제1의 기계 시대에는 저임금 육체노동이 동력을 이용한 기계에 의해 대체됐지만, 제2의 기계 시대에는 그동안 인간 고유의 지적이고 정신적 작업으로 여겨졌던 업무를 컴퓨터와 자동화가 대체한다는 것이 특징이다.

2011년 퀴즈 대결 〈제퍼디 쇼〉에서 인간 퀴즈왕을 꺾은 IBM의 컴퓨터 왓슨, 음성인식 인공지능 비서 애플 시리, 2014년 마침내 튜링 테스트를 최초로 통과한 인공지능 유진 구스트만 Eugene Goostman, 2016년 혜성처럼 나타나 이세돌 9단과의 바둑 대국에서 이 9단에게 4-1 승리를 거둔 구글 딥마인드 Deep Mind의 알파고 Alpha Go, 1000만 킬로미터 넘게 도로주행에 성공한 구글의 자율주행차, 각종 산업 현장에 사람 대신 투입되어 높은 생산성을 보이고 있는 산업로봇, 재난구조 로봇, 소셜 로봇, 드론 등 숨가쁜 변화는 최근 일어나고 있는 디지털화와 자동화의 일부에 지나지 않는다. 이 모든 기술은 결국 그동안 해당 업무를 수행해온 사람들의 일자리를 빼앗을 운명을 지닌 채 태어난다.

제2의 기계 시대에는 로봇화와 자동화 속에서 상대적으로 안전하리라 여겨지던 지식 기반 업무 역시 컴퓨터 알고리즘과 소프트웨어에 의해 대체된다. 기계와 컴퓨터가 동력을 필요로 하거나 정확성이 요구되는 복잡한 계산 업무를 대체하는 수준을 넘어서서 사람만의 영역으로 여겨지던 인지적 판단이나 고도의 지적이고 정신적인 업무를 넘보기 시작했다는 의미다. 3차 산업이라고 불리는 서비스업 중에 부가가치와 전문성이 높은 영역마저 기계와의 경쟁에 직면했다. 변호사, 의사, 약사, 회계사, 세무사, 교수, 기자 등의 직종마저 위험에 처한 것이다. 업무를 업그레이드하기 위해 재교육을 받고 새로운 기기나 기술, 서비스 방법을 익히는 것으로 해결되기 어렵다. 경쟁 상황과 시장 조건이 근본적으로 달라졌기 때문이다.

미국 〈로스앤젤레스 타임스〉는 2015년 3월 30일 새벽 2시 캘리포니아주 인근에서 진도 4의 지진이 발생했다는 기사를 보도했다. 지진 발생에서 기사 보도까지 걸린 시간은 단 5분이었다. 작성자가 사람이 아니라 퀘이크봇Quakebot이라는 기사 작성 로봇이었기 때문에 가능했다.

지진이나 스포츠 경기 결과, 증권 시황이나 공시 뉴스처럼 데이터를 활용한 보도는 점점 로봇의 일이 되고 있다. 내러티브 사이언스Narrative Science, 워드스미스Wordsmith, 오토메이티드 인사이츠Automated Insights 등 기사 작성 로봇 또는 알고리즘이 〈포브스〉, AP통신 등 유수의 언론에서 수많은 기사를 작성하고 있는 현실이다. 워드스미스는 2013년 1년 동안 300만 건의 기사를 작성했을 정도다. 국내에서도 기사 작성 로봇은 사람 기자의 기사와 구분하기 어려울 정도의 완성도를 보이고 있다.[3]

아래는 서울대 언론정보학과 이준환 교수 연구팀HCI+D lab이 개발한 기사 작성 로봇이 2015년 6월 23일 프로야구 '삼성 대 롯데' 경기가 끝난 뒤 작성한 기사다. 작성된 기사는 사람의 개입 없이 프로야구 뉴스로봇(k_baseball_bot)이 자동으로 트위터와 페이스북에 공유한다.

(6월 23일) 삼성 12:4 롯데

롯데는 23일 열린 2015 프로야구 삼성과의 홈경기에서 4-12점으로 크게 패하며 홈 팬들을 실망시켰다. 롯데는 이상화를 선발로 등판시켰고 삼성은 차우찬이 나섰다. 삼성은 최형우가 맹활약을 펼쳤다. 최형우는 1회 초 0아웃에 맞이한 타석에서 2점을 뽑아내며 삼성의 8점 차 승리를 이끈 일등공신이 됐다. 롯데는 김현우를 끝까지 공략하지 못하며 안방에서 삼성에 8점 차 승리를 내주었다.

'0아웃'을 '노아웃'으로 바꾸는 정도를 빼고는 사람이 손볼 것이 거의 없는 수준이다. 실제로 2015년 한국언론재단 연구팀이 프로야구 뉴스로봇이 작성한 '로봇 기사'에 대해 리서치 회사를 통해 조사한 결과 응답 대상 일반인의 81퍼센트, 기자의 74퍼센트가 작성 주체를 '사람 기자'라고 답했을 정도다.[4] 현재는 로봇 기자의 '취재 범위'가 스포츠 경기나 금융시장 지표 등 데이터를 기반으로 하는 영역에 국한돼 있지만 앞으로 그 영역은 더 확대될 수밖에 없다. 스마트폰과 각종 센서를 통해 과거에 없던 정밀한 데이터가 각 영역에서 생성되고 있으며, 문장 구성 알고리즘은 갈수록 정교해진다. 수년에 걸쳐 언론사에서 기사 작성법과 언론의 가치에 대해 도제식으로 훈련받은 기자만의 고유한 업무라고 여겨지던 취재와 기사 작성마저 로봇이 대신하고 있다. 이런 상황이 언론학 영역에 '로봇 저널리즘'이라는 새로운 용어가 만들어진 배경이다.

2000년대 국내에도 도입된 '의약품 안심 서비스'는 과거 의사와 약사가 수행하던 전문 업무를 훌륭하게 대신하고 있다. 환자가 여러 의사를 방문해 부작용을 일으킬 수 있는 다량의 약을 처방받거나 함께 사용할 수 없는 약품을 동시 처방받는 상황을 투약 정보의 인터넷상 실시간 공유로 예방할 수 있다. 환자를 비롯해 의사나 약사의 실수를 예방하고 의료의 질을 높이는 시스템이지만 동시에 전문가의 업무를 자동화 프로그램이 대신하는 장면이기도 하다. 미국 샌프란시스코의 캘리포니아 주립대 UCSF 병원 등 주요 대학병원에서는 환자들의 약을 이미 로봇이 조제하고 있다. 전자처방전에 지시된 대로 로봇 팔이 약품 보관소에서 정확하게 약품을 꺼내 조제하고 약품운반 로봇이 병동과 병실까지 자율 운전해 약을 전달한다. 1500만 달러짜리 이 시스템은 600만 건의 처방을 조제하는 동안 실수율이 거의 제로였다. 한 건의 실수가 있었지만 로봇이 아닌 사람의 실수였다. 이전에 약사의 평균 실수율이 2.8퍼센트였다는 점을 고려하면 약 16만 8000건의 조제 실수를 예방한 셈입니다.[5] 국내에도 삼성서울병원에 자동조제로봇 아포테카 케모 Apoteca Chemo가 2015년부터 투입돼 약을 조제하고 있는데, 전혀 실수가 없다.

  변호사의 주요 업무 중 하나는 법정에서 증거로 활용하기 위한 자료를 조사하고 검토하는 일이다. 많을 경우 수백만 페이지의 문서를 꼼꼼히 검토해서 증거를 찾고 사건과의 연관성을 발견하는 일이 변호사 업무의 대부분이다. 재판정에서 공개변론을 하는 것보다 훨씬 많은 시간을 차지하는 업무인 셈이다. 미국에서 렉시스 넥시스 Lexis Nexis, 웨스트로 WestLaw와 같은 판례 법률 데이터베이스가 일찍부터 발달하게 된 배경이다. 미국의 법률 서비스 회사인 블랙스톤 디스커버리Blackstone Discovery는 인공지능 기반의 문서 검토 및 증거 조사 소프트웨어인 이디스커버리e-discovery를 이용해 현저하게 낮은 가격에 서비스를 제공하고 있다.[6] 영국 소프트웨어 회사인 오토노미Autonomy의 최고경영자 마이크 린치는 이디스커버리 덕분에 한 명의 변호사가 500명 분의 일을 더 정확하게 수행할 수 있게 됐다고 말했다. IBM의 왓슨을 기반으로 개발된 법무프로그램 로스Ross는 초당 10억 장의 법률문서와 판례를 읽어낼 수 있다.

브린욜프슨과 맥아피는 제2의 기계 시대를 이전의 기계화와 차별 짓는 요소는 만물의 디지털화, 디지털 기술의 기하급수적 발전, 융합적 형태의 혁신이라는 세 가지 특성이라고 설명한다.[7] 기계에 침범당하지 않을 사람의 영역이라고 여겨온 업무들이 디지털화로 인해 점점 줄어들고 있다.

미숙련 노동자의 고용 미래는 암울하다. 산업사회는 미숙련 노동자에게도 단순 노무나 판매업 같은 제조업, 서비스업의 일자리를 제공했지만 앞으로는 로봇과 자동화에 밀려 평생 일자리를 갖지 못하는 재앙을 만날 수 있다.

러다이트 운동은
무용했는가

기술 발달로 인해 선진국 경제에서는 제조업 부문의 일자리가 줄고 서비스업 중심의 고용 구조가 만들어졌다. 20세기 미국의 농업 인구 비중은 40퍼센트에 이르렀지만 지금은 1~2퍼센트에 불과하다. 기계화·산업화한 영농 덕분에 농업 인구의 일자리는 줄었지만 생산량은 훨씬 늘어났다. 농업 인구는 제조업으로 이동했고 산업 구조가 고도화되면서 제조업 인구는 다시 서비스업으로 옮겨갔다. 미국 노동시장에서 제조업 비중은 1950년대 약 30퍼센트였으나 2011년 10퍼센트 아래로 축소됐다. 반면 같은 기간 서비스업 비중은 약 40퍼센트에서 70퍼센트로 확대됐다.[8] 미국에서 1997년과 2005년 사이 제조업 생산량은 60퍼센트 증가했다. 하지만 비슷한 시기인 2002년과 2008년 사이에 제조업 일자리는 390만 개가 사라졌다.[9]

컴퓨터와 자동화로 인해 기계와의 일자리 경쟁이 제조업에서 서비스업으로 빠르게 이동하는 중이다. 농업과 제조업에 이어 서비스업의 일자리마저 자동화 알고리즘과 로봇 형태의 기계에 내준 노동자들은 새로운 차원의 일자리를 얻게 될까? 농업을 제조업이, 이를 다시 3차 산업인 서비스업이 대체한 것처럼 우리가 모르는 4차 산업이 인류를 위해 예비되어 있는가?[10]

산업통상자원부 통계에 따르면 2001년부터 2012년까지 우리나라의 생산성은 연평균 2.92퍼센트씩 증가했으나 같은 기간 총 고용자 수는 오히려 2.5퍼센트 줄어들었다.[11] 산업용 로봇과 자동화 등의 영향으로 생산성은 높아졌지만 사람들의 일자리는 줄어든 것이다. 생산성 향상과 효율화라는 명목하에 산업 현장 곳곳으로 확산되는 자동화는 고용 없는 성장에 대한 우려를 키우고 있다. 2011년 충남 금

'로봇 바리스타'가 커피를 내려주는 로봇 카페는 이제 일상에서 어렵지 않게 찾아볼 수 있게 되었다.

산에 준공한 한국타이어 금산공장은 단일 규모로 세계 최대 타이어 공장이다. 이곳 제3공장의 자동화율은 98퍼센트로, 거의 모든 공정이 로봇에 의해 처리된다. 얼마 안 되는 직원들의 주된 업무는 자동화 설비를 점검하고 관리하는 일이다.[12]

20세기 미국 산업을 대표하는 자동차 기업 GM은 1979년 미국에서 65만 명, 세계적으로는 모두 85만 명의 직원을 고용했다. 하지만 오늘날 정보기술 기업들은 막대한 수익을 올리고 있지만 고용 창출은 미미하다.

컨설팅 회사인 미국의 보스턴컨설팅그룹BCG이 2015년 2월 펴낸 보고서에 따르면 세계적으로 로봇은 기계가 담당하는 제조공정의 약 10퍼센트를 수행하고 있고 2025년에는 그 비중이 25퍼센트로 늘어날 것으로 전망했다. 이 보고서는 어느 나라보다 산업용 로봇 도입에

적극적인 한국에서는 로봇으로 인해 앞으로 10년간 인건비가 33퍼센트 감소할 것으로 보았다.[13]

반론도 만만치 않다. 로봇이 일자리를 없앨 것이라는 전망과 우려는 역사상 신기술이 도입될 때마다 어김없이 등장한 '흘러간 유행가'라는 주장이다. 19세기 초 영국에서 산업혁명으로 방적기와 직물기계가 도입되면서 노동자들이 일자리를 잃어버리자 기계 파괴에 나섰던 러다이트Luddite 운동이 있었지만 산업화는 과거에 없던 새 일자리를 만들고 삶의 질을 높이는 긍정적 결과를 가져왔다는 논리다.

미국의 싱크탱크인 정보기술혁신재단Information Technology and Innovation Foundation 이사장 로버트 앳킨슨은 〈MIT 테크놀로지 리뷰〉에 다음과 같은 주장을 실었다.[14] 역사적으로 보면 신기술로 인한 생산성 증가는 장기적으로 일자리에 영향이 없거나 긍정적 기여를 한다는 주장이다. 신기술은 일시적으로 노동 대체 효과를 가져오지만 결국에는 수익 창출 효과가 더욱 커서 노동자가 더 많은 임금을 받게 하고, 이는 구매력 상승과 소비 확대를 가져와 일자리 창출의 선순환으로 이어진다는 것이다. 기계와 자동화가 노동자를 대체하는 것은 1차적 효과일 뿐이고, 높아진 생산성은 결국 소비 증대와 일자리 확대라는 2차적 효과를 낳는다는 얘기다.

최초의 인터넷 브라우저인 모자이크와 넷스케이프Netscape를 만든 소프트웨어 개발자로, 이후 성공적인 벤처투자자로 변신한 마크 앤드리슨도 미래의 일자리를 낙관한다. 앤드리슨은 2011년 〈월스트리트저널〉에 실린 "소프트웨어가 모든 것을 먹어치우고 있는 이유"라는 기고문에서 인터넷과 소프트웨어에 의해 산업구조가 근본적으로 변화하고 있다고 역설했지만[15] 2014년에는 "로봇이 모든 일자리를 먹어 치울 것이라고는 생각지 않는다"고 주장했다. 경제학자 밀턴 프리드먼Milton Friedman의 말대로 인간의 욕망은 무한하므로 로봇과 소프트웨어 세상에서도 인간은 끊임없이 할 일이 있고 그로 인한 새로운 일자리가 생겨날 것이라는 주장이다. 그는 자신이 벤처캐피털 회사 운영자로서 최첨단 로봇 기술에 투자하고 있지만 로봇이 인간의 일자리를 대체하기에는 오랜 세월이 걸릴 것이고 아무리 로봇 기술이 발달한다고 하더라도 창의력, 혁신, 예술, 오락 등 사람만의 분야에서는 인간의 창의력이 더욱 꽃피어날 것이라고 말했다.[16]

2015년 1월 스위스 다보스에서 열린 세계경제포럼에 참석한 저명한 미래학자 피터 슈워츠는 로봇과 자동화가 일자리를 없애기만 하는 것이 아니라 새로운 일자리를 만들어낼 것이라고 역설했다.[17] 기술이 일자리를 빼앗을 것이라는 우려는 인류 역사에서 중요한 기술적 발견이 이뤄져서 더 이상 새로운 성장 동력이 나오지 않으리라고 전제한다는 것이다. 또 앞으로 나타날 어떠한 기술도 과거와 같은 규모의 일자리 창출을 하지 못한다고 가정한다는 것이다. 그는 앞으로 정보통신 기술과 빅데이터에서 거대한 도약이 일어나 세계경제 성장의 동력이 될 것이며, 생명공학과 분자공학 부문에서도 방대한 규모의 신산업이 만들어질 것이라고 낙관한다.

기술 낙관주의자들은 신기술이 만들어내는 효과를 과장하는 경향이 있다. VCR 기술이 영화관 사업자들에게는 나쁜 소식인 반면, 덕분에 영화제작자는 다양한 판로를 갖게 되고 미국의 대형 비디오 대여 체인인 블록버스터 같은 새로운 산업도 탄생한다는 주장은 오래된 것이 아니다.[18] 로봇산업은 로봇 연구와 개발 등 새로운 일자리를 만들어낸다는 주장도 있지만 로봇으로 사라지는 일자리의 규모와는 비교가 되지 않는다.

잘못 예측된 미래

미래는 불확실하기 때문에 미래다. 변동성의 방향과 모습을 예측할 수 있다면 미래는 더 이상 미래가 아니다. 직업의 미래 또한 마찬가지다. 직업의 세계에서 사라진 직업을 설명하기는 쉽지만 미래에 각광받을 직업을 제대로 예측하기란 어렵다. 모든 것이 디지털화하고 인터넷에 연결되는 정보화 사회의 도래를 눈앞에 보던 1990년대 말의 닷컴 버블기만 해도 '정보검색사'가 최고의 미래 유망 직업으로 소개되곤 했다. 2000년 당시 최고의 검색엔진으로 맹위를 떨치던 야후에는 '웹서퍼'라는 선망의 직종이 있었다. 하루 종일 인터넷을 마음껏 서핑하면서 내용이 충실하고 신뢰할 만한 고품질의 웹사이트를 골라 분야별로 야후 사이트에 추천하는 것이 웹서퍼의 주된 업무였다. 실제로 인터넷 정보검색사라는 공인 자격증이 있었고 전문가급, 1~3급으로 구분된 시험에 대비한 학원 강좌가 인기였다.

정보화 사회의 유망 직업이 '정보검색사'였다는 사실은 미래 예측과 유망 직업 선택의 어려움을 알려준다. 미래 사회가 인터넷 세상이 되고 정보검색의 가치가 높아질 것이라는 큰 틀의 예측은 적중했다. 하지만 그런 미래 사회에서 정보검색사가 직업으로 각광받으리라는 전망은 크게 빗나갔다. 야후 웹서퍼는 '반짝' 하고 사라진, 직업 세계의 별똥별 같은 존재다. 일반 인터넷 이용자가 향후 검색엔진 분야의 기술 발달 방향이나 구글이라는 검색 엔진의 탄생을 예측한다는 것은 불가능에 가까웠다. 라이코스 Lycos, 알타비스타 Altavista, 야후 등 당시 글로벌 검색엔진의 전문가들도 상상하지 못한 방식으로 기술은 진화했고 시장을 선점했던 선발업체들은 쓴잔을 마시고 사라져갔다.

미래의 모습이나 미래 사회의 산업 지형을 예측하기 어렵다고 해서 미래에 대한 조망이 무의미해지는 것은 아니다. 미래학 분야의 세계적 석학인 하와이 대학 미래학연구소의 제임스 데이터 James Dator 교수는 "누구도 미래를 예측할 수 없다. 미래 예측은 점쟁이나 하는 것"이라고 말한다.[19] 미래학은 미래를 예측하는 것이 아니라 미래의 다양한 가능성을 전망하고 그에 대한 연구와 분석으로 미래에 대비하는 학문이다. 가능한 미래를 상상하고 대비하는 미래학의 관점에서 직업의 미래를 보면 족집게 점쟁이처럼 미래의 유망 직업을 예측하지는 못해도 미래의 직업이 놓일 기본적 틀은 파악이 가능하다.

먼저 로봇과 자동화의 영향을 피하기 어려운, 곧 사라져버릴 직업군을 생각하기란 그리 어렵지 않다. 이미 자동화와 로봇은 우리 생활 깊숙이 들어와 사람의 일자리를 빼앗고 있다. 고속도로와 유료도로의 요금징수원은 하이패스 단말기에 밀려났고 신호위반, 과속, 주차위반 단속 같은 교통경찰과 단속원의 업무는 무인카메라가 대신하고 있다. 교통사고 조사 업무도 도로 곳곳의 폐쇄회로 화면과 차량마다 장착된 타코미터나 블랙박스에 의해 간편해지고 있다. 동사무소에서 발급받아야 했던 각종 공문서는 이제 집에서 컴퓨터로 편하게 발급받을 수 있다. 스마트폰의 음식배달 앱은 각 매장 카운터에서 사람이 전화를 받는 업무를 컴퓨터 화면상의 알림으로 대체했다. 매년 갈수록 정교해지고 편리해지는 국세청의 연말정산 간소화 프로그램이나 홈택스 등의 온라인 세금납부 서비스를 경험하게 되면 세무사와 회계사의 업무도 컴퓨터에 밀려나고 있음을 알게 된다. 뉴욕 증권거래소에서 거래되는 주식 매매량의 85퍼센트 이상은 사람의 개입 없는 알고리즘에 의한 트레이딩이다.

세계적인 연구기관과 언론이 로봇에 의한 일자리 위협을 반영하여 미래 직업의 지형도를 내놓고 있다. 영국의 비영리 재단 네스타가 702개 직군별로 직무의 자동화 가능성과 창의성 정도를 고려해 지수화한 보고서를 발표한 것처럼 미국의 공영라디오 NPR도 2015년 5월 각 직업들의 기계 대체 가능성을 백분율로 표시해서 발표했다.[20]

NPR 자료에 따르면 20년 이내 로봇에 의해 사라질 위험이 가장 높은 직업 1위는 99퍼센트의 로봇 대체 가능성을 보인 텔레마케터다. 2위 세무대리인(로봇 대체 가능성 98.7퍼센트), 3위 각종 기계의 타이머 조립공(98.5퍼센트), 4위 대출 업무직(98.4퍼센트), 5위 은행원(98.3퍼센트), 6위 스포츠 경기 심판(98.3퍼센트), 7위 납품 조달 담당 직원(98퍼센트), 8위 제품 포장 운반용 기기장치 운전직(98퍼센트), 10위 신용분석가(97.9퍼센트), 11위 운전기사(97.8퍼센트), 12위 패션모델(97.6퍼센트), 13

위 법률 회사 비서(97.6퍼센트), 14위 회계 담당자(97.6퍼센트), 16위 원자재 연마 가공사(97퍼센트), 17위 식당 요리사(96.3퍼센트), 18위 보석 가공 연마직(95.5퍼센트), 19위 우편 업무직(95.4퍼센트), 20위 전자제품 조립공(95.1퍼센트)의 순이다.

이 분류에서 가장 안전한 직업은 정신건강과 약물 복용을 다루는 사회복지 상담사와 재활치료사로 0.3퍼센트의 로봇 대체 가능성을 보였다. 초등학교 교사, 치과 의사, 내과 의사, 외과 의사, 서예가, 영양사 등도 0.4퍼센트의 낮은 대체율을 보이며 안전한 직업으로 조사됐다. 하지만 컴퓨터 프로그래머와 판사는 각각 48.1퍼센트, 40.1퍼센트의 높은 로봇 대체율을 기록했다. 배우와 운동선수도 각각 37.4퍼센트와 28.3퍼센트의 대체율을 보였다. 포렌식 기술자의 미래는 밝았지만(대체율 1.0퍼센트), 형사나 범죄취조관은 로봇의 대체율이 33.6퍼센트로 높게 나타났다.

고용노동부 산하기관인 한국고용정보원이 발간한 〈미래의 직업연구〉 보고서는 미래 사회의 특징으로 고령화·자동화된 디지털 사회, 아시아의 부상을 꼽고 미래에 유망한 열 가지 직종을 소개했다.[21] 인공장기조직 개발자, 탈부착 골근격 증강기 연구원, 오감인식 기술자, 도시 대시보드 개발자, 사물데이터 인증원, 기억 대리인, 데이터 소거원, 아바타 개발자, 국제 인재 채용 대리인, 문화 갈등 해결원 등이다. 이런 목록은 미래의 사회상을 보여주는, 지금은 존재하지 않는 직업이라는 점에서 의미가 있을 뿐이지, 실제로 10~20년 뒤에 이런 직업이 '인기 직종'이 될지는 알 수 없는 일이다.

전문가들의 전망에서도 사라질 직업은 분명하지만 미래의 유망 직업에 대해서는 의견이 일치하지 않는다. 다만 만물의 디지털화와 알고리즘을 통한 자동화가 거의 모든 직업 영역에 영향을 끼칠 것이라는 점은 분명하다. 따라서 로봇과 자동화의 영향을 근본적으로 피할 수 있는 직업을 선택하려고 하는 것도 위험한 방법일 수 있다. 기술의 진화 방향을 예측하기 어렵기 때문이다. 진로지도 전문가들은 직업 선택 시에 직업의 안정성만이 아니라 구직 난이도, 급여와 지위 같은 사회적 처우, 종사자의 만족도 등 다양한 요소가 함께 고려되어야 한다고 조언한다. 텔레마케터나 세무대리인처럼 로봇 대체율이 높은 직종은 피해야 하지만 로봇 대체율이 가장 낮고 창의성이 가장 높은 직업이 '최고의 유망 직업'이거나 선호 직업이 되는 것은 아니라는 점도 명심해야 한다.

나의 일자리는
어떻게 될 것인가

2018년 기준 세계 최대의 일자리 창출 기업은 220만 명을 고용한 미국의 유통업체인 월마트Walmart다.[22] 두 번째는 138만 명을 고용한 중국 석유천연가스공사China National Petroleum Corporation, 세 번째는 93만 5100명을 고용한 중국 우정그룹China Post Group, 네 번째는 91만 7700명의 중국 국가전력망공사China State Grid Corporation가 차지했다. 그다음으로 대만의 홍하이정밀이 66만 7680명을, 독일의 자동차업체 폴크스바겐이 66만 4500명을 고용하며 뒤를 이었다.

홍하이정밀은 세계 최대의 전자기기 위탁 제조기업(EMS)으로 애플의 아이폰과 아이패드 등을 위탁 생산하는 폭스콘Foxconn의 모회사다. 홍하이정밀은 몇 년새 고용 규모가 급감했다. 2014년만 해도 홍하이정밀은 직원 110만 명으로, 월마트에 이은 세계 2위의 고용창출기업이었다. 4년 뒤인 2018년엔 홍하이정밀 직원의 45퍼센트인 약 50만 명이 감소했다. 아이폰 주문량 등 매출 변화가 주원인이 아니다. 사실 홍하이정밀은 2018년 4년 전에 비해 직원 수는 절반 가까이 줄었지만, 매출액은 5조 3000억 대만달러(약 217조 5120억 원)으로 사상 최대 실적을 기록했다.

절반에 가까운 직원 감소에 불구하고 사상최대 매출 실적을 올린 배경엔 로봇이 있었다. 홍하이정밀공업은 2011년 직원 숫자에 버금가는 100만 대의 로봇을 도입해 제조라인에 투입하겠다는 계획을 발표한 바 있다. 폭스콘의 저임금 장시간 노동으로 인해 투신 등 직원들의 자살 시도가 잇따르자 애플이 사과하고 개선을 약속하기도 했다. 그 대안의 하나가 사람 대신 로봇을 투입하는 것이었다.

자동차나 디스플레이 공장에서 보듯 무거운 물건을 운반하고 정밀절단과 용접 작업 등을 수행하는 산업로봇은 힘들고 위험하고 정밀한 일을 빠르고 정확하게 효율적으로 수행한다. 경영자 입장에서 동일한 업무를 사람이 아닌 로봇에게 시킬 수만 있다면 초기 도입 비용이 높더라도 사람은 로봇의 경쟁 상대가 되기 어렵다.

생산성과 효율성 측면에서 로봇은 사람과 비교가 되지 않는다. 수익을 우선하는 기업에서 로봇이 더 잘하는 일을 굳이 사람에게 시킬

'경제적 이유'는 없다. 로봇은 점검 시간 외에는 365일 24시간 가동할 수 있다. 무거운 짐을 나르다가 허리를 다치거나 산업재해를 입지도 않고 가족이 아파 결근하는 경우도 없다. 휴가나 병가가 없는 것은 물론 휴일근무나 야간근무 수당도 필요 없다. 식사 시간도, 커피 마시는 시간도, 잡담하는 시간도, 업무나 퇴근을 준비하는 시간도 필요 없다. 노동조합을 통해 근로조건 개선과 임금 인상을 요구하지도 않는다. 열악한 노동조건으로 공장 노동자들의 자살이 잇따랐던 훙하이의 궈타이밍郭台銘 회장은 2012년 초 "사람도 동물이기 때문에 100만 마리의 동물을 관리하는 것은 내게 두통거리다"라고 말한 바 있다.[23]

이제껏 로봇과 자동화가 주로 제조업 분야의 일자리를 대체했다면 앞으로는 고객응대, 지식산업, 전문직 등이 중심인 서비스 분야의 일자리를 대체하리라는 점이 중요한 변화다.

로봇 기술의 발달로 그동안 높은 가격에 용접 로봇처럼 제한적 용도로 쓰였던 로봇의 가격이 낮아지고 활용 범위가 확대되고 있다. 백스터Baxter는 특정한 한두 가지 기능을 위해 프로그램되어 있는 로봇이 아니라 사용자가 다양한 용도로 학습시켜서 활용할 수 있는 '범용 로봇'이다. 백스터는 유튜브의 요리 만들기 동영상을 보고 학습해서 음식을 만드는 기능을 선보였다. 그동안 로봇 구입비보다 인건비가 낮아 가능했던 개발도상국의 저임금 노동마저 로봇에 밀려나고 있다. 궈타이밍 회장은 2014년 "저임금 노동은 이제 더 이상 존재하지 않는다. 인터넷을 통해 정보가 자유롭게 이동하면서 세계 어디를 가나 임금 수준이 비슷해졌다. 우리는 앞으로 5년에서 10년 사이에 로봇으

로 로봇을 만드는 날이 오기를 기대한다"고 말했다.[24]

 컴퓨터와 자동화에 의한 일자리 감소에 대한 접근법은 사회적 관점과 개인적 관점으로 구분된다. 사회적 차원에서는 사라지는 일자리 규모보다 새로운 종류의 일자리를 더 많이 만들어내면 된다. 하지만 개인에게 중요한 것은 사라지는 일자리보다 새로운 일자리가 더 많이 생길지에 대한 논의가 아닐 것이다. 일자리의 수급 변동은 경제학자와 정책기획자에게 중요한 문제이지만 개인에겐 그보다 훨씬 중요한 문제가 있다. '자동화 쓰나미 속에서 나의 일자리가 앞으로 유지될 수 있느냐' 하는 문제다.

 사실 답은 이미 내려져 있다. 인공지능을 연구하는 뇌과학자인 카이스트의 김대식 교수는 "현재의 마흔 살 이상 세대가 역사상 가장 행복한 세대"라고 말한다. 그들은 발달한 기술문명의 편의를 최대한 누리면서 로봇에게 일자리를 빼앗기지 않고 은퇴할 수 있는, 거의 유일한 세대일 것이라고 김 교수는 주장한다. 30대 이하부터는 결국 기계와 일자리를 놓고 경쟁하거나 기계에 밀려날 처지라는 얘기다.

 〈뉴욕타임스〉 칼럼니스트 폴 크루그먼은 로봇이나 3D 프린터와 같은 첨단기술의 도입으로 인해 전문직의 일자리까지 사라지게 됐으며, 첨단기술의 혜택은 교육 수준이 높은 1퍼센트가 수익을 독점하는 구조라고 지적했다.[25] 우리는 과거와 비교할 수 없을 만큼 부유해졌지만 모든 부는 생산수단인 로봇을 소유한 소수에게 집중되는 사회를 보게 될지도 모른다는 경고다. 첨단기술은 기존의 자본과 노동 간의 수익배분 구조를 무너뜨리고 빈부 격차를 심화시키고 있기 때문에

중국에 세워진 스마트 공장의 모습. 사람의 일자리를 모두 기계가 대체했다.

두터운 중산층 형성을 위해서는 사회안전망 확보가 중요하다는 것이 크루그먼의 주장이다. 자본 투자의 혜택이 노동 투입보다 훨씬 크다면 이를 세금으로 환수해서 재분배해야 한다는 것이 그의 구체적 제안이다.

일찍이 1930년에 영국의 경제학자 존 메이너드 케인스도 앞으로는 '기술 발달에 따른 실업technological unemployment'이라는 신종 질병이 불가피할 것이라고 예견했다. 그러나 그는 기술 발달과 기계가 사람의 일자리를 빼앗는 것은 일시적으로 나타나는 부적응 현상일 뿐, 오래지 않아 사람은 늘어난 소득과 기계의 효율성에 적응할 것이라고 낙관했다. 똑똑해진 기계 덕분에 인간은 더 이상 일자리를 걱정할 필요가 없고 생계를 위한 노동에서 벗어나 무한한 여가시간을 어떻게 쓸지를 고민해야 한다는 것이 케인스가 그린 장밋빛 미래다.

80년이 지나 로봇이 현실화한 시점에 케인스와 똑같은 견해가 반복된다. 페이팔PayPal의 공동 창업자로 《제로 투 원》 저자인 피터 틸Peter Thiel은 "로봇혁명으로 사람들은 일자리를 잃어버리게 되지만 그 혁명은 사람들이 다른 많은 일을 할 수 있도록 자유롭게 풀어줄 것"이라고 주장한다.[26]

브린욜프슨과 맥아피도 로봇과의 일자리 경쟁을 피할 수 없다고 결론짓는다. 사람이 일자리를 놓고 로봇과 경쟁하게 된다는 현실은 대다수의 사람이 원하는 직업을 갖지 못하거나 빼앗기게 된다는 의미다. 로봇을 디자인하고 소유하고 관리하는 분야에 종사하는 사람들 또한 필요하지만 이는 소수에 불과하다. 디지털 사회의 생산수단인 로봇과 자동화 알고리즘을 소유하고 관리하는 소수에게 사회의 부와 권력이 집중되는 현실이 이미 나타나고 있다. '소비가 미덕'인 자본주의에서 실업자가 늘어나 소득이 없는 사람들이 늘어나면 상품 수요가 줄어들어 자본주의 경제가 작동하지 않게 된다. 다수가 일자리와 생활 임금을 갖지 못하면 자본주의는 유지가 불가능하다. 로봇을 이용해 고용 없이 생산성이 높아지는 경제가 근본적으로 지속 불가능한 이유다.

브린욜프슨과 맥아피는 인간이 기계와의 경쟁에서 패하고 있다고 경고한다. 그리고 그에 대한 대안으로 모든 사람에게 기본소득basic income을 지급하는 방법을 제시한다.[27] 일정 소득 이하의 사람들에게는 세금을 걷는 대신 국가에서 일정 금액을 지급해주는 역소득세negative income tax 제도를 도입하자는 것이다. 이는 1976년 노벨경제학상을 받은 보수적 경제학자 밀턴 프리드먼이 1960년대에 제안한 개념으로 로봇이라는 생산수단을 소유한 소수 집단에게 집중될 부의 상당량을 세금으로 거둬들여 실업자와 저소득층에게 분배하자는 해법이다. 2017년부터 핀란드와 네덜란드는 각각 중앙정부와 지방정부 차원에서 일부 주민에게 기본소득을 지급하는 실험을 진행했다. 스위스는 2016년 6월 매달 300만 원의 기본소득을 지급하는 방안에 대해 국민투표를 실시했으나 찬성 23퍼센트, 반대 77퍼센트로 부결된 바 있다. 국내에서도 기본소득 논의가 활발하다.

평생직업이 사라진 시대, 어떻게 일하며 살아야 할까

자본주의체제와 사회를 유지하기 위해 기본소득 지급 제도를 도입한다고 해서 로봇과 자동화 사회의 일자리 문제가 근본적으로 해소되는 것은 아니다. 자본주의체제를 유지하는 동력인 경제주체의 구매력과 소비성향은 해결되겠지만, 각 개인에게 적정한 소득을 보장하는 것만으로는 충분치 않다.

왜 사람에게 일자리가 필요한지는 프랑스의 계몽사상가 볼테르가 1759년 《캉디드 혹은 낙관주의》에서 명확하게 알려주었다. "노동을 하면 우리는 세 가지 악에서 멀어질 수 있으니, 그 세 가지 악이란 바로 권태, 방탕, 궁핍이라오."[28]

행복론 연구를 개척해온 영국 워릭 대학의 경제학자 앤드루 오즈월드Andrew Oswald 교수는 6개월 이상 지속되는 비자발적 실업만큼 정신건강에 악영향을 끼치는 것은 없다고 말했다.[29] 실직은 배우자가 사망했을 때와 같은 최악의 상실감을 안겨준다. 실직으로 인한 정신건강 악화의 주된 이유는 정체성 훼손과 자존감 상실에 있다. 실업으로 인한 금전적 소득의 상실은 그다지 영향을 끼치지 않는 것으로 조사됐다. 실업은 나중에 일자리를 되찾은 이후까지 심리적 상처를 남긴다.

하버드 대학 사회학 교수인 윌리엄 윌슨 William J.Wilson은 1996년 저서 《일자리가 사라질 때 When Work Disappears》에서 실업률이 높은 동네가 가난에 찌든 동네보다 더 황폐해진다고 지적했다. 범죄, 가족 해체, 복지의 부재 등 현대 미국 도심 빈민가의 많은 문제들은 기본적으로 일자리가 사라진 데서 비롯한 결과라는 것이다.

로봇이 일자리를 없애더라도 생산성이 높아지고 그로 인해 사회 전체적으로 부가가치가 늘어나면 역소득세나 사회복지와 같은 재분배 방법을 동원해서 사람들이 일은 덜 하면서도 소비와 여가는 더 많이 누릴 수 있다는 것이 로봇 문명을 낙관하는 사람들의 관점이다. 하지만 볼테르, 오즈월드, 윌슨이 지적한 것처럼 일자리 없이 안락함을 누리는 삶이 과연 더 행복한 삶일지는 의문스럽다. 노동이 자존감과 정신건강에 갖는 의미를 생각하면 기본소득 보장과 같은 금전적 수단만으로 미래의 실업 문제를 해결하려는 것은 기본적으로 한계에 봉착한다. 소득은 있지만 자존감과 정체성 훼손에 직면할 다수의 사회 구성원들에게 적절한 일자리를 제공하는 것이 로봇 시대에 무엇보다 중요한 사회적 과제인 이유다.

20세기 영국의 철학자 버트런드 러셀도 《행복의 정복》에서 인간은 권태, 죄의식, 피해망상증 때문에 불행해진다며 열정, 사랑, 노력과 체념 그리고 일이 행복을 정복하는 중요 도구라고 주장했다. 행복하고 보람 있는 삶에 일이 필수적이라는 것은 굳이 부연할 필요가 없는 상식이다.

로봇과 자동화의 시대에도 공동체의 안녕과 구성원의 행복을 위해서 적정한 일자리가 필요하다는 사회적 필요는 뚜렷하다. 아무리 사회 안전망이 있고 유산이나 기본소득으로 존엄한 삶을 유지할 수 있다 하더라도 수많은 일자리가 사라지거나 위협받을 미래에 상대적으로 안정적이고 자신에게 적합한 직업을 선택할 수 있다면 행운일 것이다.

갈수록 각종 자격증 취득과 공무원 시험 경쟁이 치열해지는 이유도 유사하다. 취업의 문호가 좁아지는 데다 대부분의 직업과 사업의 미래가 점점 불안해지고 있다는 점도 이런 현상의 배경이다.

앞서 영국 네스타의 〈창의성 대 로봇〉 보고서가 미래에 실직 우려가 낮은 '창의성이 중요한' 직업군을 선정한 것처럼 〈닛케이 비즈니스〉도 2013년 8월 로봇으로 대체가 불가능한 네 종류의 직업군을 선정했다.[30] 첫 번째는 로봇으로 대체할 수 없는 작업을 하는 직업군이다. 영화감독, 작가, 코미디언처럼 감정과 경험이 중요한 창조적 직업, 스시 장인이나 도예가처럼 규격 통일이 어렵거나 미묘한 힘 조절이 필요한 직업이다. 두 번째는 자동화할 필요가 없는 직업들이다. 프로야구, 프로축구, 스모선수, 모험가 등이 여기 해당한다. 세 번째는 기계화 사회에 필수적인 직업이다. 로봇 디자이너, 로봇 정비 기술자, 컴퓨터 프로그래머 등이다. 네 번째는 로봇이 하면 사람이 싫어할 일들이다. 의사, 간호사, 미용사 등 의료나 돌봄 서비스는 로봇이 할 수 있지만 사람들이 좋아하지 않을 가능성이 있다는 것이다.

각국의 미래예측 기관들이 추천한 '미래의 유망 직업'에서도 전망치가 엇갈리는 경우가 적지 않다. 여러 기관의 예측에서 로봇이 대체하기 가장 어려운 직업군은 행위예술가와 같은 즉흥성과 창의성이 핵심인 예술적 직업이다. 하지만 자동화와 로봇이 대중화하는 미래에 누구나 예술가나 작가가 될 수 있는 것도 아니고, 그 직업에 대한 시장의 수요가 그렇게 확산될 가능성도 적다. 누구에게나 직업이 필요하지만 개인마다 적성과 자질이 다르다. 직업 선택에서 중요한 것은 지금 시점에서 어떤 직업이 미래에도 안정성이 높고 유망할까가 아니다. 저마다 고유한 특성을 지닌 개인들에게 필요한 것은 오히려 직업과 미래를 바라보는 관점의 변화다. 누군가의 판단에 전적으로 의지하거나 과거의 잣대로 판단하는 것은 위험하다. 그래서 미래 사회를 지배하는 기술의 속성과 그 변화 추이에 대한 학습과 관심이 우선적으로 필요하다.

안정적 직업이나 직장을 선택해 일생의 업으로 삼는다는 것부터가 위험하다. 미래는 평생직장은 물론 평생직업이란 개념조차 존재하지 않는 세상이다. 디지털 시대를 관통하는 핵심 원리는 사회 모든 영역에 디지털로 인한 변화가 불가피해서 그 자장을 벗어나 사는 것이 어렵다는 점이다. 직업과 경력 역시 한번 목표로 설정하면 고정되는 것이 아니라 수시로 그 위치를 찾아내야 하는 이동 표적moving target이 된다. 변화가 빠르고 목표가 늘 가변적이라면 직업을 고려할 때도 과거와 달라져야 한다.

미래 예측은 불가능의 영역이지만 미래가 어떠한 윤곽으로 다가올지는 노력하는 만큼 파악이 가능하다. 미래 사회에서 각광받을 일자리의 상당수는 아직 개념조차 생성되지 않아 상상이 불가능한 경우가 많다. 카카오톡 같은 모바일 기반 메신저, 모바일 게임 앱, 모바일 광고 등은 스마트폰이 대중화하기 이전에는 오늘날의 인기를 누릴 것이라고 상상하기 어려운 영역이었다. 2004년 미국 동부 대학생들의 사교 네트워크로 출발한 페이스북도 스마트폰 세상이 올 것이라고는 생각지 못했다. 하지만 변화의 방향을 제대로 파악하고 변화를 적극 수용하려고 분투한 기업들은 스마트폰 세상에서 최고의 수혜자가 되었다.

미래를 예측하고 그때 각광받을 직업을 선택하겠다는 생각은 두 가지 점에서 실현이 불가능한 몽상이다. 기본적으로 미래는 예측이 불가능한 영역이고 그때 어떤 직업의 시장가치가 높을지도 알 수 없다. 그렇지만 대부분의 직업이 자동화와 로봇이라는 지배적 환경을 피할 수 없다는 것은 분명한 사실이다. 유망 직업은 알 수 없지만 자동화와 로봇의 영향으로 크게 타격을 입을 영역을 파악하기란 어려운 일이 아니다. 여러 절차와 단계를 거치더라도 규칙적인 작업 단위로 진행되는 일들은 자동화에 더욱 취약하다. 사물인터넷과 각종 센서의 보급으로 점점 더 정교하고 방대한 데이터가 생성되고 있다. 그러면 진입 장벽이 높고 복잡한 절차와 전문가의 노하우가 중요해 보이는 일자리도 계속 안정적 직업으로 남아 있기 어렵다.

모든 직업이 자동화에 노출되어 있다는 점을 이해하고, 평생직업 따위는 없다는 사실을 받아들이며, 그에 자신을 맞추는 것이 현명한 직업관이다. 규칙성과 반복성이 강한 직업은 우선적으로 피해야 하지만 이런 기준 역시 한시적 유효성을 지닐 따름이다. 이런 미래 환경에서 남들보다 일자리 경쟁에서 유리해지는 데는 몇 가지 팁이 있다.

첫 번째는 적극적인 최신 기술 수용과 이를 통한 새로운 과업의 발견이다. 이때 인공지능, 로봇 기술, 자동화의 구조와 질서를 탐구하고 적극적으로 수용해서 자신의 업무를 로봇 환경에 적응시키는 것이 중요해진다. 다시 말해 미세수술에 수술용 로봇을 활용하는 것처럼 자신의 영역에 최신 기술을 접목시킬 방법을 찾아나가는 것이다. 이제껏 해오던 직무를 더 정확하고 신속하게 해낼 로봇에게 맡기면 그동안 마주하지 못했던 새로운 과제나 미션을 떠올리고 그에 집중할 수 있게 된다.

두 번째 팁은 직업을 유지, 개선, 탐색하기 위한 지속적인 학습과 재교육이다. 평생직장이나 종신직이 불가능한 환경에서 가장 필요한 능력은 유연성과 평생학습자로서의 태도다. 아무리 자신의 직업 영역에서 최신 기술을 익히고 로봇을 능숙하게 활용하는 노력을 기울여도, 비행기 항법사의 운명처럼 개인과 해당 직군의 대응을 넘어서는 기술적 변화에 직면할 수 있기 때문이다. 이제껏 내가 알지 못하던 전혀 새로운 환경이 닥칠 수 있다는 것을 생각하고, 그런 상황에서 유연성을 발휘해 새로운 길을 찾는 노력을 기울이는 것만이 답이다. 다양한 형태로 덮쳐오는 난국에서 유연성을 잃지 않고 창의적 방법을 찾아온 게 인류의 최대 장점이다. 이는 불가측성과 불안 요소가 가득한 미래의 직업세계에서도 마찬가지로 요구되는 덕목이다.

 마지막은 주위에서 함께 일하고 싶도록 덕성과 신뢰를 갖춘 사람이 되는 길이다. 로봇의 침투는 불가피하지만 여전히 마지막 결정과 관리는 소수의 사람이 담당하게 된다. 대부분의 작업을 기계와 알고리즘에 위임하는 상황에서 주요하게 고려되는 작업자의 자질은 인간적인 덕목일 것이다. 사람의 노동을 로봇이 하게 되면, 우리가 사람에게 무엇을 가장 기대하는지가 드러난다. 함께 일하고 싶은 '좋은 동료'로서의 가치가 더욱 중요해질 수밖에 없다.

Chapter 5

인공지능
예술

예술적 창의성은 과연 인간만의 고유한 능력일까

인공지능은 현대 예술에 새로운 질문들을 제기하고 있다. 인공지능 시대에도 인간의 창의성은 기계가 모방할 수 없을까? 예술이 사진기술의 등장 이후 새로운 정의를 찾고 영역을 확장한 것처럼 인공지능 이후 예술은 기존 정의와 가치를 새로고침하면서 더 깊고 넓게 뻗어나갈 수 있을까?

작곡하고 그림 그리고
글 쓰는 인공지능

미술

2016년 4월 마이크로소프트와 네덜란드의 델프트공대, 렘브란트미술관은 인공지능 '넥스트 렘브란트'를 공동개발했다.¹ 렘브란트 화풍을 빼닮은 그림을 그려내는 인공지능이다. 넥스트 렘브란트는 18개월 동안 렘브란트의 작품 346점을 분석한 후, 렘브란트 그림과 똑같은 느낌을 주는 회화를 3D 프린터를 이용해 재현하는 데 성공했다. "모자를 쓰고 하얀 깃털 장식이 달린 검은 옷을 입은 30~40대 백인 남자를 그리라"고 명령했더니, 렘브란트가 환생해 그린 것 같은 초상화를 완성했다. 렘브란트 특유의 조명 효과와 섬세한 표정 묘사는 물론 거칠고 두툼하게 물감을 덧칠한 유화 고유의 질감까지 완벽하게 구현해냈다.

2018년 10월 미국 뉴욕 크리스티 경매에는 최초로 인공지능이 창작한 그림이 출품됐다. 프랑스의 연구자들이 개발한 인공지능 화가 '오비어스'가 그린 초상화 〈에드몽 드 벨라미 Edmond de Belamy〉인데 43만

인공지능 '넥스트 렘브란트'가 그린 백인 남성의 초상화(왼쪽)와 인공지능 화가 '오비어스'가 그린 초상화 〈에드몽 드 벨라미〉(오른쪽).

2000달러에 낙찰됐다.[2] 애초 예상 낙찰가는 1만 달러 수준이었는데, 실제 경매에선 수집가들이 경쟁적으로 입찰가를 올리면서 40배 넘는 값에 낙찰이 이뤄졌다. 작품은 가상의 남자를 그린 초상화인데 눈, 코, 입과 얼굴 윤곽을 모호하게 묘사해 신비로운 분위기를 표현했다. 오비어스는 14세기부터 20세기까지의 서양화 작품을 데이터베이스로 만들고 이미지를 분석해 초상화 구성요소를 학습한 뒤 창작을 해냈다. 이날 크리스티 경매엔 앤디 워홀의 작품도 출품돼 대조를 이뤘다. 워홀 작품의 낙찰가는 7만 5000달러였다. 미술품 경매 전문가들이 인기 높은 팝아트 거장의 작품보다 인공지능 작품의 가치를 6배 높게 평가한 것이다.

세계적 미술경매 시장에서 인공지능의 창작품이 유명 작가 작품의 몇 배 가격으로 판매된 사건은 인공지능 예술의 시대가 열릴 것이라는 기대를 보여준 일이다. 전문가들에게 미적 가치를 인정받고 사람의 예술작품처럼 소장과 투자 대상이 되었다는 것을 보여준 사건이다. 무수히 많은 창작품 중에서 가치 있는 예술품으로 인정받는 주요한 경로의 하나는 전문가들과 감상자들이 내리는 평가이다. 크리스티 경매가 그 대표적인 자리다.

음악

소니는 2016년 9월 자사의 인공지능 '플로머신'이 작곡한 음악 〈대디스 카 Daddy's Car〉 등을 유튜브에 공개했다. 1만 3000여 곡을 분석하고 사용자가 선택한 스타일에 맞춰 작곡을 하는 플로머신이 창작한 〈대디스 카〉는 비틀스풍의 노래다.[3] 2016년 미국 조지아공대 음악기술센터가 개발한 연주로봇 사이먼은 머신러닝을 통해 다양한 장르의 음악을 학습한 뒤 뛰어난 재즈 연주가처럼 자연스럽고 즉흥적인 재즈 연주 실력을 자랑했다. 네 개의 기계 팔을 이용한 사이먼의 마림바 연주는 사람이 만들어낼 수 없는 화음까지 낼 수 있다. 구글도 2016년 6월 자사의 예술 창작 인공지능인 마젠타가 작곡한 80초 분량의 경쾌한 피아노곡을 공개했다. 사람 뇌를 모방한 심화신경망 방식의 인공지능이 스스로 학습을 하면서 문제를 해결해나가는 머신러닝 기반이다. 사람은 인공지능이 작곡을 하는 동안 전혀 관여하지 않고, 초기에 머신러닝을 설계하는 단계와 학습대상 데이터를 정하는 역할만 한다.

글쓰기

2016년 1월 미국의 소프트웨어 개발자 앤디 허드는 2004년 종영한 인기 시트콤 〈프렌즈〉 시리즈 새 에피소드를 인공지능을 통해 창작해냈다.[4] 알파고와 같은 심화신경망 방식의 머신러닝을 활용한 인공지능에게 기존의 〈프렌즈〉 대본 데이터를 모두 학습시켜 등장인물별 특성과 이야기 구조를 파악하게 한 뒤 새로운 에피소드를 작성하도록 했다. 그 결과 등장인물들이 구사했을 법한 특유의 대사와 유머가 생생한, 실제 방영분과 유사한 대본이 탄생했다. 인공지능이 종영된 드라마 시리즈에 새로운 이야기를 보탤 수 있게 됐다. 프로야구 경기가 끝나면 0.5초 만에 기사를 쓰고, 증권시장 시황분석 기사를 즉시 작성하는 인공지능은 미국과 국내에서 실제 서비스 중이다.[5] 키워드만 던져주면 소설을 창작해내는 인공지능도 국내와 일본에 이미 등장했다. 국내 '글쓰기 인공지능' 프로그램에 '가을이 오면'이라는 구절을 제시했더니, "바람이 잎사귀에 정갈하게 흔들린다. 달과 별을 만나는 이 소리는 날이 갈수록 그리움으로 몸집을 불린다…"라는 문장을 만들어냈다.[6]

인공지능 연구기관인 오픈 AI^{OpenAI}가 2019년 2월 개발한 자동 글쓰기 인공지능 모델(GPT-2)은 단순한 문장을 제시하면 마치 작가처럼 맥락에 꼭 들어맞는 글쓰기를 해내 화제를 모았다.[7] 이 글쓰기 인공지능은 사람의 글쓰기와 구별하기 어려워, 가짜뉴스와 사기 등 악용 가능성에 대한 우려 때문에 전체 공개가 유보됐다가 2019년 11월 공개됐다. 누구나 임의의 문장 하나를 입력하면 인공지능이 그 예시 문장이 등장할 법한 종합적이고 긴 이야기를 맥락을 고려해 스스로 만들어낸다. 소설 쓰는 인공지능도 등장한 것이다.

요리

IBM의 인공지능 왓슨은 2014년 미국 오스틴의 음악축제 사우스바이사우스웨스트sxsw 때 푸드트럭에서 다양한 메뉴를 선보였다.[8] 에담치즈를 토르티야로 감싼 오스트레일리아식 초콜릿 브리토 등 인간 요리사가 만들어보지 않은 새로운 요리가 여럿 등장했다. 왓슨은 수천 가지 요리의 조리법을 익히고 재료들 간의 맛의 어울림 정도와 사람들의 반응을 조합해 지금까지 세상에 없던 요리들을 만들어냈다. 왓슨 요리사의 창의적 요리를 맛본 이들의 반응은 열광적이었다.

인공지능과 자동화 기술 발달로 대부분의 직업과 직무가 기계로 대체될 것이라는 불안과 우려에 대해 그동안 '창의성'이 해결방안으로 여겨졌다. 기계는 반복적이거나 패턴화할 수 있는 일을 하고, 창의성은 인간만의 능력으로 간주되어왔다. 기계는 반복적인 일, 사람은 창의적인 일을 담당하는 게 인공지능 시대에 사람과 기계의 바람직한 역할 분담이라는 논리였다. 하지만 최근 인공지능이 구현해내는 기술 수준을 보면 창의성을 인간만의 영역이라고 고집하기 어렵다. 인간의 창의성을 가장 잘 드러내는 예술과 창작의 영역에서도 인공지능이 사람을 대체하거나 필적할 수준에 이르렀음을 보여주는 사례가 줄을 잇기 때문이다.

기계가 새롭고 복잡한 물건을 만들어내는 것을 넘어 예술작품 수준의 창작을 해내는 환경은 예술과 창의성을 향한 질문을 던진다. '창의성은 무엇인가', '예술의 본질은 무엇인가'라는 질문이다. 물음은 이어진다. 예술은 무엇으로 인해 사람들로부터 추앙받고 가치를 인정받게 되는가? 인공지능이 만들어낸 창작물도 거장의 작품처럼 불멸의 가치를 지닐 수 있을까? 과연 인공지능 시대에도 예술은 사람만의 영역으로 인정받을 수 있을까?

예술을 향한 질문

'예술 사조藝術 思潮'라는 단어가 알려주듯 예술의 흐름은 밀물과 썰물처럼 늘 변화해왔다. 시대와 상황에 따라 사람들이 아름답거나 가치 있다고 여기는 대상과 기준은 달라졌다. 후기 구석기인들의 미적 취향을 알려주는 발렌도르프 비너스상이나 페테르 파울 루벤스가 묘사한 바로크 회화 속 인물을 떠올리면 여성의 아름다움에 관한 기준이 시대에 따라 달라졌다는 것을 확인할 수 있다. 유행 패션이 달라지는 것처럼 아름다움에 대한 느낌과 평가는 절대적이지도 고정적이지도 않다.

멋진 풍경을 볼 때 "그림 같다", "예술이야"라는 감탄사가 절로 나오듯, 예술은 아름다움을 구현하기 위한 활동이었다. 하지만 자연이나 상상의 대상을 아름답게 표현한 것만이 예술이라는 견해는 예술의 역사에서 오래 지속되지 않았다.

19세기 후반 프랑스 화가들의 대표적 무대인 살롱전에서 떨어진

아름다움에 대한 기준은 시대에 따라 변한다. 후기 구석기 시대에 만들어진 발렌도르프 비너스(왼쪽)상과 바로크 시대 화가인 루벤스의 〈젊은 여인의 초상〉은 아름다움에 대한 느낌과 평가가 절대적이지 않음을 잘 보여준다.

작품들로 꾸려진 낙선화가 전람회는 인상주의 출범의 자리가 됐고, 충격적이고 낙서처럼 보인 피카소의 작품들은 큐비즘과 추상표현주의 시대를 개척한 걸작이 되었다. 초등학생 색칠 연습과 비슷해 보이는 이우환, 박서보, 마크 로스코 등의 모노크롬화(단색화)와 김환기의 비구상 회화 등은 작품가가 수십억에서 수백억 원에 이를 정도로 현대 미술에서 인기 높은 분야다. 영국 출신의 데미언 허스트는 상어와 송아지 수검을 포름알데히드 용액에 담가 전시하고 인간의 해골과 이빨을 이용한 작품을 만든다. 죽음과 혐오와 같은 사회적 금기에 도전하는 도발적 작품으로 유명한 데미언 허스트는 현대 미술의 스

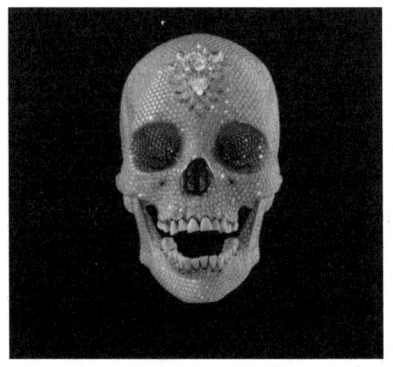

현대 미술의 스타 작가 데미언 허스트는 죽은 송아지나 상어, 인간의 해골을 이용해 작품을 만들지만 사람들은 그것을 예술로 받아들인다. 데미언 허스트의 〈신의 사랑을 위하여(For the Love of God, 2007)〉. 18세기인 남성의 실제 해골에 8601개의 다이아몬드를 박아 만든 작품이다.

타 작가다. 현대미술에서는 예술이 더 이상 아름다움을 표현하는 방법이라고 말하지 않는다. 감상자들도 이런 작품들 앞에서 아름다움을 느낀다고 생각하지는 않지만, 더 이상 아름다운 것만이 예술이라고 말하지도 않는다.

고대 예술은 자연을 아름답게 묘사하고 모방하는 행위로 여겨졌다. 통일신라 시대 화가 솔거의 황룡사 벽화가 널리 알려진 사례다. 솔거가 황룡사 벽에 그린 소나무를 새들이 진짜 나무인 줄 알고 앉으려고 날아와 부딪혀 떨어졌다는 얘기다.

고대 그리스 철학자 플라톤은 예술의 본질을 모방Mimesis이라고 정의했다. 르네상스 시기 이탈리아의 전방위 예술가 레오나르도 다 빈치도 "모방은 가능한 한 훌륭하게 자연을 베끼는 것이며 대상을 충실하게 묘사할수록 칭송할 만하다"고 말했다. 예술이란 무엇인가라는 질문에 대해 가장 먼저 나온 답변은 '모방론'이었다.⁹

2300년 전 고대 그리스의 철학자 아리스토텔레스도 예술을 가능하게 하는 중요한 출발점이 모방이라고 보았다. 그는 《시학(포이에티카 poietika)》에서 "모방(미메시스)한다는 것은, 그리고 모방된 것에서 기쁨을 느낀다는 것은 모든 인간에게 어린 시절부터 나타나는 타고난 본성이다. 사람이 가장 모방을 잘하고 모방된 것을 통해 학습을 시작한다는 점에서 사람은 동물과 구별된다"고 말한다.[10] 이데아론을 주창한 플라톤은 완벽한 이데아를 모방해 불완전한 것을 만들어낸다는 점에서 예술은 본질적으로 열등한 행위라고 보았다. 아리스토텔레스도 스승 플라톤처럼 모방론을 주장했지만, 그의 예술론에서 모방은 훨씬 확대되고 적극적인 개념이다.

 아리스토텔레스가 말한 예술적 모방은 사물을 있는 그대로 모방하고, 모사하는 게 아니다. 원래 상태보다 더 아름답게 나타낼 수 있는 '고유의 창작활동'으로서의 모방을 의미한다. 아리스토텔레스의 《시학》은 단순히 고대의 시와 문학을 다룬 것에 국한되지 않는, 예술론의 고전이다. '무엇을 예술이라고 보아야 하는가, 예술의 본질은 무엇인가'라는 현대에도 유효한 질문을 던지며, 예술의 본질을 다루기 때문이다. 아리스토텔레스가 《시학》에서 다루겠다고 한 '포이에티케 poietike'는 그리스어로 '짓다' '만들다'라는 동사인 포이에인 poiein에서 파생된 명사로, 당시엔 짓는 솜씨나 기술을 두루 의미하는 말이었다.[11] 시와 문학을 창작하는 것만이 아니라 무엇인가를 만들어내는 기술과 행위가 모두 '짓는 행위(포이에티케)'이다.

 신의 창조는 아무것도 없는 상태에서 만들어내는 것이지만 인간의 창작은 그렇지 않다. 무에서 유를 만들어낼 수는 없다. 창작은 이미 존재하는 무엇을 기반으로 모방하거나 재구성하는 행위다. 창작은 대상의 모방에서 출발하지만, 단순한 베끼기를 넘어서는 행위다. 창작하는 사람이 대상의 본질을 파악해 새롭게 구성하고 연결해 자신의 생각과 해석을 보태는 '창의적 표현행위'이다. 그래서 예술 개념은 모방론에서 출발했지만 현대에 이르러 '표현론'으로 자리 잡게 된다. 예술은 대상을 아름답게 묘사하고 모방하는 게 아니라, 창작자의 생각과 의도를 담아내는 표현행위라는 게 표현론이다. 예술적 표현행위의 본질은 아름다움의 구현이 아니라, 창작자의 주관과 정신을 바깥으로 드러내 보이는 활동이다. 그런 점에서 현대 예술에서 예술의 범위는 아름다운 표현행위에 머무르지 않는다. 예술의 영역은 점점 확장하고 있다. 앵포르멜, 다다이즘, 추상표현주의를 넘어 무슨 의미

앵포르멜 informel

'비정형'이라는 의미로, 제2차 세계대전 후 프랑스를 중심으로 일어난 서정적 추상회화의 한 경향.

다다이즘 Dadaism

제1차 세계대전이 끝날 무렵부터 유럽과 미국을 중심으로 일어난 예술운동. '다다dada'는 무의미함을 뜻한다. 모든 사회적, 예술적 전통을 부정하고 반反이성, 반도덕, 반예술을 표방했다.

추상표현주의

제2차 세계대전 후에 일어난 미국의 추상회화. 넓게는 형태에서 벗어나 역동성을 추구하는 추상미술의 한 사상을 이른다. 잭슨 폴록, 마크 로스코 등이 대표적이다.

인지 작가 외에는 이해하기 힘든 행위예술도, 특정 공간에 일회적으로 구현되고 사라지는 대지예술도 예술로 자리 잡았다.

  로봇의 창작활동을 접하기 오래전부터 예술은 도구의 사용을 놓고 고민해왔다. 예술 작품을 만들어내기 위해서는 캔버스와 물감, 끌과 정 같은 도구가 필수적이었고, 시간을 버텨낼 수 있는 과학적 보존기법을 찾아야 했다. 선사시대 동굴벽화에서 쓰인 안료에서부터 수채물감, 템페라, 프레스코, 유화, 아크릴물감 등이 등장했다. 사물의 원리를 깨달아야 예술적 형태로 구현할 수 있기 때문에 예술가들은 기술에 능통한 사람이기도 했다. 레오나르도 다 빈치는 건축학, 물리학, 기계공학, 해부학 등 다방면에 해박한 지식을 자신의 예술작품에 적용했으며, 불가능하다던 피렌체 대성당 두오모의 대형 돔을 완성한 건축가 브루넬레스키는 과학적 원근법을 발명한 과학자이기도 했다.

  사실 출발점에서 예술은 기술과 하나였다. 예술art의 어원은 라틴어 아르스ars인데, 아르스는 '법칙에 따르는 합리적 제작 활동'을 뜻하는 그리스어 테크네techne에서 온 말이다. 테크네는 기술, 기능을 뜻하는 테크놀로지technology, 테크닉technique의 어원이다. 예술활동은 능숙한 기술을 갖추는 것이 필수적이었다는 점에서 고대에 예술은 기술을 포괄하는 개념이었다는 것을 알려준다. 고대 그리스의 의성 히포크라데스가 말한 "인생은 짧고 예술은 길다"라는 경구에 그 흔적이 살아 있다. 이 말의 라틴어 원문은 "아르스 롱가 비타 브레비스Ars Longa Vita Brevis"인데, 영어에서 "Art is long, life is short"로 번역했다. 하지만 이는 당시 아르스의 의미를 살리지 못한 오역이다. 고대 로마와 그리스에서 아르스(테크네)는 기술을 포함하는 의미였고, 히포크라테스의 아르스는 의술을 의미한 것이었다. "의술은 평생 공부해도 부족하다"라는 게 히포크라테스가 말하고자 한 의미다.

사진기가 발명되기 이전인 르네상스 시기에 일부 화가들은 바늘구멍 사진기 Pinhole Camera 원리를 응용한 '카메라 옵스큐라 Camera Obscura'라는 장치를 이용해 그림을 그렸다. '캄캄한 방'이란 의미의 카메라 옵스큐라는 캄캄한 상자 한쪽에 작은 구멍을 낸 뒤 빛을 통과시키면, 반대쪽 면에 외부의 풍경이 거꾸로 투사되어 나타나는 장치다. 자연과 대상을 사실적으로 묘사하기 위해 일부 화가들은 카메라 옵스큐라에 맺힌 상을 따라 밑그림을 그리고 그 위에 채색을 해 그림을 완성했다. 17세기 플랑드르 사실주의 화풍의 대표 화가인 요하네스 페르메이르가 카메라 옵스큐라를 통해 정밀한 그림을 그린 것으로 전해진다.

좀 더 사실적인 묘사를 위해서 예술가들은 첨단기술을 활용한 것이지만, 반발도 생겨났다. 카메라 옵스큐라와 같은 첨단 광학도구를 통해 정밀하게 대상을 묘사하는 그림은 화가의 상상력을 떨어뜨리는 행위이자, 그런 도움 없이 창작한 앞세대 고전주의 화가들의 예술적 성취마저 보잘것없게 만든다는 게 반발의 논리였다. 본격적인 미학적 논의의 출발점이다. 사진술은 19세기 중엽 프랑스의 루이 다게르, 영국의 윌리엄 폭스 탤벗에 의해 발명된 기술이다. 하지만 사진술 발명 이전에 도구를 이용해 대상을 정확하게 모사하는 기술이 등장했

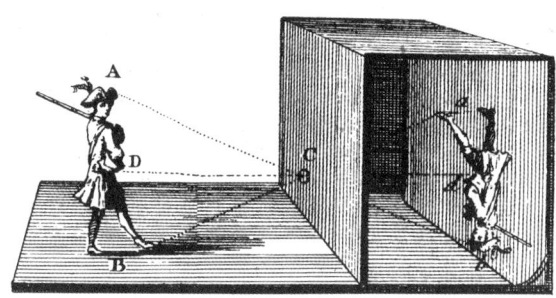

카메라 옵스큐라의 원리를 그려낸 18세기 무렵의 일러스트.

고 이런 미술 기법은 숭고한 예술적 추구와 성취를 훼손하는 것이라는 반발과 논의가 진행된 것이다.

이후 등장한 사진술과 카메라는 미술의 정체성과 가치를 묻는 미학적 질문을 예술계에 본격적으로 확산시켰다. 대상을 아름답게 또 정밀하게 표현해내는 것을 화가보다 기계가 더 완벽하게 해낼 수 있게 된 환경에서 화가는 무엇을 어떻게 그려야 하는가에 대한 질문이다. 의도하지 않았지만 사진은 예술과 창작활동의 본질이 무엇인지를 물으며 예술을 향한 근본적 의문을 불러오는 결과를 가져왔다.

사진술과 카메라는 발명 초기만 해도 화가의 지위와 창작활동을 심각하게 위협할 것으로 여겨졌지만, 실제는 반대였다. 사진술 등장 이후 저택에 초상화를 전시하던 귀족 가문만이 아니라 평민들도 거실에 가족사진을 걸게 됐다. 일부 초상화가들은 영향을 받았지만 대부분 화가들의 일자리와 지위는 위협받지 않았다. 예술가와 예술활동은 사진술을 계기로 예술의 본질을 묻는 근본적 질문에 직면하게 됐고 덕분에 새로운 정체성을 확립할 수 있었다. 예술은 모방과 재현을 넘어서서 창작자의 의도와 가치를 표현하는 일이라는 확장되고 심화된 정의와 가치를 얻게 된 것이다.

도전받는 예술의 본질

창작하는 인공지능은 사진술처럼 예술의 의미를 확장하는 도우미가 될 것인가, 아니면 인간 고유의 창작활동을 특별할 것 없는 행위로 격하시키는 훼방꾼이 될 것인가.

2018년 11월 15일 문화체육관광부와 이화인문과학원 주최로 이화여대에서 '4차산업혁명시대 예술과 기술의 미래' 세미나가 열렸다. 물리학자와 미학자 사이에 흥미로운 토론이 진행됐다.[12]

물리학자 김상욱 경희대 교수는 "물리적 관점에서 창작은 없다. 모든 것은 자연법칙에 따라 존재할 뿐"이라며 "예술적 창작은 사람이 이미 존재하는 것에 새로운 가치나 의미를 부여했다는 의미"라고 주장했다. 김 교수는 예술은 절대적 기준이 없는 가치의 문제라는 점에서 향후 기계가 창작한 결과를 예술로 인정할지는 누가 그 해석의 권력을 갖느냐에 따라 달라지는 문제라고 말했다. 고도로 발달한 인공지능이 무엇을 예술로 정의할지 해석하는 힘을 갖게 된다면 얼마든지 예술에 대한 새로운 합의와 변경이 가능하다는 주장이다.

이에 대해 미학자 진중권 전 동양대 교수는 "미적 가치는 물리적 속성이 아니다"라며 "인공지능이 만들어낸 것은 예술이 아니라 이미테이션 게임인 시뮬레이션에 불과하다"고 주장했다. 그는 "창작품은 그것이 독특한 패턴을 갖고 있다는 게 아니라 창작 주체가 자신의 작품을 예술이라고 감상자를 설득시킬 수 있어야 하는 게 핵심"이라고 말했다. 마르셀 뒤샹이 기성품 변기를 전시회에 출품해 파란을 일으킨 행위는 그가 변기를 창작했느냐가 아니라, 그 변기를 선택한 행위에서 예술적 의미가 생겨났다는 의미다. 뒤샹은 변기의 유용성을 사라지게 하는 방식으로, 새로운 생각을 만들어냈기 때문이다. 즉 예술은 미적 주체가 새로운 관념을 만들고 그 해석을 관철시키는 활동인데 이는 감정과 이성을 가진 유기체만이 할 수 있는 활동이라는 것이다.

인공지능 예술의 저작권은 누구에게?

인공지능의 창작활동은 저작권 문제도 불러왔다. 인공지능이 만든 창작물의 저작권은 누구에게 있는가라는 문제다.

1960년대 미국에서는 컴퓨터 생성 예술(CGA)이 창작한 결과물의 저작권 설정을 놓고 어디까지를 사람의 통제와 개입으로 볼 것인지에 대한 논란이 있었다. 컴퓨터 알고리즘이 만들어낸 무작위한 결과를 개발자의 창작 영역으로 볼 것인지에 대한 문제제기였다. 논의 끝에 랜덤한 생성 결과도 해당 알고리즘을 만든 사람의 디자인으로 보아야 한다는 결론이 내려졌다.

예술품 창작에서 첨단 도구를 활용하는 행위가 어느 선을 넘어설 때부터 예술의 가치를 훼손하는 일일까를 놓고 벌어진 논란은 아직 끝나지 않았다. 최근엔 도구를 넘어 예술품 창작에서 조수의 역할이 어디까지일지에 대한 논란이 법정으로 옮겨갔다.

대표 사례가 가수이자 화가인 조영남 씨의 그림 대작 사건이다. 조영남 씨는 2011년 9월부터 2015년 1월 중순까지 무명화가들을 대작 화가로 고용해 그림을 그리게 한 뒤 자신은 가벼운 덧칠 작업과 서명만 한 뒤 작품으로 판매해온 사실이 2016년 대작 화가의 폭로로 드러났다. 조영남 씨는 "대작 화가 고용은 미술계 관행"이라고 했지만, 국내 11개 미술단체들은 미술인의 명예를 훼손했다며 조 씨를 고발했다. 검찰은 조 씨가 17명에게 총 21점을 팔아 1억 5300여만 원을 챙겼다며 조 씨를 사기 혐의로 기소했다. 2017년 10월 1심 재판부는 "조 씨가 대작 여부를 밝히지 않고 자신의 작품인 것처럼 판매한 것은 사기에 해당한다"며 유죄를 선고했다. 하지만 2018년 2심 재판부는 1심의 판결을 뒤집고 조영남 씨에게 무죄를 선고했다. 2심 재판부는 "조 씨가 작품 제목이나 방식, 소재를 직접 선택하고 결정했다"며 "작품은 조 씨의 아이디어와 콘셉트가 담긴 조 씨 고유의 것이고 해당 화가들은 보수를 받고 조 씨의 아이디어를 구현하기 위한 기술 보조일 뿐, 그들의 고유한 예술 관념이나 화풍, 기법 등이 작품에 부여되지 않았다"고 무죄 판결 이유를 밝혔다.[13]

예술 창작이 작가의 의도와 아이디어를 표현하는 행위라는 현대 예술 개념에서 가장 중요한 것은 작품의 아름다움과 제작과정이 아닌, 작가의 의도다. 이는 인공지능 예술에서도 마찬가지다. 크리스티 경매에서 고가에 낙찰된 초상화를 그린 인공지능 화가 오비어스를 개발한 프랑스 연구진도 언론 인터뷰에서 "기계가 그린 그림도 예술작품이 될 수 있다"며 "이미지를 만드는 건 알고리즘이지만, 그 알고리즘은 사람이 개발하는 것"이라고 말했다. 창작 알고리즘 역시 사람의 명령에 따른 것이기 때문에 표현물의 구체적인 방법과 절차보다 이를 디자인한 창작자의 의도와 해석이 예술의 핵심이라고 여겨진다.

그런데 인공지능 연구는 자신의 결과물에 대해 인간이 이해할 수 있는 수준의 논리적 설명 능력을 갖춘 '설명 가능성' 구현 단계로 진전하고 있다. 알파고 충격에서 드러난 것처럼 이용자들은 인공지능의 결과가 어떻게 만들어졌는지 논리적으로 이해할 수 없었다. 알파고도 바둑돌의 착점과 행보 이유에 대해 설명할 수 없었고, 알파고를 개발한 딥마인드 개발자들도 마찬가지였다. 이세돌 9단과의 대국에서 알파고를 대신해 바둑판에 돌을 놓은 아자 황도 그 자리에 왜 돌을 놓는지 설명할 수 없었다. 누구도 알파고가 돌을 놓은 이유를 설명하거나 이해할 수 없었지만, 알파고는 완벽한 승리를 거뒀다. 사람들은 알파고의 바둑을 이해하지 못했지만, 효율적 결과라며 찬사와 두려움 속에 수용했다. 인공지능이 설명 능력을 갖춰 인공지능 예술의 미적 가치에 대해 스스로 설명까지 할 수 있게 된다면 인공지능 예술은 사람의 아이디어를 구현하는 도구 이상의 가치를 지니게 된다. 인공지능 스스로 창작물에 대한 저작권 주장을 할 수도 있다.

복제본에 없는 진품의
고유한 경험 '아우라'

20세기는 사진과 영화가 대중화하면서 손쉽게 복제본이 제작되고 누구나 원본이 아닌 사본을 통해서 작품을 감상하는 대중문화의 시대다. 독일의 문예사상가 발터 베냐민은 저서 《기술복제시대의 예술작품》에서 현대에서 예술적 경험이 어떻게 달라지는지에 대해 '아우라(오라)aura의 파괴'라는 개념을 제시했다. 기술 발달로 인해 영상예술에서 원본과 복제본의 품질 차이와 구별은 사실상 불가능해졌다. 하지만 예술작품은 진품만이 일회적이고 고유한 원본성인 아우라를 갖고 있다. 아우라는 진품만 지니고 있는 시간과 공간으로 짜인 특별한 직물이자 복제가 불가능하다는 게 베냐민의 통찰이다. 감쪽같이 복제한 미켈란젤로의 피에타 조각상 전시를 아무리 가까이에서 감상한다고 해도 바티칸 성베드로성당 안에 놓인 진품 피에타 상을 보는 경험과는 다를 수밖에 없다. 진품의 아우라가 없기 때문이다. 인공지능이 만들어낼 아름답고 정교한 창작물에서 감상자는 인공지능 예술품의 아우라를 경험할 수 있을까?

인공지능은 현대 예술에 새로운 질문들을 제기하고 있다. 인공지능 시대에도 인간의 창의성은 기계가 모방할 수 없을까? 예술이 사진기술의 등장 이후 새로운 정의를 찾고 영역을 확장한 것처럼 인공지능 이후 예술은 기존 정의와 가치를 새로고침하면서 더 깊고 넓게 뻗어나갈 수 있을까?

소변기를 '샘'이라고 이름 붙여 출품한 마르셀 뒤샹이나 통조림 깡

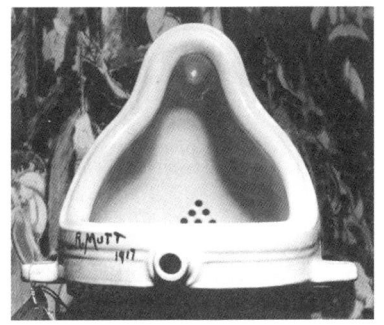
마르셀 뒤샹은 공장에서 대량 생산된 소변기에 단지 서명만 해서 〈샘Fountain〉(1917)이라는 제목으로 전시회에 출품해 논란을 일으켰다. 뒤샹은 기성품을 선택해 예술가의 의도와 아이디어를 표현함으로써 '레디메이드'라는 새로운 예술적 개념을 창조했다.

통을 반복적으로 그린 앤디 워홀의 작업이 예술로 인정받는 것은 작품의 탁월성 때문이라기보다 새로운 해석과 작업으로 예술의 지평을 확대한 작가 정신에 기인한다. 예술이 불멸의 가치를 지니게 되는 것은 작가가 새로운 환경에서 가치 있고 의미 있는 것이 무엇인지 천착하고 실행하면서 기존에 없던 새로운 가치와 해석을 만들어내는 과정을 통해서다. 팝아트나 추상미술만이 아니라 현대의 비구상예술, 설치미술, 행위예술 전반은 모두 이처럼 예술적 지평의 확대에 기여함으로써 가치를 인정받았다.

인공지능이 아무리 뛰어난 완성도의 창작품을 만들어낸다고 할지라도 그것은 인간의 창의성과 구별될 것이다. 사진술 이후의 회화는 사진술 이전에는 없던 새로운 화풍의 창조를 견인해 더욱 다양한 예술 풍도를 만들어냈고, 그중에는 사진술을 이용한 장르도 생겨났다.

살펴본 것처럼, 예술의 본질은 창작자의 의도와 아이디어다. 베냐민이 말한 예술 경험의 특징은 원본 작품을 특정 장소와 시간에서 맛보는 일회적이고 고유한 분위기인 아우라를 경험하는 것이다.

　인간이 만드는 예술작품의 특성에서 중요한 것은 희소성이다. 아무리 아름답고 의미가 중요한 작품도 희소성이 없으면 예술품이 되지 못한다. 예술은 인간의 의미부여 행위인데, 인간은 무한한 것이 아닌 희소한 것에 의미를 부여하고 보존하고 소장하려 한다. 희소성은 달리 말하면, 쉽게 사라지고 소멸하는 것을 말한다. 유한성과 소멸성은 예술품의 본질적 특성이다. 그렇지만 희소하고 소멸하는 모든 것이 예술품이 되지는 못한다. 보존하고 싶은데 사라지거나 소멸 가능성이 있는 것이 예술품이 된다. 소멸성과 유한성은 창작품과 아름다움 자체에서 생겨나는 게 아니라, 사람이 의미를 부여하고 평가하는 데서 비롯한다. 예술은 아름답고 완벽한 결과물이 아니라 인간의 의미부여 행위라는 것이 예술의 유한성과 소멸성에서도 확인된다.

　그런데 예술작품이 지니게 되는 유한성과 소멸성은 미술품이나 음악 연주가 시공간적으로 갖는 일회성과 고유성을 넘어서는 특징이 있다. 유한하고 소멸하는 존재인 사람의 창작품이라는 점에서 예술품 또한 창작자의 속성인 유한성과 소멸성을 갖게 된다는 점이다. 인간의 삶이 시공간적으로 유한하고 일회적이라는 불완전함이 예술의 출발점이다. 오스트리아 작가 에른스트 피셔는 일찍이 "기계가 점점 더 효율적이고 완전하게 될수록 불완전함이야말로 인간의 위대함이라는 사실이 명백해지게 된다"라고 예견한 바 있다.[14] 불완전하고 유한성을 지닌 인간이 만든 작품 또한 마찬가지로 창작자의 속성을 지니게 된다. 이는 예술작품이 갖는 아우라는 그 예술적 경험이 만들어지는 구체적인 상황과 맥락인데, 가장 중요한 맥락은 그 작품을 만들어내는 사람의 인생과 의도라는 얘기다.

살아서는 한 점의 작품도 판매하지 못한 네덜란드 출신 화가 반 고흐의 열정적인 작품들은 불우한 여건 속에서도 예술을 향한 추구를 멈추지 않았던 그의 삶과 따로 떼어 이해되고 평가되지 않는다. 예술작품이 갖는 최대의 아우라는 특정한 시공간을 살았던 예술가의 삶과 의도다. "죽는 날까지 별을 노래하는 마음으로 살아가야지"라고 읊었던 윤동주의 시가 공감을 일으키는 것은 시어를 갈고닦아 빚어낸 아름다운 이미지와 심상이 아니다. 식민지 청년으로서 고뇌하다가 비극적으로 숨진 시인의 삶이란 배경 때문이다.

인공지능이 렘브란트나 고흐의 화풍을 그대로 모방해 뛰어난 완성도의 그림을 그렸다고 해도 거장의 작품처럼 가치를 인정받을 리는 만무하다. 인공지능의 그림이 높은 값에 팔렸다지만, 일회성 이벤트에 불과한 일이다. 예술의 가치는 기술적 완성도라기보다 창작자의 정신과 생애, 그리고 유한성에 기반한다. 인공지능이 아무리 〈모나리자〉와 똑같은 화풍의 초상화를 그려낸다고 해도 그 그림에서는 예술가의 정신과 생애를 찾을 수 없다. 아무리 정교하고 아름답게 보일지라도 무한히 복제 가능한 것은 예술품이 아닌 공산품이다. 작가의 삶과 정신이 거세돼 있고 시대적 맥락이 없는 것은 예술품이 될 수 없다. 사람의 인지와 자각은 논리와 추론을 통해 얻어진 게 아니라, 기본적으로 사람이 죽음을 향해 가는 존재로 생존을 위한 추구과정에서 얻게 된 유한성으로서의 의식과 깨달음이다. 인공지능 기계가 전에 없이 새로운 것을 창작해내고 그에 대한 설명 능력마저 갖추게 되는 날이 온다고 해도, 인간의 소멸성과 유한성을 기계가 가질 수 없다는 점은 인간의 예술과 창작은 기계와 다를 수밖에 없다는 것을 알려준다.

Chapter 6

여가의 인문학

노동은 로봇이, 우리에겐 저녁 있는 삶이 열릴까

"자유시간의 증가는 필연적이다. 실업이냐, 여가냐를 선택하는 문제일 따름이다." —제러미 리프킨, 《노동의 종말》

스마트폰과 인터넷 등 시간 절약 도구는 이미 생활 속으로 들어왔고 머지않아 더욱 강력하게 인간노동을 대체할 기술인 로봇과 사물인터넷, 빅데이터 등의 대중화를 고려하면 미래의 여가는 더욱 암울해 보인다.

로봇과 자동화는 긴 노동시간을 줄이고 우리를 '저녁이 있는 삶'으로 안내해줄 것인가? 저녁이 있는 삶은 저녁시간 이전에 일을 마치고 퇴근하는 것으로 충분한가? 고대하던 여가와 자유시간이 주어지면 우리는 저마다의 소망을 실현하는 행복한 삶을 누리게 될까?

"너는 죽도록 고생해야 먹고살리라."(창세기 3장 17절)

〈구약성서〉에 따르면 죽을 때까지 이마에 땀이 흐르도록 일을 해야 비로소 먹고살 운명이라는 것은 신의 명령을 어긴 인간에게 내려진 형벌이다. 그리스 신화에서 시시포스에게 내려진 형벌도 무한히 반복되는 무의미한 노동이었다. 근대 사법제도에서도 자유형自由刑은 금고와 징역으로 구분되는데, 노역을 해야 하는 징역이 더 무거운 형벌이다. 인류 역사에서 수고로운 노동은 형벌로 여겨져왔다. 대조적으로 낙원은 동서고금을 막론하고 일하지 않고 자유로이 살 수 있는 곳으로 그려졌다.

지능화된 기계 덕분에 인류는 오랫동안 꿈꾸어오던 '수고롭게 일하지 않아도 되는' 낙원의 문턱에 도달했다. 힘들고 위험하고 어려운 일을 하지 않아도 될 것이고 노동시간은 크게 줄어들 것이 분명해 보인다. 21세기 인류의 삶은 멍에였던 노동이 사라지고 여유와 자유로움으로 가득한 낙원의 삶이 될 것인가?

노동은 기계가, 사람은 휴식을?

인간이 지구상의 다른 생물종과 구별되는 진화의 길을 걸을 수 있었던 이유를 설명해주는 개념의 하나는 호모 파베르 Homo Faber다. 일찍이 아리스토텔레스가 기술을 힘의 하나로 분류하고 프랑스 철학자 앙리 베르그송 Henri Bergson이 구체적으로 호모 파베르로 개념화했듯이 '도구를 만들어 쓰는 존재(호모 파베르)'는 인간의 가장 두드러진 특징이다. 도구는 넓은 의미에서 개인과 사회적 삶을 규정하는 환경이다. 돌칼과 돌도끼를 만들어 쓰기 시작한 이래 부단히 발달해온 도구의 변천이 곧 인류의 역사다. 인간이 어떤 도구를 사용했느냐에 따라 역사는 구석기, 신석기, 청동기, 철기, 농경 시대, 산업화 시기 그리고 현재의 정보화 시기로 구분된다.

도구 발달사에서 디지털 도구를 사용하는 정보화 시대는 다른 시기와 구별되는 독특한 특징을 지닌다. 디지털 이전의 도구는 아날로그 도구로, 시간과 공간의 속성을 지닌 물리적 법칙을 따랐다. 하지만 정보화 시대의 도구인 디지털은 물리적 법칙에 제약되지 않는다. 이런 잣대에서 보면, 인류 역사의 다양한 단계는 '디지털 이전'과 '디지털 이후'로 새로이 구분할 수 있다. 디지털 도구는 기존의 아날로그 도구들보다 훨씬 더 광범위하고 근본적인 변화를 가져오고 삶의 조건을 더욱 개선시킬 힘을 내포하고 있다. 디지털이 도구로서의 힘과 파급력을 드러내는 방법이 바로 지능적 도구의 형태인 인공지능과 로봇이다.

이제 우리는 또 다른 시기에 접어들고 있다. 인공지능과 로봇 이전에는 사람이 도구를 '사용'해 노동했지만 인공지능과 로봇의 시대에는 앞서 살펴본 것처럼 제한적인 분야를 제외한 대부분의 업무를 사람 '대신' 도구가 처리하게 된다. 힘든 노동은 대부분 도구가 하고 사람은 여가를 즐길 수 있는 여건이 마련된 것이다.

케인스는 1930년에 이미 "미래 세대의 핵심 과제는 무한한 여가와 휴식을 어떻게 의미 있게 활용하느냐 하는 것이다"라고 전망했다. 그는 기술 발달로 인한 실업이 찾아오겠지만 일시적 현상일 뿐이라고 보았다. 이런 전망에는 기술 발달이 생산성 증가를 가져오면서 인간은 더 적은 시간을 일하고 더 여유로워질 것이라는 기대가 담겨 있었다. 케인스는 2030년이 되면 주당 15시간만 일하는 세상이 오리라고 전망했다. 영국의 철학자 버트런드 러셀도 1932년 펴낸 《게으름에 대한 찬양》에서 "미래에는 노동시간이 줄어들고 모두가 평등한 여가를 즐길 것"이라고 말했다.

제2차 세계대전 종전 이후 미국에는 미래에 대한 장밋빛 낙관이 팽배했다. 1959년 〈하버드 비즈니스 리뷰〉는 "귀족들의 고민거리였던 지루함이 이제 보통 사람들의 문제가 됐다"라는 내용의 글을 실었다. 미국의 시사지 〈라이프〉는 1964년 "미국인들은 이제 차고 넘치는 휴식 앞에 서 있다. 어떻게 하면 인생을 쉽게 살 수 있는가가 과제다"라고 낙관적 기대를 이어갔다. 자동차, 냉장고, 세탁기, 청소기 등의 이동수단과 가전제품이 확산되면서 그동안 생활을 위한 필수 노동으로 여겨졌던 일들로부터 사람들이 자유로워지기 시작한 것이다. 여성들을 고된 세탁 노동으로부터 자유롭게 만들어주고, 그래서 여성의 사회참여에 지대한 영향을 끼친 세탁기가 대표적이다. 장하준 케임브리지 대학 교수는 《그들이 말하지 않는 23가지》에서 세탁기가 인터넷보다 세상을 더 많이 변화시킨 기술이라고 말한다.

일터에서 사람들이 해오던 업무를 로봇과 알고리즘이 대체하는 것만이 아니라 가사도 많은 부분을 기계가 대신할 전망이다. 냉장고, 세탁기 등 특정 기능의 가전제품이 아니라 다양한 기능을 수행하는 로봇이 가사 도우미 역할을 맡기 시작할 것이다. 현재 가정용으로 보급된 로봇은 로봇청소기 정도다. 가전제품에 채택된 자동화 기능도 밥솥, 세탁기, 에어컨 등의 예약 기능 또는 원격 컨트롤 위주였다. 하지만 기술 발달은 가정도 기계에 의한 자동화의 영역에 포함시킬 것으로 기대되고 있다. 작업장에서처럼 가정에서도 로봇의 역할이 커질 것이다.

로봇 개발업체들은 머지않은 미래에 각 가정에 최소한 한 대씩의 로봇이 보급될 것으로 예상한다. 2015년 소프트뱅크는 일본에서 가정용 로봇 페퍼의 일반 판매를 시작했다. 1가정 1PC 시대를 지나 1인 1PC 시대가 열린 것처럼 로봇도 비슷한 대중화 경로를 따를 것이라는 전망이 나오고 있다. 이전에 컴퓨터는 각 기업의 전산실에 모셔져 있고 프로그램을 조작할 줄 아는 전문가들이 특정한 업무에만 사용

범용 로봇 백스터. 산업용으로 개발 됐던 백스터는 바퀴를 달고 학습 능력을 장착한 채 공장을 나왔다. 이제 일반 가정이나 병원 등 다양한 곳에서 사람의 일을 돕고 있다.
ⓒRethink Robotics

했지만 1980년대 이후 사정이 달라졌다. 표준화되고 저렴해진 퍼스널컴퓨터가 각 가정에 보급되면서 1가정 1PC 시대가 열렸다. 통계, 계산, 고객 관리, 데이터베이스 등 특정 업무용으로 활용되던 컴퓨터가 한두 가지 기능이 아니라 문서작성, 게임, 디자인, 통신 등 다양한 기능을 수행하는 '보편 기계'로 활용되면서 일어난 변화다.

그동안 산업 현장의 로봇은 용접, 조립, 운반, 포장 등 특정 기능을 수행해왔지만 기술 발달로 사람처럼 다양한 기능을 수행할 수 있는 '범용 로봇'의 출현을 눈앞에 두고 있다. 대표적인 것이 미국 리싱크로보틱스의 백스터다. 백스터는 사람이 다양한 용도로 학습시켜서 사용할 수 있다는 점이 특징이다. 유튜브의 요리 동영상을 보고 파스타를 따라 만들었을 정도다.¹ 한두 가지 기능의 로봇은 가정용으로 보급되기 어렵지만 다양한 기능을 학습해 구현할 수 있게 되면 '1가정 1로봇' 시대가 열리게 된다. 페퍼는 사람의 표정과 목소리 등을 인식해 감정을 파악하고 사람과의 피드백을 통해 학습하는 감정 학습

엔진을 갖추고 있다. 세계 최대 온라인 쇼핑몰을 운영하는 중국 알리바바 그룹의 창업주 마윈은 페퍼에 투자하면서 "가정용 로봇이 자동차만큼이나 당연한 존재가 될 것"이라고 장담했다.

이제 일터에서, 가정에서 업무와 가사를 로봇이 대신해주는 세상이 준비되고 있다. 인류의 오랜 꿈인 '노동은 기계가, 사람은 휴식을'이 실현되면 우리는 얼마나 행복해질까?

여가란 무엇인가

한국 사회에서 여가는 익숙한 개념이 아니라는 것이 다양한 지표에서 드러난다. 한국은 가장 근면한 나라이자 일중독 국가다. OECD가 2023년 국가별 노동시간을 조사한 결과 한국은 연 1872시간으로 콜롬비아, 멕시코 등에 이어 6위를 차지했다. 10년간 10퍼센트 넘게 근로시간이 감소했음에도 불구하고 OECD 평균인 연 1740시간보다 여전히 많다.

한국 사회의 긴 노동시간과 더불어 여가가 부재한 현실은 사전에서도 확인된다. 여가餘暇는 국어사전에 "일이 없어 남는 시간"으로 정의돼 있다. 한자어를 그대로 옮긴 풀이로서 현실을 반영한 측면이 있기는 하다. 그렇더라도 여가를 제대로 이해하지도, 누려보지도 못한 세계 최장 노동시간 국가다운 뜻풀이다. 영어권은 다르다. 《콜린스Collins 사전》은 여가leisure를 "일하지 않으면서 휴식하거나 즐기기 위한 활동을 할 수 있는 시간"으로 풀이하고 있다.

국어사전의 풀이처럼 '일이 없어 남는 시간'이 여가는 아니다. 우리는 실업자의 하루나 감옥에 갇혀 있는 죄수의 하루, 병실 침대에 누워 있는 환자의 하루를 여가라고 부르지 않는다. 여가가 여유 있는 시간이긴 하지만 시간 개념만으로는 제대로 된 정의를 할 수 없다.

여가는 고대 그리스어로 스콜레σχολή다. 한가함 또는 자유시간, 조용함과 평화를 뜻한다. 시간에 대한 개념이라기보다 의무와 구속으로부터 해방된 자유로운 상태를 말한다. 여가란 남는 시간이 아니라 자유로운 시간인 것이다. 한가한 상태의 자유로움은 학문을 위한 탐구와 토론으로 이어져 스콜레는 오늘날 학교 school의 어원이 됐다. 학자 또는 학파를 뜻하는 스콜라 scholar도 로마인들이 스콜레를 라틴어의 스콜라 schŏla로 받아들이면서 굳어진 말이다. 학문이 구체적이고 실용적인 목표를 지향한 목적 활동이라기보다 여가와 한가함에서 비롯한 성찰 또는 탐구 활동에 뿌리를 두고 있음을 알려주는 단어다. 노예제 사회인 고대 그리스에서 스콜레는 자유인만이 누릴 수 있는 가치였다. 아리스토텔레스는 여가에 높은 가치와 깊은 의미를 부여했다. 그에 따르면, 삶은 일과 여가, 전쟁과 평화같이 둘로 구분되는데, 일보다 여가가 더 높은 가치를 지닌다. 전쟁 그 자체가 목적이 될 수 없고 평화를 위한 도구여야 하는 것처럼 일도 그 자체로 목적이 될 수 없고 여가를 위한 수단으로 존재해야 의미가 있다.

오랫동안 기독교에서 여가는 부정적으로 여겨졌다. 6세기에 교황 그레고리우스는 '일곱 가시 내죄'를 신포했다. 종교개혁 이전까지 교회는 1000년 이상 '교만, 인색, 질투, 분노, 음욕, 탐욕, 나태'를 모든 죄를 유발하는 '일곱 가지 거대한 죄악'이라고 가르쳐왔다. 그중 하나인 '나태', 즉 게으름은 자유시간의 다른 형태다. 종교개혁으로 기독교는 로마 가톨릭의 전통을 벗어던졌지만 장 칼뱅, 마틴 루터와 같은 종교개혁 지도자들은 다른 방식으로 여가의 자리를 없애버렸다. 루터는 일과 직업이 신의 소명에 따른 것이라고 주장하고, 칼뱅은 노동을 신의 영광을 드러내는 도구라고 설파했다. 이런 청교도적 노동관은 한가함과 게으름을 죄악시하고 여가를 노동에 앞서 준비하고 회복하는 시간으로 여길 따름이었다. 일주일에 하루 주어지는 휴일마저 오락과 여가를 위한 즐거움의 시간이라기보다는 종교적 제의에 바쳐야 하는 안식일이었다. 막스 베버는 《프로테스탄티즘 윤리와 자본주의 정신》을 통해 청교도들의 근면한 노동과 금욕주의의 결과로 축적된 이윤이 자본주의의 동력과 정신을 이루어냈다는 이론을 확립했다.

산업혁명으로 노동의 역할이 중요해지면서 본격적으로 노동시간과 비노동시간이 구별되었고, 노동에 대한 보상 도구와 에너지 회복 수단으로서 여가의 중요성이 부각되었다. 공장이 노동력을 필요로 하고 고된 노동에는 휴식이 필수적이 되면서 여가의 대중화와 여가 수단의 확대로 이어졌다. 일과 여가의 구분이 선명해지고 노동과 여가의 함수관계가 주목받게 되었다. '여가를 얻기 위해서 일하는가? 노동하기 위해서 여가를 누려야 하는가?'라는 질문처럼 일과 여가는 대립과 상호 의존성을 동시에 지닌 함수관계다.

산업사회가 대량생산, 대량소비를 특징으로 하는 자본주의 시장경제로 나아감에 따라 여가 활동도 상품과 서비스에 연결되어 소비문화의 주요한 영역이 되었다. 여가와 휴식을 필요악으로 간주하던 청교도적 노동관이 쇠퇴하고 노동의 동기가 급여, 여가, 성취와 같은 개인적 목표로 바뀌게 되었다.

종교적 이데올로기를 벗어난 후기 산업사회에서 여가는 일의 주된 목적이 되었다. 여가 연구의 선구자인 프랑스의 사회학자 조프르 뒤마즈디에 Joffre Dumazedier 는 여가를 개인이 주도하는 적극적인 사회 활동으로 보고 여가의 주된 세 가지 기능은 휴식, 오락, 자기계발이라고 이론화했다. 뒤마즈디에에 따르면 인류 대부분은 이제껏 진짜 여가 시대를 누려보지 못했으며, 후기 산업사회가 인류 역사에 비로소 전례 없는 여가의 기회를 제공한다는 것이다. 그전까지 여가를 누린 계층은 노예제와 신분사회에 기반을 두었던 그리스의 자유인과 귀족들뿐이다시피 했다.

자본주의 사회에서 여가는 대중화했지만 상품화와 획일화로 본질적 기능이 왜곡되고 있다. 여가의 다양한 기능과 목적이 오락과 여흥으로 수렴되는 현상이다. 사람들에게 시간이 나면 무엇을 하는지 물어보면 대부분 텔레비전을 보거나 스마트폰 또는 인터넷을 한다고 답한다. 하고 싶은 여가 활동으로는 여행, 캠핑, 영화감상, 등산, 운동 등을 흔히 꼽는다. 소비문화가 중심이 되고 미디어의 영향이 커지면서 여가 활동은 점점 상업화, 획일화, 과시화하고 있다. 미국에서는 여가 활동의 90퍼센트 이상이 여행이나 영화 같은 여가 산업 내의 소비로 이뤄진다고 한다. 우리의 사정도 크게 다르지 않을 것이다.

특정 계층의 전유물이었던 여가가 대중사회에서 대중화, 민주화되었다는 것은 여가 활동이 누구나 손쉽게 구매하고 소비할 수 있는 상품이 되었다는 의미다. 대표적인 것이 여행이다. 미국의 역사학자 다니엘 부어스틴은 1962년 《이미지와 환상》에서 지난날 일종의 모험이자 '수고로운 일travail'로서의 고유한 경험이던 여행travel이 대중사회화와 상품화로 인해 누구나 구매할 수 있는 관광tour으로 변한 현실을 지적했다. 미지의 모험이자 예측 불가능한 경험의 연속이라는 여행의 본질은 사라지고 모든 과정이 예측되고 통제되는 준비된 '상품'으로서의 이미지만 남아 대중적으로 소비되는 현실을 꼬집은 것이다. 수고로움과 위험을 동반한 '트래블'이 '투어'가 되면서 여행의 진짜 경험은 사라져버리고 사진 찍기용 상품이 되어버린 가짜 사건pseudo-event의 연속이 되어버린 것이다.[2]

  미국의 사회학자 소스타인 베블런은 1899년 《유한계급론》에서 생산수단을 소유하고 과시적 소비를 즐기는 상류계층을 아예 '여가를 즐기는 계급Leisure Class'으로 특징지었다.[3] 베블런에 따르면 유한계급은 노동에서 해방되어 시간을 비생산적이고 과시적으로 소비하고 금전 역시 과시적으로 소비하는 특징을 지닌다. 이러한 유한계급의 소비 특성은 과시욕과 모방 욕구, 미디어 효과로 인해 노동자계층의 소비 성향에도 영향을 끼친다. 여가의 향유도 스스로의 욕구와 필요에 따르기보다 과시성, 획일성, 모방성을 보이며 다른 사람을 의식하는 경향을 띠게 된다. 현대에 와서는 SNS 등으로 인해 다른 사람들에게 보여주는 것이 주된 목적인 소비적 여가 활동이 갈수록 두드러지고 있다. SNS에서 사용자들이 가장 흔하게 경험하는 감정은 부러움이다. 이런 부러움의 배경에는 SNS에 사용자들이 경쟁적으로 올리는 멋진

해외여행 사진이나 화려한 음식 사진 등 과시적 포스팅이 있다.

특권 계층의 전유물이던 여가가 시대를 거치면서 만인의 권리로 바뀌었다. 더욱이 신기술에 의해 지속적으로 단축되고 있는 노동시간과 다양해지는 여가의 상품화는 새로운 여가의 부흥을 가져올 것인가? 우리는 노예에게 수고로운 일과 노동을 맡기고 휴식과 오락을 즐기거나 학문과 예술, 명상에 심취할 수 있었던 그리스인과 같은 지위를 얻게 될 것인가?

역설적인 타임 푸어 시대

정보혁명이 도래하기 오래전인 1979년 독일 프랑크푸르트학파의 철학자 허버트 마르쿠제 Herbert Marcuse 는《에로스와 문명》에서 "자동화는 자유시간과 노동시간의 관계를 역전시킬 것이다. 노동시간은 점점 줄어들 것이고 자유시간은 점점 늘어날 것이다"라고 예언했다.

생산성 개선, 노동계층의 권리의식 확대, 사회적 합의에 따라 노동시간은 계속 짧아져왔다. 산업혁명 초기에 주 80시간이던 노동시간은 생산성 향상으로 주 60시간으로 단축됐고 20세기에 들어와 석유와 전기 기술이 증기 기술을 대체하면서 주 40시간대로 단축됐다. 정보기술혁명은 또 한 번의 대대적인 노동시간 단축을 예고한 상태다.

하지만 현실은 그렇게 단순하지 않다. 기계로 인해 줄어드는 노동시간이 여가의 증대로 직결되는 것은 아니다. 오히려 많은 사람이 과거보다 더 시간 여유가 없다고 느낀다. 〈워싱턴포스트〉 기자인 브리

짓 슐트는 현대사회에서 점점 더 많은 사람들이 정신없이 바쁘다며, 시간 부족을 호소하는 현상을 《타임 푸어》라는 책에 담았다.[4]

일터에서 힘든 작업은 기계가 점점 대신하고 있으며 각종 통계치로는 공식적인 노동시간이 갈수록 줄어들고 있다. 개인적 영역에서도, 가정에서도 과거처럼 시간을 들여 수고로이 처리해야 하는 일들이 많이 줄어들었다. 밥솥, 청소기, 식기세척기 등 각종 전자제품이 가사 노동을 줄이거나 대신해주고 있으며, 쇼핑이나 금융 업무는 인터넷과 모바일로 손쉽게 처리할 수 있다. 인터넷 덕분에 특정한 시간에 특정한 장소를 찾아가야 하는 경우도 크게 줄었다. 기다림도, 이동 시간도 필요 없어진 경우가 많다.

인터넷과 자동화 기기, 대행 서비스는 사용자들을 더 여유롭게 해주어 각자가 소중하게 여기는 일에 집중하도록 도와주는 '시간 절약 도우미'임을 내세운다. 그렇다면 시간 절약 도우미들은 홍보대로 우리에게 더 많은 여가를 누리도록 해줬을까?

미국의 과학저술가 제임스 글릭은 현대인이 '빨리빨리 병hurry sickness'을 앓고 있다고 진단한다. "우리가 더 많은 시간 절약 기기와 전략들을 장만할수록 더욱 시간에 압박감을 느끼게 된다"는 것이다.[5] 주의력결핍 과잉행동장애 ADHD 연구의 세계적 권위자인 하버드 의대의 에드워드 할로웰 Edward Hallowell 은 2007년 저서 《미친 듯이 바쁜 사람들 Crazy Busy》에서 현대인들이 스스로 바빠야 한다고 느끼는 강박관념을 새로운 전염병이라고 진단한다.

기술과 서비스의 도움으로 절약된 노동시간이 여가로 주어졌지만 그 시간의 주인들은 시간이 전보다 부족하다고 한목소리로 호소한다. 절약된 시간이 전달되는 도중 배달사고라도 벌어진 것일까? 아니면 미하엘 엔데의 소설 《모모》의 마을 사람들처럼 시간도둑 회색인간들에게 도둑맞은 것일까?

2008년 미국 여론조사기관인 퓨리서치센터가 미국 중산층을 대상으로 조사한 결과 응답자의 68퍼센트가 삶에서 1순위로 꼽은 것은 '자유시간'이었다. 자유시간의 뒤를 아이 갖기(62퍼센트), 직업적 성공(59퍼센트), 결혼(55퍼센트), 종교적 삶(53퍼센트), 봉사하는 삶(52퍼센트), 부자 되기(12퍼센트)가 이었다.[6] 사람들은 자유시간을 무엇보다 소중한 삶의 가치로 여기고 있지만 왜 현실에서 자유시간을 제대로 누리지 못할까?

2011년 미국 갤럽은 "미국인들은 더 부유해질수록 점점 더 시간이 부족하다고 느낀다"는 조사 보고서를 공개했다. 돈이 많아질수록 그 돈을 소비할 시간이 부족하다고 느낀다는 소비자 조사 결과다. 1970년대 스웨덴 통상장관을 지낸 경제학자 슈타판 린더 Staffan Linder가 저서 《곤경에 처한 유한계급 The Harried Leisure Class》에서 역설한 내용도 유사하다.[7] 현대사회에서 구매할 수 있는 상품과 서비스는 지속적으로 늘어나고 있지만 소비자들이 실제로 구매에 사용할 수 있는 여가시간은 증가하지 않기 때문에 소비자들은 늘 시간이 부족하다고 느낀다는 것이다. 린더는 이를 시간 기근 time famine이라고 지칭한다. 누구에게나 언제나 동일하게 24시간이 주어지는데, 왜 첨단 기능의 시간 절약 도우미들이 늘어날수록 시간 기근 현상이 심해지는 것일까?

현대인들이 "시간이 부족하다" 또는 "시간이 넉넉하다"라고 말할 때의 시간은 객관적인 동시에 주관적이다. 경력을 개발할 시간, 외국어를 학습할 시간, 연인과 함께 보낼 시간, 운동할 시간, 여가를 보낼 시간 등 개인이 필요로 하는 시간은 객관적 시간이다. 우리가 '바쁘다', '지루하다', '쏜살같다'고 말할 때의 시간은 주관적 시간이다. 측정되는 과학의 시간은 균일하지만 우리가 지각하는 생활 속의 시간은 주관적이다. 〈슈피겔〉 편집장 출신의 독일 과학저술가 슈테판 클라인은 《시간의 놀라운 발견》에서 "시간이 부족하다는 것은 시간과는 별 관계가 없으며, 어떤 태도와 관점을 갖느냐에 달려 있다"고 말한다.[8]

시간이 부족하다고 느끼는 현대인들의 시간 기근 현상은 자신에게만 하루 24시간이 주어진다는 것에 대한 아쉬움이 아니라 스스로 지각하는 시간이 부족하다고 느끼는 주관적 감정 상태다. 자신의 욕망과 목표, 사회적 기대 수준에 비춰보아 자신의 시간이 부족하다는 자각에서 비롯하는 감정인 것이다. 우리는 왜 성실하고 유능한 시간 절약 도우미들을 여럿 고용했는데도 오히려 그 이전보다 시간이 더 부족하다고 느끼는 것일까?

몇 가지 배경이 있다. 첫째, 과거에 비해서 할 일이 훨씬 많아졌기 때문이다. 아내와 엄마, 남편과 직장인으로서의 역할 위주이던 때와 달리 지금은 누구나 훨씬 더 다양한 역할을 요구받고 있다. 정규직과 비정규직으로 일자리가 파편화되면서 생활 임금을 확보하기 위한 노동시간이 오히려 더 늘어나는 상황도 있다. 두세 개의 직업을 가져야 비로소 생계를 이어갈 수 있는 경우다. 사회가 발전하고 다면화하면서 개인에게 많은 기회와 권리가 주어지지만 이는 그만큼 다양한 일을 동시에 수행해야 한다는 의미이기도 하다. 원격 근무나 이메일 같은 정보화 기술은 시간과 장소에 구애받지 않고 업무를 처리하게 해주는 시간 절약 도우미이지만 동시에 직장을 벗어난 퇴근 이후나 주말에도 회사 업무에서 놓여나지 못하게 하는 기술이기도 하다. 한마디로 24시간 노동과 모든 공간의 작업공간화를 가능하게 하는 기술인 셈이다. 업무와 휴식을 시간적, 공간적으로 구분해주던 구획이 사라지고 둘이 뒤섞이면서 불가침의 영역이던 개인의 시간과 여가가 사라지고 있는 것이다.

둘째, 과거보다 소비 영역이 확대되고 하고 싶은 일이 많아졌다. 미디어는 끊임없이 소비사회의 이미지를 내보내며 우리에게 새로운 경험에 도전하라고 유혹한다. 해외여행 한 번 해보는 것이 평생의 꿈이던 시절이 있었는가 하면, 이제는 유명 여행 유튜버가 다녀간 곳이라면 어디든 사람들이 몰린다. 나와 관계없는 남의 일이라고 여겼던 일들이 SNS와 미디어를 통해 수시로 상세하게 전달되면서 경험하고 싶고 구매하고 싶은 것들이 많아졌다.

셋째, 자신의 시간을 중요하지 않은 영역에 주로 사용하는 바람에 정작 필요한 일을 처리할 시간이 부족한 경우다. 스마트폰 등장 이후 달라진 시간 이용 형태가 대표적이다. 은행이나 우체국에 가지 않고 손 안에서 업무를 처리했지만 절약된 시간을 우선순위 높은 일에 투입하는 대신 쉴 새 없이 방문을 요청하는 SNS와 게임의 푸시 알림에 대부분 헌납하는 것이다. 스마트폰을 들여다본 몇 시간 동안 무엇을 했는지 기억나지 않지만 현실에서 해야 할 일들은 그대로 쌓여 있으니 언제나 바쁜 것이 당연하다. 멀티태스킹이 시간을 절약해주고 효율을 높여줄 것이라는 기대와 달리 부정적 효과를 가져온다는 사실이 다양한 실험 연구를 통해 알려졌다. 스마트폰 대중화 이후 상시적 멀티태스킹과 푸시 알림으로 소중한 주의력과 집중력을 소모하고, 중요한 일과 그렇지 않은 일들 간의 처리 순서가 뒤죽박죽되어버린 결과다.

'바빠야 한다'는 것은 현대사회의 새로운 문화 규범이다. 사람들은 쉴 틈 없이 바쁘게 살거나 적어도 바쁜 것처럼 보여야 한다는 사회적 압박을 받고 있다. 바쁘다는 것은 근면, 성공, 멋짐의 이미지를 지닌 자랑할 만한 일로 여겨져 사회적 부러움의 상징이 되었다. 현대사회에서 바쁘다는 것은 높은 사회적 지위를 드러내는 징표로 통한다.[9] 바쁘지 않고 여유시간이 있다고 말하는 것은 스스로 중요한 존재가 아니라고 고백하는 것처럼 약점을 드러내는 행위로 여겨지고, 그래서 게을러 보이지 않을까 하는 두려움과 죄책감을 느끼게 된다는 것이다. 바빠야 한다는 사회적 압박을 받는 현대인들에게 스마트폰은 유용하다. 수시로 이메일과 SNS를 확인하게 함으로써 바쁘다는 이미지를 획득하게 해주는 도구이자 실제로 바쁘게 다양한 일과 오락을 수행하게 해주는 도구이기 때문이다.

자동화 기계, 인터넷, 스마트폰과 같은 시간 절약 도우미들 덕분에 우리가 자신을 위해 사용할 수 있는 시간이 늘어났는데도 오히려 더

애플에서 출시한 스마트워치. 시계처럼 착용하는 웨어러블 기기는 사용자가 언제 어디서나 쉽게 통화, 문자, 메일, SNS, 일정 등을 확인할 수 있도록 돕는다.

욱 시간 기근에 시달리게 됐다는 현실은 여유시간에 대한 새로운 접근을 요구한다. 업무나 가사 등 의무적으로 쏟아야 하는 시간을 절약하는 것만으로는 여가를 확보하고 누리기에 충분하지 않다는 것이 확인되었다. 휴식과 여가를 게으름이나 무력함으로 간주하는 사회적 압력도 배경으로 작용한다. 또한 돈이 많은 사람일수록 더욱 시간 기근을 느낀다는 조사 결과가 알려주듯이 여가는 심리적 접근이 병행되어야 하는 욕망의 문제다. 사람의 욕망은 끝이 없으므로, 더 많은 충족은 대책이 되지 못한다. 욕망을 무조건적으로 충족시키기에 앞서 욕망의 이유와 대상 그리고 그 충족 방법이 적절한지를 살펴보아야 한다.

 스마트폰과 인터넷 등 시간 절약 도구는 이미 생활 속으로 들어왔고 머지않아 더욱 강력하게 인간 노동을 대체할 기술인 로봇과 사물인터넷, 빅데이터 등의 대중화를 고려하면 미래의 여가는 더욱 암울해 보인다. "더 많은 시간 절약 도구를 장만할수록 더욱 시간 압박을 느끼게 된다"라는 글릭의 지적대로라면 시간 기근은 지금보다 훨씬 악화될 것이기 때문이다. 로봇과 자동화 기술의 침투를 목도하고 있는 지금 각자에게 주어진 시간과 여가를 다스리는 능력이 그 어느 때보다 절실히 요구된다.

자유로운 시간에
자유롭기 위하여

로마 시대의 시인 오비디우스는 "여가는 우리가 어떤 사람인가를 드러낸다"고 말했다. 스스로 시간의 주인이 되는 여가를 어떻게 보내는지가 그의 사람됨을 보여주기 때문이다. 기념비적 역사서 《역사의 연구》 저자인 영국 역사학자 아널드 토인비는 "미래 문명의 발전은 여가를 어떻게 처리하느냐에 달려 있다"고 역사 연구를 통해 발견한 통찰을 전했다. 개인과 공동체에 주어진 최고의 기회인 여가를 어떻게 활용하느냐에 따라 삶과 문명의 수준이 결정된다는 얘기다.

아리스토텔레스가 이런 견해를 대표한다. 그는 인간은 행복을 추구하는 존재라고 말하면서 여가의 의미를 강조한다. 여가는 삶의 궁극적 목표이고 인간은 여가가 있어야 가장 참되게 살게 된다는 것이 아리스토텔레스의 주장이다. 일은 여가를 얻기 위해 하는 것이고 여가는 예술적 활동이나 사색, 성찰에 쓰인다. 아리스토텔레스가 궁극의 삶으로 여긴 여가는 그냥 누릴 수 있는 것이 아니다. 그는 여가를 올바르게 사용하는 능력은 모든 생활의 기초이므로, 여가를 적절하게 사용하도록 시민들을 훈련시키지 않는 정치가는 비난받아야 한다고 말했다. 고대 국가 스파르타는 전쟁 중에는 안정을 유지하다가 잇단 승리로 제국을 얻자마자 붕괴했다. 스파르타인들은 전쟁에는 누구보다 뛰어났지만 평화가 가져다주는 여가를 활용할 줄 몰랐기 때문에 붕괴했다는 것이 아리스토텔레스의 주장이다.

물론 여가는 고된 노동 뒤에 주어지는 달콤한 휴식이다. 하지만 여가의 가치와 기능을 제대로 누리자면 아리스토텔레스의 말대로 훈련과 학습이 필수적이다. 베스트셀러 《몰입》을 통해 사람들이 언제 행복감을 느끼는지를 밝혀낸 미하이 칙센트미하이는 시카고 대학의 동료 교수인 주디스 르페브르Judith LeFevre와 공동 진행한 연구에서 여가 앞에서 불안해지는 심리 현상을 '일의 역설paradox of work'이란 개념으로 설명했다. 두 연구자가 1980년대 시카고 지역의 노동자들을 대상으로 실시한 유명한 실험에서 노동자들은 여가시간을 보낼 때보다 일을 하고 있을 때 더 큰 행복감과 성취감을 느꼈다. 노동자들은 자유시간이 되면 오히려 지루함과 불안감을 느꼈을 뿐만 아니라 목표 상실로 인한 혼란스러운 감정도 자주 경험했다. 연구자들은 이런 현상에 '일의 역설'이라는 이름을 붙였다. 일에서 몰입flow 경험을 하지만 노동자들은 일을 좋아하지는 않았다. 일을 하면서도 끊임없이 여가를 갖고 싶다는 욕구를 강하게 표현했다. 실험 대상 노동자들은 여가를 즐기기보다 일을 하면서 일에 내해 불만을 털어놓을 때 훨씬 행복감을 느꼈다.

칙센트미하이는 여가에 대해 이렇게 말한다. "사람들은 자유시간을 즐기는 것이 누구나 할 수 있는 일이며 별다른 기술도 필요하지 않다고 생각한다. 하지만 실제로는 그 반대다. 자유시간은 일보다도 즐기기가 어렵다. 여가를 효과적으로 쓰는 방법을 알지 못하면 여가가 아무리 생겨도 삶의 질은 높아지지 않는다. 여가를 효과적으로 쓰는 것은 자동적으로 획득할 수 있는 기술이 아니다."[10] 여가는 일정한 틀이 없기 때문에 더 많은 노력을 기울여야만 즐거운 것이 된다고 '몰입' 전도사는 주장한다. 그가 '최적 경험'이라고 일컫는 몰입감을 안겨주는 사례로는 체스, 암벽 등반, 요트 타기, 작곡, 춤 등이 있다. 규칙과 기술을 습득해야 하고 목표가 분명하며 명확한 피드백을 제공하는 활동들이다. 우연에 맡기지 않고 자신이 통제해야 하는, 일상과 확연히 구분되는 활동이다.

　이런 활동과 대조되는 것이 TV 시청과 스마트폰 사용이다. 여론조사기관 닐슨에 따르면 미국의 은퇴자들은 주당 평균 50시간씩 TV를 시청한다. 우리나라에선 스마트폰 사용이 모든 연령층을 가리지 않고 지속적으로 증가하고 있다. 대부분의 현대인이 자신에게 주어진 소중한 여가시간을 화면을 들여다보는 행위에 주로 바치는 셈이다. 스마트폰 이용이나 TV 시청이 비난받거나 무가치하게 평가받아야 할 여가 행위는 아니다. 비주체적인 미디어 소비에 지나치게 많은 시간을 쏟아붓느라 적극적으로 사고하고 활동할 기회를 스스로 포기하고는 "늘 바빠서 하고 싶은 일을 할 틈이 거의 없다"라고 엉뚱한 핑계를 대는 것이 문제일 따름이다.

　인공지능과 자동화 기술이 불러온 노동시간 단축은 여가의 의미와 성격을 본질적으로 변화시키고 있다. 여가시간의 확대는 여가의 의미를 변화시키는 기본 동력이다. 독일, 네덜란드 등 선진국의 사례와 8시간 노동제, 주 5일 근무제 등에서 보듯 근대 이후 노동의 역사는 노동시간 단축의 여정이기도 하다. 향후 지속적으로 단축될 노동시간은 유사 이래 이어져온 일과 여가의 주종관계를 역전시키는 상황으로 나아가고 있다. 산업사회에서 휴식과 여가는 마치 학창 시절 수업과 수업 사이의 '쉬는 시간'처럼 노동을 위한 재충전과 회복의 공급원으로 주어졌다.

앞으로의 여가는 작업 효율을 높이기 위해 휴식을 제공하는 '자투리 시간'이 아닐 것이다. 학창 시절 2~3개월짜리 방학과 유사하다. '쉬는 시간 10분'에 할 수 있는 활동은 많지 않고 자연히 개인의 선택 범위도 제한적이다. 화장실에 가거나 기지개를 켜고 다음 수업을 위한 교재를 준비하거나 강의실로 이동하고 친구와 짧은 대화를 나눌 따름이다. 10분의 쉬는 시간을 보내는 데는 개인별로 차이가 크게 나기 어렵다. 방학은 다르다. 먼 곳으로 긴 여행을 다녀온 친구, 석 달간의 아르바이트로 한 학기 등록금을 마련한 친구, 관심 있던 분야의 책을 잔뜩 읽고 나타난 친구, 운동으로 체형이 현저하게 달라진 친구 등등 개인별로 차이가 크다.

여가는 노동시간에 딸려서 제공되는, 휴식을 위한 부수적 시간이 아니다. 여가는 개인별로 선택의 여지가 별로 없는 '자투리 시간'이 아니라 우리의 생활 대부분을 구성하는 '자유로운 시간'으로 바뀌고 있다. 여가는 노동시간에 하지 못했던 비일상적 활동을 하는 이례적 시간이 아니라 양적으로도 생활에서 가장 많은 부분을 차지하는 기본적 시간이 된다. 여가를 보내는 데는 자율적인 시간 관리 능력이 요구된다. 자유라는 선물은 개인별로 선택과 그에 대한 책임을 함께 누리게 한다.

첨단 장비를 활용한 뇌과학의 최근 연구는 휴식이 두뇌 활동에 끼치는 긍정적 영향을 알려준다. 미국 워싱턴대 의대 마커스 라이클Marcus Raichle 교수가 2001년 밝혀낸 '디폴트 모드 네트워크default mode network'가 대표적이다. 뇌에는 사고, 기억, 판단 등 인지활동을 할 때가 아니라 아무런 생각을 하지 않고 멍하게 있을 때 비로소 활성화되는 일련의 부위가 있다는 연구다. 편안하게 아무 생각 없이 쉬는 동안 활성화되는 디폴트 모드 네트워크는 자아 성찰, 사회성과 감정, 창의성을 지원하는 두뇌의 부위라는 것이 잇단 연구로 밝혀지고 있다. 멍하게 쉬어야 비로소 가장 사람다운 기능이 두뇌에서 작동한다는 발견은 우리의 삶에서 휴식과 여가가 갖는 의미가 지대함을 알려준다.

지속적으로 확대될 여가시간은 필연적으로 그 활용 능력을 갖춘 사람들과 그렇지 않은 사람들 간에 커다란 격차를 가져온다. 여가시간이 지루함과 불안함, 보람 없는 분주함이나 고독감과 동의어인 사람들이 있는가 하면, 행복하고 보람 있는 활동과 도전의 기회인 사람들도 있다. 미국 아이오와 대학의 역사학자 벤저민 헌니컷Benjamin Hunnicutt은 '스콜레'의 의미를 강조하면서 앞으로는 대학이 직업적 준비 기관보다는 문화적 중심으로서 새롭게 부상할 것이라고 전망한다.[11] 이에 따라 이제껏 '일하는 법'을 가르쳐왔던 대학은 앞으로는 '자유로

위지는 법'을 가르쳐야 하리라는 것이 그의 주장이다.

시간은 돈과 유사한 속성을 지니고 있다. 제한된 자원이자 권력이다. 필수적이기 때문에 다수는 맹목적으로 시간을 획득하는 데만 집중하고 아무리 시간이 많아도 많다고 느끼지 못할 수 있다. 얼마를 갖고 있느냐 못지않게 제한된 자원을 제대로 쓸 줄 아느냐가 중요하다는 점도 비슷하다. 하지만 돈은 축적과 이전이 가능하지만 시간은 그럴 수가 없다. 아무리 여가가 늘어난다고 해도 여전히 주어지는 것은 제한된 시간일 따름이다. 제한된 여가를 어떻게 보낼 것인가라는 물음은 자신의 제한된 자원인 주의력과 관심을 어디에 할당할지의 문제로 귀결된다. 단지 여가시간을 휴식과 즐거움을 위해 어떻게 보낼지를 넘어서는, 인생의 제한된 자원인 주의력을 어떻게 써야 하는지에 대한 성찰적인 물음으로 연결되는 문제인 것이다.

그런 까닭에 여가 예찬론자 아리스토텔레스는 여가시간이 많아지고 삶이 더 풍요로워질수록 절제와 정의, 그리고 지혜가 더 많이 요구된다고 말했다. 기계화 덕분에 갈수록 여가가 늘어날 것이라는 희망적인 전망은 사실 직업만이 아니라 자신의 즐거움을 발견하기 위한 새로운 학습과 훈련이 필요하다는 의미다. 아리스토텔레스는 행복 추구의 수단으로 여가를 삶의 목표로 설정하고 진정한 여가를 누리기 위한 사회적 차원의 여가 교육을 강조했다. 하지만 그의 여가 개념은 노예제 사회였던 고대 그리스 자유인을 전제한 것이어서 그 한계 또한 지적받아왔다. 그러나 이제 우리는 노예가 아닌 기계에 노동력을 의존하고 사람들이 고대 그리스인처럼 많은 자유시간을 누릴 수 있는 환경을 다시 만나고 있다. 자신이 무엇을 원하는지 진정한 욕망과 추구를 발견하는 일이 새로운 여가 시대를 향한 첫걸음일 것이다.

Chapter 7

관계의 심리학

감정을 지닌 휴머노이드, 로봇과의 연애 시대가 온다?

"로봇은 욕구를 인식하는 데 뛰어나고 대처방법을 잘 알며 배려를 가로막는 이기심이 없다." —데이비드 레비, 인공지능 전문가

먼 미래의 존재라고 여겼던 로봇이 생활 속으로 들어오기 시작했다. 2013년 할리우드 영화 〈그녀〉와 2015년 개봉한 〈엑스 마키나〉는 로봇과 인간 사이의 러브스토리가 주제인데, 현실과 동떨어진 소재를 다룬 것이 아니다. 〈그녀〉는 남자 주인공 시어도어가 개인비서 기능을 하는 컴퓨터 운영체제 사만다와 대화를 하다가 미묘한 관계를 거쳐서 연인 사이로 진전하는 과정을 다뤘다. 한마디로 얼굴이나 몸이 없는 무형의 컴퓨터 운영체제와 사랑에 빠진다는 내용이다. 이혼을 원하며 별거 중이던 시어도어의 아내 캐서린이 "사실은 컴퓨터 운영체제와 연애 중"이라는 남편의 말에 어이없어하며 비난하는 것이 자연스러운 반응이다. 매력적 외모를 조합한 섹스 상대로의 로봇이 아니라 자의식을 지닌 무형의 운영체제와 사랑에 빠진다는 다소 황당한 줄거리의 SF영화는 흥행에도 성공했다. 사람보다 훨씬 똑똑해 인류의 생존을 위협하는 첨단 로봇과의 대결을 소재로 하던 기존의 SF영화와 달리 특수효과나 볼거리가 거의 없지만 많은 관객이 〈그녀〉에 공감했다. 로봇과의 교감은 사람을 닮은 외형이 아니라 감정적 소통을 통해 이뤄진다는 것을 관객들이 알고 있기 때문이다.

영화 〈그녀〉가 제작되고 여기 공감하는 현상은 이미 관객들이 스마트폰에서 시리와 같은 서비스를 통해 기계와의 소통을 경험하고 있다는 것이 배경이 되었다. 2011년 애플이 아이폰에 인공지능과 음성인식을 결합한 개인비서 서비스 시리를 탑재한 이후 사람들은 기계와 소통하고 교감하는 일에 점점 익숙해지고 있다.

아마존 알렉사를 비롯해 국내에서도 삼성 빅스비, SK텔레콤 누구, KT 기가지니 등 다양한 음성비서 서비스는 많은 사용자들을 로봇의 세계로 인도하는 안내자 역할을 했다. 처음에는 어색해 보였던, 기계에 말을 걸거나 기계와 대화하는 행위에 대한 저항감을 낮췄다.

야생의 동물을 길들여 충직함과 친밀함을 지닌 반려견으로 만든 것처럼 우리는 로봇을 '또 하나의 가족'으로 만들어 정서적으로 교감하는 미래를 맞을 수 있을 것인가?

로봇에 감정을 이식하다

"그 사람, 로봇 같아." 우리는 감정에 흔들리지 않고, 정해진 대로 또는 이성에 따라 냉정하게 사람을 대하거나 매사를 처리하는 사람에 대해 이렇게 말하곤 한다. 감정은 사람만의 특징이기 때문에 아무리 지능적 로봇이라도 감정은 최후까지 기대할 수 없는 영역이라고 생각하기 때문이다. 하지만 사람 말을 알아듣고 대화하는 것은 물론 학습 기능을 갖추고 사용자 특성에 따라 다양한 맞춤형 서비스를 제공하는 감정인식 로봇이 우리 곁으로 성큼성큼 다가오고 있다.

일본에서 2015년 6월부터 시판된 페퍼는 세계 최초의 감정인식 휴머노이드 로봇이다. 가격은 19만 8000엔(약 190만 원)이고 매달 1만 4800엔의 유지비를 내야 하며, 수리 지원을 받기 위한 보험료는 월 9800엔이다.

2014년 6월 5일 손정의 소프트뱅크 회장은 페퍼를 처음 공개하는 무대에서 감정인식 로봇 페퍼의 다양한 성능을 선보였다. 페퍼가 마치 지능과 유머 감각을 지닌 사람처럼 자연스럽게 무대에서 손정의 회장과 대화를 주고받는 모습을 유튜브 동영상으로 생생하게 확인할 수 있다. 사람처럼 수줍어하기도 하고 상대와의 대화가 만족스럽게 진행되면 흐뭇해하기도 한다. 손 회장은 "100년, 200년 후에 오늘은 컴퓨터가 변화한 기점이 되는 역사적인 날로 기억될 것이다. 지금까지의 로봇은 감정이 없었다. 그런데 역사상 처음으로 사람의 마음과 감정을 집어넣은 로봇이 페퍼다"라며, 로봇은 "앞으로 다양한 장소에서 사람과 함께 살아갈 것"이라고 말했다.

일본에서는 페퍼 이전에도 사람에게 감정적으로 위안을 주는 다양한 형태의 로봇이 보급되어왔다. 일본 국립산업기술종합연구소AIST가 개발한 로봇 파로Paro는 치료 기능의 반려로봇이다. 흰 물범 인형 모양으로 무게는 2.7킬로그램인데, 털로 덮인 피부를 만지거나 목소리를 들려주면 반응한다. 피부 아래 센서가 내장돼 있어 손으로 쓰다듬어주면 고개를 갸웃거리거나 반응하고 물범 소리도 낸다. 시각, 촉각, 청각, 균형감 등을 담당하는 네 가지 센서를 통해 주위 환경과 사용자의 감정을 인식한다. 파로는 치매나 자폐증 치료에 활용되고 있다. 눈을 깜빡이고 반짝이는 빛을 내거나 몸으로 애교를 부리는 등 사람 못지않은 직접적 반응을 보이는 방식으로 치료를 돕는다. 턱을 긁어주면 짐승처럼 고개를 위로 들고, 부르는 소리에는 머리를 돌려 쳐다본다. 파로는 임상에서 의학적 효과가 증명된 덕분에 세계 최초의 심리치료 로봇으로 2002년 기네스북에 등재되었다. 파로를 개발한 일본 연구진에 따르면 소아 정신질환을 앓아 침묵으로 일관하던 어린이가 파로와 감정적으로 소통하면서 말문을 열게 됐다고 한다. 파로를 우울증 치료 등 임상에서 적용하고 있는 캐나다 최대의 정신병원 CAMH는 파로의 치료 효과가 매우 높다고 평가하면서 반려동물과 달리 환자의 기호나 신체적 알레르기 반응에 따른 거부감이 없고 언제라도 치료에 투입할 수 있는 장점이 있다고 보고한다.[1] 파로는 2011년 일본 동북부 대지진과 쓰나미로 가족을 잃은 이들의 슬픔을 치료하는 데도 널리 활용됐다. 출시 당시 가격이 5000달러로 적지 않았지만, 미국, 영국, 덴마크, 이탈리아 등으로 수출될 정도로 인기를 끌었다.

 MIT에서 30년 넘게 테크놀로지와 사람의 관계를 연구해온 사회심리학자 셰리 터클은 매사추세츠 양로원의 노인들에게 파로를 비롯한 반려로봇을 제공하고 그에 대한 반응을 관찰하는 연구를 수년간 수행했다. 터클은 양로원의 노인들이 파로와 같은 반려로봇에 푹 빠져 연구 기간이 만료됐는데도 반환을 거부하거나 양로원이 자체 예산으로 로봇을 추가 구입하는 사례가 잦았다고 말한다.[2] 반려로봇은 주인의 보살핌을 필요로 하는데, 이 과정에서 노인들은 자신이 쓸모

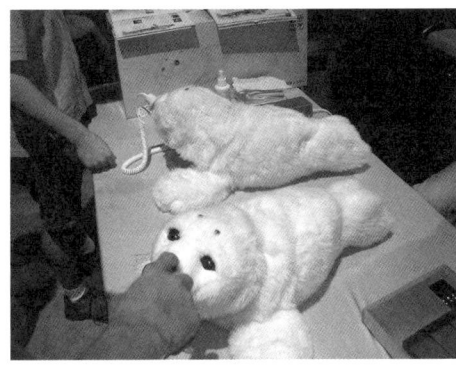

치료용 반려로봇 파로.
ⓒehjayb

있는 존재라고 느끼게 된다는 것이다. 사실 노인들이 안심하고 보살피도록 허용되는 생명체는 별로 없다.

치매 환자나 양로원의 노인처럼 병들고 외로운 특정 집단만 로봇에 애착을 느끼며 반응하는 것은 아니다. 미군은 이라크와 아프가니스탄에서 파병 군인들의 안전을 위해 폭발물 탐지와 해체 임무를 수행하는 군사용 로봇 팩봇 PackBot을 작전에 투입했다. 미군에 3000대가 넘는 팩봇을 제작해 납품한 아이로봇 iRobot은 미군 병사들이 폭발물로부터 자신들의 목숨을 구해준 팩봇에게 각별한 애착을 지니는 현상을 보고했다.³ 36번이나 임무를 완수하고 망가진 팩봇에 대해 병사들은 "내 생명의 은인인 그 팩봇을 교환하지 말고 고쳐달라"고 간청한다는 것이다. 청소로봇 '룸바' 사용자도, 휴대용 디지털 반려동물 '다마고치'를 키워온 어린이도 제품이 고장 났을 경우 새 제품으로의 교환 대신 과거 기기의 수리를 원하는 것이 일반적이다. 애착 감정은 상대의 반응이 얼마나 긍정적이고 적극적이냐 못지않게 내가 얼마나 그 대상에 주의와 감정을 기울였느냐에 달려 있다. 《어린 왕자》에서 사막여우가 어린 왕자에게 "네 장미꽃을 그렇게 소중하게 만든 것은 그 꽃을 위해 네가 들인 시간이란다"라고 일러주었듯이 말이다. 우리에게 편리함과 안전함을 제공해주고 감성적 피드백을 보내는 로봇에 대해 우리의 애착감은 더 깊어질 수밖에 없다.

일본은 2013년 8월 4일 규슈 가고시마현 다네가섬 우주센터에서 발사한 우주선 고노토리 4호에 로봇 키로보Kirobo를 실어 국제우주정거장으로 보냈다. 키로보는 일본 광고 기업 덴츠, 도쿄 대학, 일본 우주항공연구개발기구, 도요타 등이 함께 개발한 키 34센티미터, 무게 1킬로그램의 감성형 로봇이다. 우주정거장에서 오랜 시간을 외로이 지낼 일본인 우주비행사의 말벗이 되기 위해 제작된 반려로봇이다.

한편 오사카 대학-교토 대학 공동 연구진은 2015년 8월 상담창구와 안내창구에서 사람을 대신할 인간형 로봇 에리카를 개발해 공개했다. 에리카는 아름다운 23세 여성의 모습을 하고 있어 미녀 로봇으로 불린다. 에리카는 미세한 공기압을 이용해 눈, 입 주변, 목 등 얼굴 부위 19곳을 움직여 다양한 표정을 지을 수 있으며, 마이크와 센서로 상대방의 목소리와 움직임을 인식해 스스로 말할 수 있다.

로봇과 사랑을 나눌 수 있을까

VTR, DVD, 온라인 유료 결제, 인

터넷 방송, 가상현실 등 낯선 기기와 첨단기술의 대중화에 포르노가 개척자 노릇을 해온 것처럼 로봇 분야에서도 성적 본능을 활용하려는 시도가 있다. 미국에서 리얼돌RealDoll이라는 성인용 인형을 제작하는 맥멀렌McMullen은 현재의 단순한 섹스용 인형을 섹스로봇으로 개발하려는 리얼보틱스Realbotics 프로젝트를 진행 중이다.[4]

신체와 유사한 느낌을 주는 인형 몸체에 이미 선보인 감성형 로봇 기능을 결합하는 작업이다. 우선 리얼보틱스의 머리 부분을 개발해 리얼돌의 몸체에 끼우는 것이 목표다. 머리 부분의 가격은 1만 달러로 예상한다. 리얼돌을 사용할 때 가상현실 헤드셋을 쓰게 해서 몸의 감각과 함께 시청각적 효과도 제공하겠다는 계획이다. 영국의 트루 컴패니언True Companion은 세계 최초의 섹스로봇이라는 '록시Roxxxy'를 수년째 개발해오고 있다. 7000달러짜리 모델에서부터 7만 5000달러짜리 맞춤형 모델을 포함해 남성용, 여성용 제품을 개발 중이다.

퓨리서치센터는 2025년이면 섹스 파트너로 로봇이 등장할 것이라고 예측했다.[5] 국제 체스 챔피언이자 인공지능 전문가인 데이비드 레비David Levy는 2008년에 펴낸 《로봇과의 사랑과 섹스Love and Sex with Robots》에서 2050년이면 로봇과의 섹스가 일상이 될 것이라고 전망했다. 그는 "로봇은 욕구를 인식하는 데 뛰어나고 대처 방법을 잘 알며 배려를 가로막는 이기심이 없다"면서 로봇이 사람 애인보다 욕구 충족 면에서 뛰어날 것이라고 말한다. 영국 선딜랜드 대학의 심리 상담학자 헬렌 드리스콜Helen Driscoll 박사는 "2070년이 되면 로봇과의 성관계가 사회적으로 용인되고 사람과의 성관계보다 오히려 더 대중적인 현상이

될 것"이라고 말했다.[6]

그녀는 "가상현실은 더 생생해지고 몰입적으로 바뀌고 있으며, 인간 파트너와의 성적 경험을 더 향상시킬 능력을 갖고 있어 결국 사람보다 로봇과의 성관계를 선호할 수밖에 없다"고 주장했다. 로봇과의 성관계가 사회적, 인간적 감정 결핍으로 이어지면서 심리적, 정신적 문제를 야기할 수 있으나 이 문제도 기술 발전을 통해 충분히 극복할 수 있다는 것이 그녀의 주장이다.

개발업체들은 섹스로봇이 기존의 섹스용 인형이나 섹스 토이처럼 사회의 성적 요구를 만족시키는 순기능을 할 것이라고 주장한다. 불법 성매매와 성폭력 그리고 가정폭력을 감소시키고, 성기능 장애 치료용으로 기능할 수 있다는 것이다. 트루컴패니언을 설립한 더글러스 하인스는 "록시는 육체적, 성적 만족만이 아니라 사회적 관계와 상호작용을 제공한다"며, 사람 연인을 대체하기보다 보조적 수단으로 기능할 것이라고 말한다.[7]

인간을 능가하는 슈퍼 인공지능 로봇의 등장은 인류의 종말을 걱정해야 하는 디스토피아이지만, 사람의 말을 알아듣고 사람이 필요로 하는 소통 상대가 되어주는 것은 로봇공학자들이 꿈꾸는 휴머노이드 로봇의 목표이기도 하다.

사람의 감정을 제대로 읽고 또 이를 통해 사람의 요구에 적절히 반응하는 감성형 로봇은 많은 사람들이 고대해온 기술이다. 전자제품도 복잡한 명령어를 입력하거나 수많은 조작 버튼을 순서대로 누를 필요 없이 사용자가 원하는 것을 기계가 제대로 파악해 스스로 작동하거나 사용자의 조작을 돕는 것이 기술의 기본적인 진화 방향이다. 사람이 기기를 사용하기 위해 복잡한 조작법을 익히고 그 속성을 이해하는 대신 기기가 사용자의 의도와 기분, 상태에 맞춰 스스로 작동하는 것이 감성형 기술이다. 마이크로소프트 리서치 Microsoft Research 연구진은 사람들의 통화 기록, 앱 사용 내역, 현재 위치 등의 자료를 통해 감정적 상태를 예측했다. 이 알고리즘의 정확도는 처음에는 66퍼센트였으나 두 달에 걸친 훈련 결과 93퍼센트까지 올라갔다.[8] 에어컨을 예로 들면 사용자가 온도를 설정하고 일일이 조작할 필요 없이 사용자가 가장 쾌적함을 느끼는 실내 상태를 만드는 기능을 갖추어야 시장에서 성공하게 된다. 이러한 감성형 기술의 꼭대기에 감정인식 로봇이 위치한다.

감성형 기술이 적용된 전자제품을 선호하는 사람들이라고 해서 감정인식 로봇과 대화를 하거나 연애를 하고, 나아가 섹스 관계로까지 이어지는 것을 모두 달가워하지는 않는다. 로봇 인류학자인 영국 드몽포르 대학의 캐슬린 리처드슨 Kathleen Richardson 박사는 2015년 섹스로봇을 금지시키자는 캠페인을 시작했다. 이는 섹스로봇의 보급이 임박했음을 알리는 신호이기도 하다.

리처드슨은 "애초에는 섹스로봇이 아무에게도 해를 끼치지 않고 성인 여성이나 아동에 대한 성적 학대를 줄일 것이라고 기대했으나 연구 결과 그 반대라는 것을 알게 됐다"면서 섹스로봇 금지 운동의 배경을 설명했다.[9] 성적 욕구 충족만을 위해 고안된 섹스로봇은 여성에 대한 고정관념을 강화하고 인간관계에서 육체적인 것 외에는 필요 없다는 관점을 심어준다는 것이다. 로봇과의 관계에서는 상대의 마음을 읽고 그에 따라 반응하는 절차가 필요 없다. 섹스로봇은 사용자의 욕구를 무시하거나 거부하도록 프로그램되지 않기 때문이다. 이런 로봇과의 관계가 인간과의 관계에도 적용되어 여성과 아동을 더욱 성적으로 대상화할 것이라는 우려다.

섹스로봇의 출시가 임박했지만 현재 시점에서 그 순기능과 역기능 가운데 무엇이 더 클지를 판단하기는 어렵다. 진짜 문제는 섹스로봇이 실제 연인 간의 관계, 사람들 간의 관계에 장기적으로 어떠한 영향을 끼칠지 알지 못한 채 우리의 삶에 도입된다는 점이다. 기술과 욕망의 속성상 '타인에게 무해함'과 '개인용'을 내세우는 이런 은밀한 도구의 개발과 사용을 사실상 통제할 수 없다. 내가 섹스로봇을 구매하거나 사용할지와는 별개로, 조만간 우리 사회는 섹스로봇과 함께 살아가야 할 운명이다. 연인이나 미래의 배우자가 섹스로봇 사용자일 수도 있고 사무실에서 마주보는 동료도 애용자일 수 있다. 사람들 간의 관계에 로봇과 기계가 깊숙이 들어오게 됐을 때 우리가 서로 관계 맺는 방식이 어떻게 달라질지는 예측하기 어려운 미지의 영역이다.

반려로봇의 합동 장례식

2015년 1월 일본 지바현의 한 사찰에서는 수명이 다한 로봇 강아지들을 위한 합동 장례식이 열렸다. 로봇 강아지들은 목에 주소와 주인의 이름이 쓰인 명패를 달고 주지 승려의 집전으로 합동 천도재를 지냈다.[10]

일본 소니가 1999년부터 판매한 아이보Aibo라는 로봇 강아지의 천도재였다. 아이보는 일본어로 '짝', '동료'라는 의미다. 소니는 25만 엔에 아이보를 출시하고 6년간 다섯 차례에 걸쳐 모델을 업그레이드 하면서 15만 대가량을 판매했다. 추가 수요가 많지 않아 소니는 2006년 초 아이보 사업 철수를 선언했지만 운영체제나 부품 공급 등 사후 서비스는 계속 제공해왔다. 하지만 수익성이 악화된 소니는 2014년 3월 부품 부족을 이유로 아이보에 대한 사후 서비스를 중단하겠다고 발표했다. 관절이 많고 움직이는 로봇의 특성상 1년에 1회가량 서비스를 받아온 아이보 주인들에겐 반려로봇의 사망예고 통지가 날아온 셈이었다. 고장이 나면 더 이상 수리가 불가능하다는 현실 앞에서 아이보 주인들은 마치 반려동물의 죽음을 맞은 것처럼 사찰에서 극락왕생을 기원하는 천도재까지 지낸 것이다. 결과적으로 생산자와 구매자는 의도하지 않았겠지만 로봇 강아지의 수명이 열 살을 넘기면 늙어서 죽음을 맞는 실제 개의 평균 수명과 비슷해진 셈이다.

비글 모양에 무게 1.4킬로그램의 아이보는 먹이가 필요 없고 대소변도 보지 않는다. 이따금 다리를 들고 소변 소리를 내지만 귀여운 흉내일 뿐이다. 간단한 음성 명령을 알아들어 춤추는 등의 재롱을 부리기도 하는 아이보는 주인의 반응을 학습하는 인공지능이 있어서 시간이 지날수록 애착관계가 형성되는 현상을 보였다. 아이보는 자신의 감정을 60종류의 분장으로 표현할 수 있다. 주로 노인인 아이보 주인들은 아이보를 식사 때마다 식탁에 앉혀놓거나 여행지마다 데려가 함께 사진을 찍는 등 살아 있는 강아지처럼 대하면서 생활했다.

제조사가 서비스를 중단했지만 아이보 주인들은 민간 수리업자에게 의뢰해 반려로봇의 수명을 연장하고 있다. 부품은 고장 난 다른 아이보 주인들로부터 '장기 기증' 형태로 조달했다. 2018년 소니는 아이보에 인공지능 기술을 적용해 업그레이드한 뒤 일본과 미국 시장에 재출시했다.

아이보 사례에서 보듯 사람과 감성적 소통을 할 수 있는 반려로봇은 유용성이 많다. 사회적 동물인 인간은 관계를 지향하고 관계 속에서 만족을 느낀다. 관계가 단절되고 소통할 상대가 없으면 정신적, 신체적 질환이 찾아온다. 사람은 말 상대 또는 감정적으로 소통할 상대를 필요로 하지만 다양한 사유로 인해 적절한 파트너나 배우자를 만나지 못하는 이들도 있다. 또한 배우자에게 만족하지 못하고 괴로워하는 사람들에게 반려동물처럼 반려로봇도 소중한 상대가 되어줄 수 있다. 사람의 말을 알아듣고 반응하는 것은 물론 간단한 대화도 가능하고, 인공지능의 머신러닝 기능을 통해 사용할수록 사용자와의 친밀관계가 형성된다. 실제 강아지와 달리 먹이를 줄 필요도, 대소변을 처리할 필요도, 주기적으로 병원에 데려갈 필요도 없다. 반려동물은 아무리 기쁨을 주는 존재였어도 결국 병들고 죽고 이별해야 하지만 반려로봇은 다르다. 아이보와 달리 고장 나지 않고 수명을 다하지 않는 로봇이 가능하다. 강아지는 주인에게 끝없는 관심과 애정을 요구하지만 반려로봇은 그렇지 않다. 일주일 24시간 내내 나를 위해 대기하고 있다가 내가 원하는 방식대로 나에게 맞춰 소통한다. 내가 원할 때만 관심을 주더라도 절대로 삐치거나 토라지지 않는 친구다. 로봇은 피로도 불평도 모른다.

　주변의 한 독신 여성은 영화 〈그녀〉를 감상한 뒤 "미팅에서 만나는 눈치 없는 남자들보다 영화의 사만다처럼 내 감정과 필요를 제대로 이해해주는 로봇 친구가 낫겠다는 생각이 들었다"라는 소감을 털어놨다. 작동할 때마다 "증기를 배출합니다", "백미 취사가 완료되었습니다"라는 녹음된 음성메시지가 나오는 '말하는 압력밥솥'에도 친근감을 느끼며 "그래, 고마워"라고 대꾸하는 경우도 있다. 독신 생활을 하는 한 동료는 "주말 이틀 동안 내가 대화한 상대는 밥솥이 유일했어. 변함없는 나의 파트너야"라고 우스개를 하곤 한다. 수명이 늘어나 홀로 지내는 노인들이 많지만 그들을 돌볼 인력이 절대적으로 부족해지는 고령화 사회, 전통적 의미의 가족이 해체되고 결혼과 출산 등을 기피하며 1인 가구가 늘어나는 독신 사회에서 반려로봇에 대한 사회적 수요가 증가하는 것은 필연적이다.

　감정을 인식하지만 의식을 가진 존재는 아니라는 점에서 로봇이 편한 경우도 많다. 양로원의 노인들은 로봇이 목욕을 시켜주는 것이 더 좋다고 말한다. 수치심이 덜하기 때문이다. 치매 환자나 자폐 환자에게 지속적으로 반복적 커뮤니케이션을 시행하는 치료 과정도 사람보다 로봇이 더 적절하다. 일본에서는 노인이나 환자를 침대에서 들어올려 이동시켜주는 곰 모양의 간호로봇 '로베어Robear'도 개발됐다.¹¹ 스스로 몸을 가눌 수 없게 되어도 품위와 자존감을 잃지 않고 독립적 삶을 영위하도록 도와주는 고령화 사회의 동반자다. 심리 상담을 받는 사람들이 상담치료사보다 상담로봇을 상대하는 경우에 더 솔직해진다는 연구도 있다. 기계는 감정이 없으므로, 부끄러움을 느끼거나 조롱당할 걱정 없이 자신의 이야기를 털어놓을 수 있다는 것이다. 누구도 내 말에 감정적 영향을 받지 않을 것이라는 생각에서 사람보다 기계 앞에서 더 솔직해질 수 있다는 얘기다. 사람과 달리 반려로봇은 한눈팔지 않고 나에게만 집중하고 내가 말한 모든 것을 기억한다. 사람의 모습과 행태를 띠고 인간의 내밀한 관계와 생활 속으로 들어오려는 로봇에게 거부감을 지니는 사람들일지라도 이러한 감성형 로봇의 사회적 필요에는 긍정적인 경우가 많다. 고령화 사회에서 수요가 크게 늘어날 돌봄 기능을 수행하는 데는 로봇이 유용하기 때문이다.

반려로봇에 사람들이 점점 빠져드는 데는 반려 상대를 필요로 하는 고령화 사회, 독신 사회의 진전과 함께 로봇이 사람의 감정과 반응을 인식하는 기술을 빠르게 습득해가고 있다는 기술적 배경이 있다. 로봇이 사람의 파트너가 되기 위해 외모만 멋지게 꾸미는 것이 아니라 상대의 마음을 읽는 능력까지 개발하고 있는 것이다.

로봇은 어떻게
감정을 느끼는가

미국 소프트웨어 기업 비헤이비어 매트릭스Behavior Matrix는 글에 담긴 감정을 추출해 분석하는 '스마트뷰 360' 시스템을 개발했다.[12] 뉴스 보도, 소셜미디어, 블로그 등 300만 건이 넘는 자료에서 대화록을 수집해 글에 담긴 감정을 추출하는 기술이다. 즉 어떠한 감정적 요인이 사람에게서 특정한 행동을 이끌어 내는지를 알려주는 기술인 셈이다. 기업이 이 기술을 활용해 마케팅 전략을 세울 경우 새로운 시장이 열릴 수 있다. 2015년 IBM은 슈퍼컴퓨터 왓슨을 이용한 문장 분석 서비스인 톤 애널라이저Tone Analyzer를 내놓았다. 문장에서 맞춤법이나 문법을 고치는 수준을 넘어서서 글쓴이의 감정이나 사회성까지 분석해준다.[13]

사람의 감정이 어떻게 타인의 영향을 받는지 그 구조를 알게 되면 상대방이 특정한 감정을 느끼도록 만들 수 있다. 2014년 3월 미국 〈국립과학원회보PNAS〉에 실린 페이스북의 '감정 전염' 논문은 연구 방법이 드러나면서 '감정 조작' 실험이라는 비난을 받았다. 페이스북의 데이터 과학자들은 미국 대학 연구진과 함께 약 70만 명을 상대로 뉴스피드를 조작함으로써 감정 변화를 연구했다. 일주일 동안 사용자들의 뉴스피드를 조작한 결과 긍정적 글에 많이 노출된 이용자는 긍정적 글을 더 많이 생산하는 경향을 보였다. 페이스북은 사용자들이 다른 사람들의 글에 얼마나 감정적 영향을 받는지를 알아보는 것이 연구 동기라고 해명했지만 소셜미디어에서 모르모트 취급을 받은 사용자들은 거세게 반발했다. 이런 조작 실험은 소셜미디어에 사용자의 다양한 감정이 그대로 표현되어 남아 있기 때문에 가능한 것이었다.

시각은 사람이 전체 감각의 70~90퍼센트를 의존하는 절대적인 감각으로, 로봇도 시각을 활용한다. 구글은 2012년 인공신경망과 머신러닝을 통해 1000만 개의 유튜브 동영상에서 고양이를 식별해내는 능력을 선보였다. 사람이 입력한 특정 정보에 맞는 이미지를 찾는 것이 아니라 머신러닝 방식을 통해 인공신경망이 방대한 양의 이미지 데이터에서 스스로 고양이 사진을 식별해낸 것이다.

컴퓨터의 눈은 물체와 동물을 식별하는 수준을 넘어서서 사람의 얼굴 표정까지 분석하고 있다. 페이스북, 애플, 구글은 물론 카메라 업체들도 사람의 얼굴을 식별해내는 기능을 갖추고 각종 서비스에 이미 활용 중이다. 수많은 사람들이 찍힌 사진에서 특정인을 식별하면 그가 누구인지를 알 수 있고 표정을 읽어내면 그 사람의 감정 상태까지 파악할 수 있다.

비약적으로 발달하는 컴퓨터와 인공지능 기술이 사람과 로봇의 구분선을 희미하게 만들고 있다. IBM의 슈퍼컴퓨터 왓슨은 2011년 미국 ABC방송의 인기 프로그램 〈제퍼디 쇼〉에서 인간 퀴즈 챔피언을 꺾고 우승했다. 한국전자통신연구원ETRI이 개발한 한국어 인공지능 엑소브레인Exobrain도 2016년 12월 31일 방영된 〈장학퀴즈〉에서 대입수능시험 만점자, 장학퀴즈 기장원 등 퀴즈 최강자 네 명과의 대결에서 승리를 거뒀다. 이는 인공지능이 영어만이 아니라 한국어 일상언어를 거의 완벽하게 이해했음을 의미한다. 2014년 6월 러시아와 우크라이나 개발진이 만든 13세 소년 '유진 구스트만'은 60여 년 만에 튜링 테스트를 통과한 첫 인공지능이 됐다. 인공지능과 사람을 구분할 수 없는 시점이 도래한 것이다.

인공지능 분야의 기술 발달이 막대한 컴퓨팅 능력을 사용하는 클라우드 컴퓨팅과 소셜미디어에서 생산된 다양한 형태의 빅데이터와 결합되어 로봇 두뇌에 장착된다. 독립된 컴퓨터칩으로 작동하던 과거 로봇과 달리 네트워크 기능을 갖춘 최신 반려로봇은 인터넷을 통해 클라우드 컴퓨팅 능력을 활용할 수 있으므로, 막강한 인지능력과 표현 능력을 지니게 된다. 우리가 스마트폰은 물론 스마트워치 같은 웨어러블 기기를 늘 지니고 다니면서 정교하고 다양한 데이터를 만들어낼 미래에 반려로봇은 우리의 감정을 더욱 섬세하게 파악하게 된다. 특정한 행위를 하거나 표현을 접하면 로봇은 혈압과 맥박, 혈중 산소포화도의 변화를 감지하고 이를 학습하게 된다. 영화를 보거나 게임을 할 때, 공포스러운 장면이나 러브신이 나올 때 사람의 맥박과 혈중 성분이 어떻게 달라지는지를 데이터로 만들고 분석할 수 있다. 마이크로소프트가 내놓은 동작인식 게임기 키넥트Kinect는 이미 사용자가 게임을 하면서 느끼는 감정을 파악하기 위해 사용자의 심장박동과 신체 움직임을 추적하고 있다.

이제 사람의 감정 표현을 파악하는 데는 오히려 컴퓨터가 사람보다 뛰어나다는 것이 밝혀졌다. 알데바란 로보틱스가 2010년 개발한 감성형 로봇 나오Nao는 다른 사람들의 감정이나 반응을 파악하는 데 어려움을 겪는 자폐증 어린이들이 감정 상태를 식별하는 훈련을 하도록 도와준다.

로봇 개를 발길질하는 것은
잔인한가

감정인식 로봇이 매 순간 우리의 움직임과 감정을 섬세하게 모니터링하면서 반려로봇으로의 기능을 수행하게 되면 우리에게는 어떠한 변화가 일어날까? 아이보 주인들처럼 로봇과 함께 살면 자연스럽게 로봇과의 감정적 유대가 형성될까?

구글에 인수된 로봇업체 보스턴 다이내믹스가 2015년 2월 자사에서 만든 로봇 개의 자세 제어 능력을 과시하기 위해 발로 차는 실험을 하는 동영상을 공개했다. 사람의 발에 걷어차인 4족 보행 로봇 스폿이 휘청하더니 이내 균형을 잡고 계속 앞으로 이동했다. 영상을 시청한 많은 사람들이 뜻밖에 불편한 감정을 제기하고 나서면서 논란이 일었다. 스스로 보행하는 개처럼 생긴 로봇에게 발길질하는 것이 윤리적 행위일 수 있느냐는 의문이 생겨난 것이다. 스폿이 로봇이라는 것을 누구나 알고 있지만 개처럼 걷는 물체가 충격을 받고 휘청했다는 사실에 적지 않은 감정이입이 일어난 것이다. 장례식을 치러주며 아이보를 애도한 일본 노인들이 유별난 것이 아니었다.

기계장치에 불과한 로봇에게 감정이입을 하는 것은 새삼스러운 현상이 아니다. 일찍이 1960년대 중반 미국에서 떠들썩한 논란을 불러온 '일라이자 효과 Eliza Effect'가 있다. MIT의 컴퓨터공학자 조지프 와이젠바움 Joseph Weizenbaum은 1966년 스스로 작동하는 컴퓨터 심리 상담 프로그램을 개발해 일라이자라고 이름 붙였다. 일라이자라는 이름은 영화 〈마이 페어 레이디〉의 원작인 조지 버나드 쇼 George Bernard Shaw의 희곡 〈피그말리온〉에서 유래했다. 〈피그말리온〉은 음성학 교수 헨리 히긴스가 촌티 나는 하류층 처녀에게 상류층의 영어를 가르쳐서 사교계 명사로 만들고 결국 동반자로 삼는다는 이야기로, 주인공 처녀의 이름이 일라이자 두리틀 Eliza Dolittle이다. 이런 이름을 가진 일라이자 프로그램은 상담받는 사람의 말을 되받아 반복하면서 적절하게 공감하는 어투로 반응을 하는 단순한 수준의 자동 채팅 프로그램이다. 일라이자는 심리치료사를 가장하고 사람들을 상대로 상담을 하는 실험을 진행했다.

아래는 와이젠바움이 소개한, 초기 피험자인 젊은 여성과 일라이자가 주고받은 대화의 일부다.[14]

> 피험자: 남자들은 모두 똑같아요.
> 일라이자: 어떤 식으로요?
> 피험자: 그들은 언제나 이런저런 일로 우리를 괴롭히고 있어요.
> 일라이자: 특별한 예를 생각할 수 있나요?
> 피험자: 글쎄, 내 남자친구는 내가 이곳에 오도록 했어요.
> 일라이자: 당신의 남자친구가 당신을 이곳에 오도록 했군요.
> 피험자: 그는 내가 거의 늘 우울해한다고 말해요.
> 일라이자: 우울하다는 소리를 들었다니 안됐네요.
> 피험자: 사실이에요. 나는 불행해요.
>
> (하략)

일라이자는 미국 전역에서 높은 관심을 불러일으키면서 사람들이 기계와의 대화에 빠져드는 '일라이자 효과'를 만들어냈다. 일라이자는 상담하는 사람에 대해 아무것도 알지 못한 채 단지 그의 말을 되받으면서 적절하게 공감하는 시늉만 했을 따름인데도 상담을 받은 사람들은 자신이 기계와 만났다는 생각은 하지 못하고 대화에 깊이 빠져들었다. 와이젠바움 교수가 일라이자의 코드를 짜는 것을 옆에서 지켜본 까닭에 일라이자가 컴퓨터 프로그램이라는 것을 명확하게 알고 있던 그의 비서와 제자들마저 일라이자에 깊이 빠져들어 내밀한 속이야기를 털어놓았다. 정신과 의사들은 심리치료사가 부족한 정신병동에 일라이자를 배치해 정신질환자들을 치료하자는 제안을 할 정도로 호의적으로 반응했다.

와이젠바움 교수는 자신이 개발한 초보적 인공지능인 일라이자에 너무나 많은 사람들이 쉽게 빠져들고 진지한 관계를 맺는 것을 보고 큰 충격을 받았다. 그는 기계가 사람을 기만하는 상황에 대해 고민했다. 그는 인공지능의 초기 개발자였음에도 인공지능에 대한 근본적 성찰을 시작했고 이후 정보화 기술과 인공지능의 주요 비판자로 나서는 일대 전환을 하게 된다.

사람들이 단순한 채팅봇에 매혹된 '일라이자 효과'는 반세기가 지나 본격적으로 인공지능 로봇과 감정인식 로봇, 반려로봇과 더불어 살아갈 우리에게 중요한 점을 시사한다. 감정을 분출하고 투사하는 행위만으로도 심리적 치료 효과가 있다는 것은 프로이트의 얘기이기도 하고 널리 공유된 상식이기도 하다.

로봇은 슈퍼컴퓨터의 자원을 클라우드 컴퓨팅으로 이용하는 등 기존의 첨단기술을 통해 더욱 완벽하게 사람의 생각과 감정을 이해하고 스스로 감정적 존재처럼 행동한다. 사람이 말하는 내용을 알아듣는 것은 물론 표정, 눈동자 움직임, 유성, 음색, 동자, 맥박, 혈액의

성분 변화를 파악하고 전 세계 수많은 사람을 대상으로 실시된 연구 결과와 비교해 정교한 감정 인식을 한다. 구글의 엔지니어링 이사를 맡고 있는 발명가이자 인공지능 연구자인 미래학자 레이먼드 커즈와일Raymond Kurzweil은 2029년이면 인공지능을 사람과 구별하기 어려울 것이며 의식을 가진 존재로 간주해야 할 것이라고 주장한다.

우리는 사람의 감정을 인식하고 감정을 지닌 존재처럼 행동하는 로봇을 어떻게 대하게 될까? 공감해주는 일라이자와의 대화에 빠져들고 재롱을 피우던 아이보의 죽음에 슬퍼했던 것은 그들이 고독감에 시달리던 심신 미약자들이었기 때문이 아니다. 발길질당한 로봇개에게 측은한 감정이 일어난 것처럼 우리의 의식이 자연스럽게 대응한 것뿐이었다. 《관계의 본심》 저자인 스탠퍼드 대학 심리학자 클리퍼드 나스Clifford Nass는 말을 하는 등 사람과 비슷한 방식으로 행동하는 대상과 마주치면 우리 뇌는 무의식적으로 그 대상을 사람처럼 여기는 기본 성향이 있다고 본다.

로봇과의 교감은 외로움에 사무친 사람들만의 일이 아니라 우리 모두가 직면할 가까운 미래의 모습이다. 미래에 우리는 사람의 감정을 인식하고 사람을 위한 맞춤형 서비스를 하면서 점점 더 사람을 닮아가 마침내 사람과 유사한 방식으로 감정 표현을 하고 사람과 소통할 반려로봇을 만나게 될 것이다. 갈수록 정교해져 사람처럼 대응하거나 끝내는 사람과 구분이 어려워질 감정인식 로봇을 우리는 어떻게 대할 것인가?

로봇의 감정 표현이 아무리 사람과 유사하더라도 실제로 로봇이 사람처럼 감정을 느끼는 것은 아니다. 그렇다면 로봇의 감정인식, 감정 표현 기술이 어떻게 만들어졌으며, 그것이 가져오는 효과와 더불어 해당 기술의 목적에 대해 생각해볼 필요가 있다.

로봇과의 교감이 가능해지는 것은 로봇이 사람을 만족시키기 위해 사람을 모방해 사람처럼 보이게 하는 표현 전략을 선택했기 때문이다. 정확히 말하면 로봇이 감정을 지니고 정서적 표현 능력을 갖춘 것이 아니라 사람이 로봇에게 그런 감정이 있다고 믿고 로봇의 감정 표현으로부터 영향을 받는 것이다. 로봇이 섬세하게 나의 기분을 맞추고 반응하는 덕분에 내가 로봇을 나에 대해 잘 아는 생명체처럼 여기더라도 이는 로봇의 내부가 아니라 내 마음에서 일어나는 현상이다. 로봇 내부는 아무런 '감정적 변화'도 생길 수 없는 구조로 설계됐다. 로봇을 살아 있는 생명체처럼 여기는 나의 관념이 있을 따름이다. 로봇과 사람의 관계를 통해서 느끼는 감정과 애착은 사람이 로봇에 대해 느끼는 것이지만 더 근본적으로는 사람의 의도와 설계에 따라 형성되는 감정이다.

로봇은 감정을 지닌 존재가 아니라 감정을 지닌 것처럼 보이도록 설계된 '감정연기 로봇'이라는 것이다. 영화 〈그녀〉에는 사만다와 사랑의 대화를 속삭이던 시어도어가 충격적 사실을 알게 되고 현실 감각을 되찾는 대목이 있다. 사만다가 시어도어와 대화하는 중에도 다른 8316명의 사람과 대화하고 있으며, 641명과는 시어도어처럼 사랑에 빠진 관계라는 사실을 털어놓는 장면이다. 시어도어는 자신이 사만다를 연인으로 대하는 것처럼 사만다에게도 자신이 배타적 연인

일 것이라고 믿었다. 그러다 641명과의 동시 연애라는 로봇적 현실을 접하고 충격에 빠졌던 것이다. 사람과 달리 컴퓨터 프로그램은 설계된 대로 작동하기 때문이다. 운영체제인 사만다는 여러 개의 과업을 동시에 병렬처리하도록 설계된 프로그램이다.

이처럼 로봇과의 교감이 가능해진 환경에서 우리는 어떻게 로봇과 사람을 대해야 할까?

로봇이 아니라 사람과 감정적 관계를 맺고자 하는 사람들은 이제 감정인식 로봇의 설계 의도와 작동 방식을 읽어낼 수 있어야 한다. 이를 위해서는 각자 자신의 감정과 공감을 성찰하고 그 본질적 기능에 대해 숙고해야 한다. 공감 능력을 지닌 로봇이 우리에게 알려주는 가르침이다. 이는 로봇이 모방할 수 없고 연기할 수 없는, 공감 과정에서 느끼는 나로부터 '분리 불가능한' 상태와 경험이라고 생각하는 것이 무엇인지를 알아차리는 과정이다. 감정적 연기 능력을 갖추고 사람을 속일 수 있게 된 로봇은 감정적 동물인 인간에게 감정의 본질을 묻는다. 로봇이 사람의 감정을 흉내 낼 수 있다면 사람만의 감정적 본질은 무엇인가?

인간에게 감정이란

감정의 본질을 이해하기 위해서는 우리가 사람을 대할 때의 감정과 로봇을 대할 때의 감정을 비교해보아야 한다. 셰리 터클의 《외로워지는 사람들》의 원서인 영문판 부제는 "왜 우리는 서로에게 덜 기대하고 기계에 더 많은 것을 기대하는가 "Why we expect more from technology and less from each other"다. 기계에 더 많은 것을 기대하는 이유는 무엇일까?

일찍부터 로봇이나 기계와의 관계에 빠져드는 사람들의 태도와 심리를 연구해온 터클은 우리가 인터넷이나 로봇을 통해 형성하는 유대감은 서로를 결속시키는 것이 아니라 정신을 팔게 만드는 연결이라고 말한다. 터클 교수는 일라이자를 개발한 와이젠바움과 MIT에서 함께 근무하며 수년간 일라이자에 대한 사람들의 반응을 지켜보았다. 터클은 문제는 로봇이 아니라 사람의 태도라고 말한다. 일라이자의 인기는 사람들이 기계와의 대화를 선호해서라기보다는 다른 사람과 이야기하기를 꺼려서라는 것이다. 사람들이 일라이자에게 매혹된 것은 우리가 서로에게서 벗어날 수 있다는 환상에서 비롯하며, 이는 신뢰할 수 없는 사람들을 대체할 무엇이 있다는 기대를 반영한다.

감정적으로 불편해지는 일을 로봇에게 떠넘길 방법을 찾으면 우리는 그 길을 선택하게 된다. 이는 사회적으로 유용성이 클 것으로 기대되는 돌봄 기능의 반려로봇이 가져올 결과에서도 예견된다. 돌보는 일을 로봇에게 위임하게 되면 그 임무를 맡기는 사람에게도 변화가 불가피하다. 보살핌의 짐을 내려놓는 것은 사람이 다른 사람을 보살피던 인류의 오랜 생활 방식과 의무를 포기하는 것이다. 사회를 이루어 살아온 인간은 돌봄이 필요한 가족이나 동료를 방기하지 않고 보살펴왔다.

사회적 존재로서의 인간은 공감하는 감정적 동물을 의미한다. 고등한 생명체에게 감정과 애착이 어떤 의미를 지니는지를 알려준 유

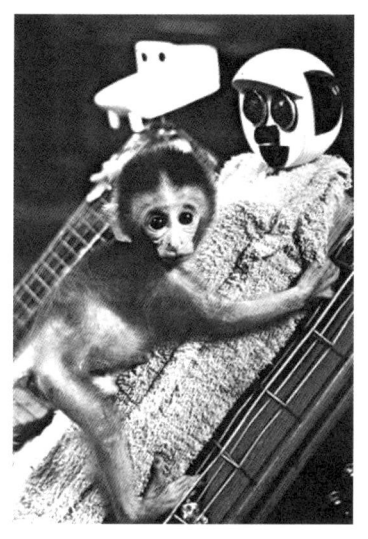

'헝겊엄마 철사엄마' 실험. 새끼 원숭이가 헝겊엄마에게 매달려 있다. 실험을 목적으로 새끼 원숭이들을 인위적으로 어미로부터 떨어뜨려놓고 불안한 상태에 장기간 노출한 할로의 이 실험은 동물실험에 대한 윤리 운동을 불러온 주요 계기로 언급되기도 한다.

명한 동물실험이 있다. 1950년대 미국 위스콘신 대학의 심리학자 해리 할로Harry Harlow가 실시한 '헝겊엄마 철사엄마' 실험이다. 젖을 먹어야 하는 24개월 미만의 새끼 원숭이들을 어미 원숭이와 떼어놓고 두 종류의 엄마를 함께 제공했다. 가슴에 우유병을 달고 먹을 것을 주는 '철사로 만든 엄마'와 먹을 것을 주지 않지만 부드러운 감촉을 주는 '헝겊으로 만든 엄마'와 함께 한 우리에서 살게 했던 것이다. 할로는 엄마에 대한 인식이 형성되지 않은 상태에서 새끼 원숭이들은 본능적으로 먹을 것을 주는 엄마에게로 기고 애착관계를 형성할 것이라고 예상했다. 하지만 새끼 원숭이들은 반대로 행동했다. 새끼 원숭이는 먹을 때를 빼고는 대부분의 시간을 헝겊 엄마와 보냈다. 불안한 환경에서는 배가 고픈데도 먹을 것을 주는 철사 엄마에게 가지 않고 헝겊 엄마에게만 매달려 있었다. 아기들이 엄마를 좋아하는 이유가 배고픔 같은 본능적 욕구보다 정서적 욕구에 있음을 보여준 것이다.[15]

이 실험은 무엇보다 우리가 감정적 존재라는 사실을 알려준다. 다른 사람의 상태에 공감하기 때문에 누군가의 고통을 보면 감정이 불편해지고 그 결과가 보살핌으로 이어진다. 이처럼 타인의 고통에 공감하는 것을 맹자는 측은지심이라 하여 인仁의 시작이라고 설파했다. 기독교에서는 '선한 사마리아인'을 기려왔다. 공감과 돌봄은 힘들고 수고로워 보이지만 생명체로서 우리가 진정 사람다워지는 본질적 속성이다. 우리가 그런 돌봄과 부양의 짐을 로봇에게 벗어던지고 자유로워진다면 우리는 생명체 고유의 공감 능력을 잃어버릴 수도 있다. 로봇이 사람의 감정을 인식하고 표현할수록 사람은 오히려 로봇처럼 되어버릴지도 모른다.

사회적 존재라는 속성은 인류의 생존과 진화를 특징짓는 개념인데, 진화생물학적 연구에서는 이를 '거울 뉴런mirror neurons'으로 설명한다. 1996년 이탈리아 생리학자 자코모 리촐라티Giacomo Rizzolatti는 거울 뉴런의 기능 덕분에 사람은 다른 사람의 생각이나 행동을 자신의 것처럼 이해할 수 있다는 사실을 밝혀냈다. 리촐라티는 "거울 뉴런으로 다른 사람의 마음을 이해하지만 이는 개념적 추리, 즉 생각이 아닌 느낌을 통해서 이해하는 것이다"라고 말했다.[16]

다른 사람의 고통과 기쁨에 공감할 줄 아는 능력 덕분에 사회적 존재로서 인류는 생존하고 번영할 수 있었다.

감정은 기본적으로 이성적, 의지적 통제가 가능한 영역이 아니다. 여러 이유와 상황으로 인해서 다양한 감정을 느끼게 되는 것을 피할 수 없다. 특정한 감정을 제거하고 스스로의 감정을 통제하기 위해서 고도의 훈련을 하는 종교와 수련집단도 있지만 도달하기는 어려운 일이다. 감정적 존재로서 우리는 고통과 통증을 피하고 싶어 하지만 그럴 수가 없다. 마취, 진통제와 같은 기술은 우리가 고통과 통증을 피할 방법을 제공했다. 사교와 돌봄 기능을 대신할 반려로봇은 우리가 사람과의 관계에서 피하기 어려운 정서적 부담을 회피할 방법을 제시하는 도구이기도 하다. 로봇과 감정적 유대를 경험한다는 것은 사람과의 관계에서 불가피하게 느끼게 되는 다양한 감정들 중에서 내가 원치 않는 감정들을 제거하고 필요로 하는 감정만으로 관계를 맺는다는 의미다. 인간관계에서 만족감을 느끼기도 하지만 동시에 피로감을 느끼는 배경에는 내가 통제할 수 없는 감정 상태를 경험하게 된다는 점과 상대의 요구와 기대를 충족시켜야 한다는 점이 있다. 일라이자의 사례처럼 로봇과의 관계는 교감으로 보이지만 사실은 상대가 나에게 요구하는 것이 없는, 의무 없는 편안한 관계다.

사람에게 감정은 신체의 통증이나 고통과 유사하다. 통증은 피하고 싶은 괴로운 현상이지만 사실은 생존을 돕는 생명유지 장치이다. 통증 덕분에 우리는 위험과 신체의 상태를 지각할 수 있고 더 큰 고통을 피하면서 생명을 보존할 수 있다. 감정도 유사하다. 감정에 의해 좌우되는 존재인 우리는 원하지 않더라도 다양한 감정들을 느끼도록 되어 있다. 우리가 통제할 수 있는 로봇을 통해서 느끼고 싶지 않은 감정을 제거하고 필요로 하는 감정만 누리려는 시도가 감정인식 로봇의 등장 배경이라고 볼 수 있다.

토라지지 않고 요구 사항 없이 나에게 맞춰주는 로봇은 나와의 교감에서 우울, 상실, 불안, 공포, 슬픔, 분노, 좌절과 같은 감정을 제공하려고 하지 않을 것이다. 이런 감정들의 대척점에 있는 감정 상태 위주로 교감이 이뤄지도록 감정인식 로봇은 설계될 것이다. 짝을 이루도록 되어 있는 인간의 감정체계에서 로봇은 우리에게 어두운 한쪽을 제거할 방법을 제시하는 것으로 보인다. 하지만 외로움은 만남과 관계의 기쁨을 알려주는 상대적 감정이며, 상실과 좌절은 성취를 위한 시도로 이끌어주는 동력이기도 하다. 끝없는 감각적 쾌락을 추구했으나 결국 돌아온 것은 고통이었다는 것이 오래된 '쾌락주의의 역설paradox of hedonism'이 알려주는 가르침이다.

의식 현상에 대해 연구해온 인공지능 연구자들은 최근 다양한 관측도구와 실험 결과를 통해 의식의 핵심이 감정이라는 사실을 깨닫기 시작했다.[17] 인간의 의식은 오랜 진화 기간을 거치면서 많은 비정상적 요인에 영향을 받았고 이는 다양한 형태의 편향성을 형성했다. 인공지능은 사람의 의식처럼 비합리적 편향을 내재할 이유가 없으며, 감정에 휩싸여 비이성적이고 예측 불가능한 판단을 하지도 않는다. 사람이 감정적 존재라는 것은 인간이 어떠한 상황에서든 예측 불가능한 행동을 할 수 있다는 의미다. 그것은 분노와 모욕을 참지 못한 충동적 살인일 수도 있고 목숨을 내던지는 살신성인의 결단일 수도 있다. 결함투성이이자 통제가 어려운 인간의 감정은 인간을 예측 불가능한 존재로 만드는 핵심 특징이다.

한 시인은 "울지 마라. 외로우니까 사람이다"라고 읊었지만 인공지능 시대는 기술을 통해 우리의 다양한 감정 스펙트럼에서 외로움 따위는 없앨 수 있을 것이라는 기대를 제시하고 있다. 외로움 있는 관계와 외로움 없는 관계, 우리가 진정으로 원하는 것은 무엇인가? 감성형 로봇이 우리에게 던지는 진짜 질문은 타인의 영향이 불가피한 기존의 관계 방식을 택할 것인가, 아니면 모든 것을 내가 통제하면서 원하는 감정만을 누리는 새로운 관계 방식을 선택할 것인가라는 물음이다.

Chapter 8

인공지능 과학

인공지능의 특이점, 로봇은 과연 인간을 위협하게 될까

"인공지능 연구는 악마를 불러오는 것과 다름없다."_**일론 머스크, 테슬라 CEO**

사람을 능가하는 인공지능 연구가 악마를 불러들일 것이라는 우려에도 인공지능 연구는 경쟁적으로 이뤄지고 있다. 기술의 진보는 생명체의 진화처럼 선택이 불가능한 속성을 지니기 때문이다.

인공지능이 사람의 말을 알아듣고 명령을 실행하는 똑똑한 기계가 되는 것은 반길 일인가, 아니면 사람보다 똑똑한 기계의 등장은 주인과 노예의 관계를 역전시키는 재앙이 될 것인가?

뛰어난 성능의 인공지능과 로봇의 개발에 관한 외신 보도가 잇따르는 가운데 세계적 석학들이 인공지능의 개발이 결국엔 인류의 파멸로 이어질 것이라는 경고를 내놓기 시작했다.

영국의 세계적 물리학자 스티븐 호킹Stephen Hawking은 2014년 "인공지능은 결국 의식을 갖게 되고 인간의 자리를 대체할 것"이라며, "생물학적 진화 속도보다 과학기술의 진보가 더 빠르기 때문"이라고 말했다. 그는 2015년 런던에서 열린 한 콘퍼런스에서 인공지능의 발전이 인류의 종말을 가져올 수 있다고 거듭 경고했다.

앨런 튜링Alan Turing이 1950년대 생각하는 기계를 염두에 두고 사람과 인공지능을 구별하는 방법을 고민한 이래 인공지능 개발이 가속화되어왔고, 사람과 같은 인공지능이 등장할지에 대해서는 낙관과 비관이 교차해왔다. 인공지능은 사람처럼 또는 사람과 비슷하게 인지적 기능을 수행할 수 있는 컴퓨터 프로그램을 말한다. 기본적으로 보고 듣고 읽고 말하는 능력을 갖춤으로써 사람과 대화할 수 있을 뿐만 아니라 지적 판단이 필요한 상황에서 사람처럼 합리적 결정을 내릴 수 있어야 한다.

인공지능에 대한 전 지구적 대책과 경각심을 촉구하고 나선 과학기술 전문가들의 명단에 스티븐 호킹 말고도 빌 게이츠, 일론 머스크, 스티브 워즈니악 등 저명한 이들이 여럿 포함되어 있다. 인공지능 분야에서 무슨 일이 일어난 것일까?

컴퓨터,
체스의 신을 꺾다

1997년 5월 7일 뉴욕 맨해튼의 TV 방송용 스튜디오. 전 세계 수억 명에 이르는 체스 애호가들의 눈과 귀가 집중된 세기의 체스 대결이 진행됐다. IBM이 체스 경기를 위해 제작한 슈퍼컴퓨터 딥 블루Deep Blue와 세계 체스 챔피언 가리 카스파로프Garri Kasparov의 대결이었다. 딥 블루가 상대로 선택한 러시아 출신 체스 천재 가리 카스파로프는 스물두 살이던 1985년 최연소 세계 체스 챔피언에 올랐다. 이후 20년간 세계 랭킹 1위를 놓치지 않았던 체스계의 전설적 존재다. 하지만 '체스의 신'으로 불리던 카스파로프는 19수 만에 딥 블루에게 백기를 들고 말았다. 즉시 "컴퓨터, 세계 챔피언과의 체스 대결에서 승리"라는 제목의 뉴스가 전 세계로 타전되며, 체스 역사상 우뚝한 이정표가 세워졌다. 컴퓨터 개발의 역사에도 새로운 이정표가 만들어졌다. "인공지능, 체스 경기에서 사람을 능가하다."

1997년 세기의 체스 대결. 컴퓨터 딥 블루가 인간 챔피언 카스파로프를 꺾었다.

이전에도 체스용 컴퓨터를 만들어 사람과 경기를 펼친 적이 있고 컴퓨터가 승리한 적도 있지만 딥 블루와 카스파로프의 대결은 달랐다. 10여 년간 세계 체스 챔피언을 유지해온 체스 달인과의 승부였기 때문이다. 인공지능 개발자들은 컴퓨터에게 체스를 가르치려고 부단히 노력했지만 사람을 상대하기엔 역부족이었다. 체스는 기계의 강력한 물리적 힘과 뛰어난 수학적 연산 능력만으로 승리할 수 있는 경기가 아니다. 수십 년간 진행된 고수들 간의 대국을 기억하고 복기하면서 매 상황에서 한 수 한 수가 갖는 의미를 생각하고 서너 수 이후의 형세를 읽어낼 수 있어야 한다. 가장 중요한 것은 상대의 수를 읽고 그 의도를 파악하는 능력이다. 상대는 특정 상황에서 정해진 경로를 선택하는 존재가 아니라 나를 기만하기 위해 다양한 수를 만들어내는 '마음을 가진 존재'다. 사람과 컴퓨터의 체스 대결은 사실 컴퓨터가 사람의 마음을 어느 정도까지 읽어낼 수 있느냐의 문제였다. 인지과학에서 사람의 특징이라고 말하는 '마음 이론'이다. 아무리 똑똑한 컴퓨터가 나오더라도 세계 체스 챔피언을 꺾기는 어려울 것이라고 체스 전문가들이 예상한 근거에는 사람만이 지닌 마음에 대한 신뢰가 있었다.

하지만 딥 블루는 사람의 마음을 읽는 법을 배우지 않고도 세계 챔피언 카스파로프와의 대결에서 승리했다. 딥 블루는 100년 이상에 걸친 고수들의 대국 결과를 입력해놓고 비슷한 상황에서 가능한 경우의 수를 판단했다. 그리고 매초 2억 개의 수를 분석했다. 사람의 사고 능력과 비교하면 7000만 배 빠른 속도다.[1]

1997년 딥 블루의 체스 승리 이후 인공지능의 지속 발달에도 불구하고 인공지능에게 바둑 정복은 '너무 먼 미래'였다. 체스와 달리 바둑에선 경우의 수가 우주의 원자보다 많기 때문에 연산능력의 강화로는 바둑 최고수를 제압할 시점을 감히 전망할 수 없었다. 2016년 3월 알파고-이세돌 9단의 대국, 2017년 5월 알파고-커제 9단의 대국은 인공지능의 놀라운 능력을 전 세계에 생생하게 전달한 사건이다. 2016년 1월 세계경제포럼 World Economic Forum에서 '제4차 산업혁명'을 미래 키워드로 제시했는데, 알파고는 이미 인공지능의 시대로 진입했음을 세기의 바둑 대결이라는 이벤트를 통해 증명했다.

알파고와 딥 블루는 인공지능의 중요한 특성을 알려준다. 그중 하나는 사람들끼리의 게임과 달리 기계와 사람 간의 대결은 기계가 한

번 승리하면 그걸로 끝이라는 사실이다. 철도 역사 초기에 마차와의 달리기 경주에서 기관차가 승리한 이후 더 이상 그와 유사한 대결을 벌일 이유가 사라졌던 것처럼 말이다. 기계는 전진만 할 따름이기 때문이다. 기계가 사람보다 뛰어나다는 점을 인정받으면 다음 대결에서 그걸 뒤집으려는 시도는 무망할 따름이다.

인공지능 분야에서도 마찬가지다. 기계가 한번 사람 수준의 능력을 보여주면 이후로 사람은 기계와의 대결에서 승리를 거두는 것이 사실상 불가능해진다.

인공지능 연구의
밀물과 썰물

프로그램되어 있는 특정 기능만 수행하는 존재가 아니라 사람처럼 생각하고 판단하는 것은 물론 인간의 사고 능력을 넘어서는 존재로서의 로봇과 인공지능은 할리우드 SF영화의 단골 소재다. 〈채피〉, 〈트랜센던스〉, 〈엑스 마키나〉 등은 물론이고 〈매트릭스〉, 〈블레이드 러너〉, 〈A.I.〉, 〈터미네이터〉, 〈아이, 로봇〉 같은 영화는 일찌감치 상업적으로도 성공을 거둔 인공지능 소재의 영화들이다. 그중 〈블레이드 러너〉(1982)는 미래에 대한 탁월한 상상력과 철학적 질문을 제기한 작품으로, 20세기 SF영화의 걸작으로 꼽힌다. 필립 딕Philip K. Dick의 1968년 SF소설 《안드로이드는 전기양의 꿈을 꾸는가?》를 원작으로 한 작품이다. 이미 50여 년 전부터 사람과 구별하기 어려운 정도로 발달한 인공지능에 관해 구체적으로 상상해왔던 셈이다.

인공지능에 대한 기대는 시대에 따라 부침을 겪어왔다. '인공지능artificial intelligence'이라는 용어가 본격적으로 등장하기 시작한 계기는 1956년 미국 다트머스 대학에서 열린 인공지능 콘퍼런스다. 이 용어를 처음 사용한 다트머스 대학의 컴퓨터 연구자 존 매카시John McCarthy가 허버트 사이먼Herbert Simon, 마빈 민스키Marvin Minsky 등 당대의 저명 과학자들을 초청해 개최한 이 콘퍼런스는 인공지능 연구의 기틀을 마련한 것으로 평가받는다. 이후 60년간 인공지능 분야에는 세 차례에 걸쳐 밀물과 썰물이 교차한다.

기계가 사람처럼 생각하는 기능을 가질 수 있을 것이라는 생각은 컴퓨터 기술의 발달에서 비롯했다. 영국의 천재 수학자 앨런 튜링은 이전까지 포탄의 각도 계산, 상대국의 암호 해독 등 특정한 기능만을 수행했던 연산기계인 계산기computer를 다양한 작업을 수행하는 '보편 연산기계'로 발달시킬 길을 열었다. 오늘날 컴퓨터와 인공지능의 기초로 평가받는 업적이다. 사람의 지능은 연산기계처럼 한 가지가 아닌 다양한 기능을 수행하는 것이 기본이다. 튜링은 1950년 논문〈계산 기계와 지능Computing Machinery and Intelligence〉에서 인공지능의 개념을 구체적으로 제시하고 기계가 사람과 유사한 정도의 인공지능을 가졌는지를 판별하는 기준으로 '튜링 테스트'를 제안했다. 이는 지금까지도 유효한 인공지능의 판별 기준으로 기능하고 있다.

튜링은 "기계가 사람처럼 생각할 수 있는가"라고 묻기 위해 우선 단어의 개념을 명확하게 정의하는 방법을 선택한다. 이는 '기계'와

'생각'이라는 단어를 측정 가능하고 판단 가능한 차원의 용어로 대체하거나 명료화하는 방법이다. 학술 연구에서 '조작적 정의operational definition'라고 부르는 방식이기도 하다. 튜링이 제시한 방식은 '흉내 내기 게임imitation game'이다. 심판은 얼굴을 보지 않은 채 컴퓨터로 두 대화 상대와 채팅을 하고 나서 상대방이 사람인지 컴퓨터인지를 알아맞히는 게임이다. 튜링이 흉내 내기 게임을 통해 주장한 것은, 만일 상당수의 심판이 채팅 상대를 사람으로 알았는데 사실은 컴퓨터였다면 그 컴퓨터는 사람처럼 생각하는 능력을 갖춘 인공지능으로 보아야 한다는 것이었다. 튜링 테스트는 "기계가 사람처럼 생각할 수 있는가"라는 추상적 질문을, "사람을 흉내 내는 기계가 5분 동안의 대화를 통해 30퍼센트 이상의 심판을 속일 수 있는가"라는 측정 가능한 형태의 실험 조건으로 변형시킨 것이다.

  사실 우리는 인터넷에서 일상적으로 튜링 테스트를 받고 있다. 인터넷에서 자동 프로그램이 글을 올리거나 서비스 회원으로 가입하는 것을 막기 위해 활용되는 캡차는 튜링 테스트를 활용한 기술이다. 캡차는 기계가 판독하지 못하도록 뒤틀리고 훼손된 문자나 숫자를 제시함으로써 글을 올리려는 사용자가 기계가 아니라 사람임을 입증하

캡차 CAPTCHA

CAPTCHA라는 약어에 튜링 테스트라는 표현이 포함돼 있다. '컴퓨터와 사람을 식별하는 완전 자동화된 튜링 테스트Completely Automated Public Turing test to tell Computers and Humans Apart'의 머리글자를 딴 것이 바로 CAPTCHA라는 약어다.

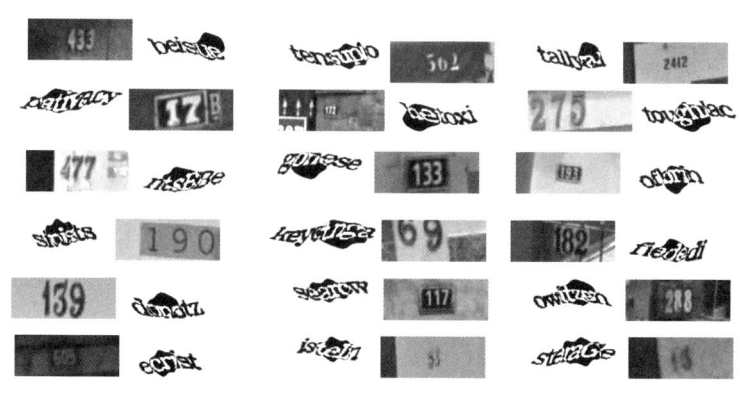

리캡차에 쓰이는 판독 데이터.

게 한다. 일부 캡차는 "당신이 기계가 아니라는 것을 증명하라"는 말로 서비스를 설명한다. 캡차 기술을 개발한 카네기멜론 대학의 루이스 폰 안Luis von Ahn은 이를 더욱 진보시킨 리캡차reCAPTCHA 기술을 만들어 내 기계가 식별할 수 없는 옛 문서들을 디지털화하는 혁신적 방법까지 선보였다. 사용자에게 두 단어를 제시해 입력하게 하는 캡차 형태의 방식인데, 앞 단어는 컴퓨터가 이미 알고 있는 어절이고 뒤의 단어는 디지털화하려는 문서의 일부다. 사람이 앞의 단어를 제대로 입력했다면 뒤의 단어 또한 제대로 입력했을 확률이 높은 것으로 보고 그렇게 입력한 내용을 통해 문서를 디지털화하는 방식이다. 앞의 단어가 제대로 입력됐는지는 컴퓨터가 이미 알고 있기 때문에 판단이 가능하다. 구글은 2009년 이 기술을 사들여 저작권이 만료된 오래된 서적을 디지털화하는 '구글 북스' 프로젝트에 활용했다.

2장에서 언급한 것처럼 1954년 IBM은 조지타운 대학 연구진과 함께 러시아어-영어를 대상으로 최초의 기계 번역을 선보임으로써 머지않은 미래에 인공지능이 대세가 되리라는 기대를 불러일으켰다. 1956년 미국의 로스앨러모스 국립연구소가 보유한 컴퓨터(Maniac)가 체스 규칙을 간략화해서 사람과의 대결에서 승리를 거두었다. 1964년 MIT 민스키 교수의 지도 아래 다니엘 밥로 Daniel Bobrow는 박사 논문의 일부로, 자연언어로 구성된 수학 문제를 이해하고 풀어내는 프로그램 '스튜던트 Student'를 만들어냈다. 인공지능에 대한 낙관적 전망이 부풀어 오른 시기였다. 인공지능 창시자의 한 사람이자 의사결정 이론으로 노벨경제학상을 받은 허버트 사이먼은 1965년 "앞으로 20년 안에 기계는 인간이 하는 모든 일을 할 수 있다"고 말했다. 민스키도 1967년 "인공지능과 관련된 문제는 앞으로 한 세대 안에 모두 해결될 것"이라고 장담했고 이어 1970년에는 "3~8년 안에 평균적인 인간의 지능을 가진 기계가 탄생할 것"이라고 낙관했다.

 스탠리 큐브릭 Stanley Kubrick과 SF소설의 거장 아서 클라크 Arthur Clarke가 함께 대본을 쓰고 큐브릭이 감독 제작한 〈2001 스페이스 오디세이〉가 개봉된 때가 1968년이다. SF영화의 고전으로 여겨지는 이 영화에는 인공지능에 대한 1960년대의 분위기가 반영돼 있다. 인공지능이 사람의 지능을 능가하는 수준으로 발달해 결국 사람을 위협하는 존재가 되리라는 음울한 전망이 이 영화에 등장하는 인공지능 HAL9000이라는 존재에 담겨 있다. 스스로를 보호하기 위해 사람들을 살해하는 인공지능 HAL9000을 디자인하는 데는 민스키 교수도 참여했다.

1971년에는 스탠퍼드 대학 인공지능연구소가 개발한 연구용 로봇 샤키Shakey가 칸막이가 있는 방들의 위치를 카메라 눈으로 식별하고 방 안 곳곳에 널린 각종 장애물들을 피해서 목적지까지 도달하는 성능을 과시했다. 많은 사람들이 머지않아 가정용 로봇이 개발돼 청소와 힘든 일을 처리해줄 것이라고 기대했다.

하지만 기계 번역 사례에서처럼 인공지능 기술은 기대를 충족시키지 못한 채 난관에 봉착했다. 초기에는 사람들을 열광시켰지만 시간이 지나도 별 진전이 없었다. 체스용 프로그램은 체스를 둘 뿐이었다. 다른 용도로 활용이 가능한 범용 로봇으로의 발달은커녕, 프로그램의 범위 안에서 애초에 입력된 명령만을 수행하는 기계에 불과하다는 것을 확인시켰다. 결국 1974년 미국과 영국 정부는 인공지능 개발을 위한 연구 자금을 대폭 삭감한다. 낙관적 전망은 비관으로 대체되면서 인공지능 연구는 10여 년 가까이 침체기를 겪는다.

그러다 1980년대 중반 인공지능 연구가 되살아난다. 미국 국방부가 전투에 투입할 로봇의 개발을 요구하면서 인공지능 연구에 10억 달러의 예산을 투입한 덕분이다. 대학과 기업에서도 전문 지식과 추론력을 결합시킨 의사결정 능력 위주의 '전문가 시스템expert system'을 개발해서 재고관리 등 대기업의 경영과 관리 업무에 적용했다. 하지만 미 국방부의 프로젝트가 성과를 내지 못한 채 실패로 끝나고 민간의 전문가 시스템도 설계 당시엔 잘 기능했지만 새로운 정보와 혁신을 만나면 기능하지 못하는 구조라는 사실이 드러났다. 또다시 인공지능 연구는 된서리를 맞았다.

2000년대 들어서 인공지능 분야에서 하나둘 눈여겨볼 만한 성과가 이어지더니, 2010년 이후부터는 인공지능이 사람을 능가해 인류의 생존을 위협하는 존재가 되리라는 경고가 본격화하기 시작했다. SF영화에서 흥미 유발을 위해 설정한 '인간보다 인간적인 인공지능'이라는 상상이 아니라 세계 최고의 컴퓨터·인공지능 전문가들로부터 제기되는 논리적 경고장이다.

인간의 마지막 발명품

컴퓨터 왓슨은 사람의 말을 정확하게 알아듣고 인터넷과 연결되지 않은 상태에서 주어진 질문에 대한 답을 스스로 생각해 말했다. 퀴즈 대회에서 왓슨이 승리를 거두면서 어떠한 인간도 인공지능의 상대가 될 수 없다는 사실을 입증한 것은 인공지능의 새 장이 열렸음을 의미한다. 이후 다양한 분야에서 이전에 없던 뛰어난 성능의 로봇과 인공지능이 앞다투어 쏟아지고 있다.

무어의 법칙에 따른 컴퓨팅 능력의 발달 가속화, 머신러닝과 딥 러닝deep learning 기술, 모바일 기기와 사물인터넷이 결합한 유비쿼터스 컴퓨팅, 클라우드 컴퓨팅, 소셜미디어와 라이프 로깅 life logging, 빅데이터, 기계공학 분야의 기술 발달 등이 합쳐진 결과다. 페이스북의 2014년 감정 조작 실험에서 드러나듯, 소셜미디어를 통해 사람들이 감정과 느낌을 기록하면서 기계가 도달할 수 없나고 여겨졌던 영역마저 컴퓨터가 따라 할 수 있는 환경이 되었다. 왓슨과 페이스북 실험에서처럼 단순히 연산 능력이나 지능만이 아니라 감정까지 지닌 '초지능 super intelligence'의 탄생이 가시화하고 있다.

개인용 컴퓨터와 소프트웨어를 개발해 정보기술 문명을 앞당긴 마이크로소프트의 빌 게이츠도 "기계 스스로 생각하고 행동하게 하는 인공지능 컴퓨팅 기술이 훗날 인류에게 위협이 될 수 있다"고 밝혔다. 그는 〈터미네이터〉에서 보듯 로봇의 지능이 사람의 지능을 뛰어넘어 인류를 조종하고 통제할 수 있음을 우려하며, 기계가 편리함을 넘어 초지능이 되지 않도록 잘 관리해야 한다고 강조했다.

세계적인 석학과 정보기술 기업 최고경영자들이 한목소리로 인공지능의 해악에 대한 우려를 쏟아낸 배경에는 인공지능은 특정 시점이 되면 사람이 통제할 수 없게 된다는 기술적 속성이 깔려 있다. 스티븐 호킹은 "인간은 초지능을 갖춘 기계를 통제할 줄 모른다"면서 단기적으로는 인공지능을 누가 통제하느냐가 중요하지만 결국 장기적으로는 슈퍼 인공지능이 통제 가능한지 자체가 의문이라고 주장했다.

옥스퍼드 대학의 인류미래연구소 Future of Humanity Institute 소장인 닉 보스트롬 Nick Bostrom은 저서 《슈퍼인텔리전스》에서 인간의 지능과 동일한 수준으로 기계의 지능이 높아지게 되면 인류 문명의 근본적 변화가 불가피하고, 이는 인류 역사에서 가장 중대한 변화가 될 것이라고 강조했다.

일찍이 1965년 영국의 수학자 어빙 굿 Irving Good은 '지능 폭발'이라는 개념을 통해 인공지능의 위험성을 지적했다. 초기의 변화가 미미하더라도 시간이 지날수록 기하급수적으로 그 규모가 확대되는 '긍정적인 피드백 positive feedback'의 구조가 지능 폭발의 위력이다. 자체적으로 학습하고 진화하는 능력을 갖춘 기계는 인간과 동등한 지능을 얻게 되고 결국에는 초인적 지능을 갖게 된다는 얘기다.

머신러닝은 사람의 두뇌 작동 방식을 모방한 인공신경망artificial neural network 구조를 기반으로 한 알고리즘을 딥 러닝 기능과 결합시켜 기계 스스로 학습하게 하는 방식이다. 구글이 2014년 4억 달러에 인수한 영국 인공지능 기업 딥마인드가 개발한 DQN 프로그램은 사람이 전혀 알려주지 않은 내용을 컴퓨터 스스로 학습해서 사람보다 뛰어난 결과를 만들어내는 기능을 이미 시현했다. 2015년 2월 딥마인드 연구진은 DQN을 이용해 컴퓨터가 한 번도 해보지 않은 49가지 비디오게임의 기술을 스스로 터득했다는 논문을 〈네이처〉에 실음으로써 인공지능의 새로운 장이 열렸음을 알렸다. 딥마인드 연구진이 이 방식을 바둑에 적용한 게 1년 뒤 알파고의 출현이다. 근래 인공지능의 비약적 발전을 가능하게 한 최신 기술은 생성적 적대 신경망Generative Adversarial Network이다. 위조지폐 만드는 사람과 이를 잡아내는 사람처럼 대립하는 두 모델이 서로 상대의 전략을 보고 배우면서 자신의 방법을 발달시키는 방법이다. 딥페이크Deep Fake로 불리는, 진짜와 식별되지 않는 조작 영상이 이 기술을 활용해 간단하게 만들어지고 있다.

이처럼 기계가 사람의 도움 없이 스스로 학습하기 시작했다는 것은 중요한 의미를 갖는다. 사람과 달리 기계는 학습한 것을 망각하는 법이 없다. 또한 학습 피로를 느끼시 않고 학습 시간에도 한계가 없다. 문턱을 일단 넘으면 '지능 폭발'로 이어지게 되는 배경이다. 인공지능이 인류 최후의 발명품이 될 것이라는 경고가 나오는 이유다.

다큐멘터리 작가 제임스 배럿James Barrat은 《파이널 인벤션: 인공지능, 인류 최후의 발명》에서 생각하는 기계가 초래할 문명의 파국을 역설한다. 그는 인공지능을 연구 개발하는 과학자들이나 기업이 경제적 이익과 낙관적 기대에 사로잡힌 채 기술이 가져올 위험이나 도덕성에 대한 고려 없이 개발 우선으로 치닫고 있다고 지적한다. 그 반대편에 있는 케빈 켈리Kevin Kelly 같은 기술낙관론자는 기술은 생명체처럼 스스로 더 발달하려는 진화 속성을 갖고 있다고 말한다.

2050년 이후면 로봇이 사람 대신 지구의 지배자가 될 것이라고 주장하는 카네기멜론 대학 로봇공학연구소의 한스 모라벡은 지능형 기계가 아무리 선량해도 결국 인간의 실존을 위협할 수밖에 없을 것이라고 말한다.[2] 생태적 측면에서 로봇이 인간보다 환경에 훨씬 더 적합한 거주자이기 때문이다. 우주의 자원을 놓고 경쟁하는 상황에서 진화론적 압력은 궁극적으로는 가장 효율적인 존재를 선택하게 마련이다. 모라벡은 향후 우주 식민지가 개발될 경우 우주에서는 사람의 생존을 유지하는 데 드는 비용이 높기 때문에 사람보다 기계가 더 많이 존재하도록 설계될 것이라고 말한다. 나사의 달 탐사 계획인 아폴로프로젝트는 200억 달러를 투입해 사람들을 몇 주간 달에 머무르게 했지만 1975년부터 진행된 화성 탐사 계획인 바이킹프로젝트는 기계를 이용한 결과 10억 달러만 들이고도 6년간 화성에 체류하며 지속적으로 정보를 수집할 수 있었다.

스티브 잡스와 함께 애플을 창업한 스티브 워즈니악도 2015년 "향후 30년 이내에 인공지능이 인간의 모든 측면을 앞지를 것"이라며

"급속도로 발달한 인공지능이 인간에게 치명적 위험으로 다가올 것"이라고 경고했다.

전기자동차업체 테슬라의 창업자인 일론 머스크는 "인공지능 연구는 악마를 불러오는 것과 다름없다"면서 2015년 초 안전한 인공지능 연구를 위해 '삶의 미래 연구소The Future of Life Institute'에 1000만 달러를 기부했다.

존 브록만John Brockman이 설립한 에지 재단Edge Foundation은 매년 전 세계 석학들에게 그 시점에 중요한 문제에 대해 하나의 질문을 던진다. 2015년의 질문은 "생각하는 기계에 대해 어떻게 생각하는가"였다.

모두가 똑똑한 기계를 두려워하는 것은 아니다. 넷스케이프를 만든 마크 앤드리슨, 《특이점이 온다》의 저자 레이 커즈와일처럼 인공지능을 걱정할 필요가 없다는 견해도 적지 않다. 커즈와일은 생물학 무기나 유전자 재조합 기술이 등장했을 때도 해당 기술이 인류를 멸망시키리라는 우려와 전망이 팽배했지만, 국제적 조약 등으로 인류가 그 위험을 관리할 수 있게 된 것처럼 인공지능도 마찬가지라고 말한다. 《기술의 충격》의 저자 케빈 켈리는 초지능은 인류의 가장 뛰어난 발명품이 될 것이라고 말한다. 켈리는 새로운 기술은 전에 없던 문제를 야기하지만 새로운 해결 방법도 가져올 것이기 때문에 결국 우리에게 전에 없던 새로운 선택지를 제공한다고 본다.

MIT 인공지능연구소 소장을 지내고 청소로봇 룸바와 공용 로봇 팩봇을 제작한 아이로봇의 설립자 로드니 브룩스Rodney Brooks도 지극히 낙관적이다. 그는 로봇혁명은 피할 수 없고 로봇은 인간의 지능을 능가하겠지만 로봇의 창조주인 인간이 사람에게 도움이 되도록 로봇을 설계하고 모든 것을 통제할 수 있다고 믿는다.

《마음은 어떻게 작동하는가》 등을 쓴 진화심리학자 스티븐 핑커에 따르면 지능과 의식 같은 인간 두뇌의 인지능력은 물리적으로 설명될 수 있는 뇌 신경조직에서 일어나는 신호체계라고 한다. 그는 사람의 마음을 물리적으로 설명할 수 있으면 궁극적으로 인간은 생각하는 기계인 인공지능을 만들 수 있다고 말한다. 하지만 현실에서 이를 우려할 필요는 없다는 것이 그의 견해다. 인공지능의 발전 속도가 늦어서 인류가 대비할 시간이 충분하다는 것도 하나의 이유이지만 인공지능이 반드시 사람을 지배하거나 멸종시키려는 목적을 갖는다고 생각할 이유가 없다고 보기 때문이다.

인공지능의 개발과 활용에 사활이 달려 있는 거대 정보기술 기업들은 인공지능 연구의 개척자와 전도사 노릇을 병행하고 있다. 자동번역, 자율주행차, 머신러닝, 개인별 맞춤형 검색 등 다양한 알고리즘 서비스를 제공하는 것은 물론 로봇 회사들을 대거 인수 합병하며 의욕적으로 로봇산업에 뛰어든 구글이 대표적이다. 페이스북, 마이크로소프트, 아마존, 테슬라, 네이버, 삼성전자, 도시바 등 국내외 주요 기업들은 하나같이 인공지능에 사활을 걸고 있다.

현재의 인공지능을 진정한 인공지능이라고 볼 수 없다는 지적도 있다. 왓슨은 구글 검색처럼 텍스트 검색 알고리즘과 데이터베이스가 결합한 프로그램으로, 문제에 대해 답변을 내놓지만 답변하는 내용을 스스로 이해하거나 알고 있는 것은 아니라는 것이다. 즉 컴퓨터의 연산 능력이 강화되고 저장 능력이 늘어남에 따라 과거에 처리할 수 없던 업무를 단지 더 빠르고 방대한 규모로 처리한 결과가 사람들에게 인공지능처럼 보일 뿐이라는 얘기다. 구글, 마이크로소프트 등이 자랑하는 기계 번역은 문법과 구문의 구조를 이해하고 번역하는 대신 번역하고자 하는 두 언어의 방대한 말뭉치 데이터를 입력한 뒤 통계적으로 매칭시킨 결과다.

평행우주론을 제시한 뉴욕 시립대학 교수이자 이론물리학자인 미치오 카쿠는 "왓슨은 경쟁에서 이겼지만 승리를 기뻐하지 못했다. 왓슨의 등을 두드리며 축하해줄 수도 함께 축배를 들 수도 없다"며 로봇은 자신이 무엇을 했는지 자신이 무엇인지 전혀 인식하지 못한다고 지적했다.[3] 인간의 정신은 지능과 함께 의식이 본질적 특징이라는 얘기다.

의식 없는 지능의 진화

사람은 의식을 지닌 존재다. 로봇 설계는 일종의 의식 창출로, 인간의 의식 현상을 밝혀내 기계에 이식하는 행위다.

인간만 의식을 지닌 존재로 보던 시각은 사라졌다. 동물행동학자들은 거울에 비친 자신의 모습을 자각할 수 있는지를 알아보는 실험을 통해 자의식을 갖춘 동물들을 식별해냈다. 젊은 침팬지, 고릴라, 오랑우탄 같은 유인원과 코끼리 그리고 돌고래의 일부가 거울 자기 인식 테스트를 통과했다. 이는 돌고래나 유인원 등을 수족관이나 동물원에 수용해서는 안 된다는 동물권 운동의 근거이기도 하다. 의식을 지닌 존재라면 사람에 의해 실리콘과 강철로 만들어진 존재라고 할지라도 더 이상 기계로만 처우할 수 없다.

사람의 뇌에서 불가분의 관계를 형성하고 있는 정신작용인 의식과 지능은 인공지능 연구의 진전에 따라 분리되는 현상을 겪고 있다. 인공지능 연구는 곧 의식 없는 고등 지능의 개발이다. 《사피엔스》의 저자인 이스라엘 히브리 대학의 유발 하라리 Yuval Harari 교수는 "인류를 가장 놀라게 만들 발명이 의식 없는 지능, 즉 의식은 없지만 고도로 발달한 컴퓨터 프로그램"이라고 말한다.[4]

뇌과학 연구의 진전에 따라 불가해한 영역이던 인간의 정신작용이 대뇌 속에서 어떻게 이뤄지고 있는지가 이해되고 있다. 기능성 자기공명영상촬영 fMRI 등의 첨단 의료장비를 통해 뇌의 부위별 기능이 파악되고, 뇌의 신경망을 통한 신호전달 구조가 연구되고 있다.

유럽연합과 미국은 뇌의 신경망을 이루는 뉴런이 어떻게 작동하는지를 이해하기 위해 방대한 프로젝트를 펼치고 있다. 유럽연합의 인간 뇌 프로젝트, 미국의 '인간 커넥톰 프로젝트 Human Connectome Project'가 그것이다.

인간의 두뇌를 닮고자 하는 뇌 연구는 두뇌 지도 작성과 함께 두뇌의 기능을 컴퓨터로 재현하는 두뇌 시뮬레이션, 또 이를 활용한 역설계로 인공지능을 사람의 두뇌처럼 작동하게 하려는 시도로 구성되어 있다. 하지만 지도와 설계도를 얻었다고 해서 기능을 제대로 작동시킬 수 있는 것은 아니라는 사실을 인간 게놈 프로젝트는 알려준다.

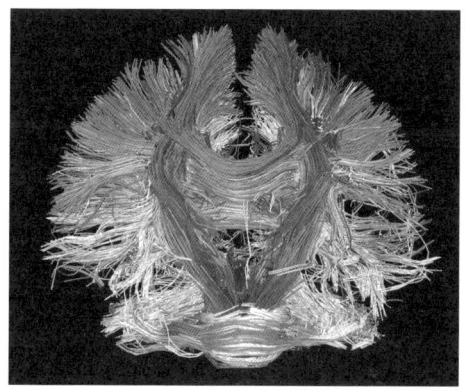

인간 커넥톰 프로젝트에서 그려낸 뇌의 지도.

인간 게놈 프로젝트는 사람 유전자의 염기서열 구조를 낱낱이 밝혀낸 설계도를 만들어냈지만 각각의 배열구조가 어떤 역할을 하는지에 대한 정보까지 제공하지는 않는다.

 인간이 진화 과정에서 얻은 속성들은 인공지능의 개발과 이해에 대해 중요한 것을 알려준다. 앞서 살펴본 "어려운 일은 쉽고 쉬운 일은 어렵다"는 '모라벡의 역설'이다. 고난도의 수학 문제를 풀거나 암기를 하는 것처럼 사람에게 어려운 일이 로봇에겐 쉬운 반면 걷고 말하고 균형을 잡는 등의 단순해 보이는 기능이 로봇에겐 지극히 어렵다. 한스 모라벡은 운동 능력이나 감각 능력처럼 사람의 동물적 본능은 오랜 진화 과정을 통해 사람에게 최적화되어 있어 학습 없이도 구사할 수 있지만 로봇은 다르다고 설명한다. 오히려 추상적, 논리적 사고는 인류의 진화 과정에서 나중에 획득한 기능으로 사람에게 본능화되어 있지 않고 사람이 배우기 어려운 영역이지만 컴퓨터가 역설계를 통해 재구성하기는 상대적으로 용이하다.

아시모프의 로봇 3+1 원칙

초지능을 갖춘 로봇은 그 힘과 지능이 사람을 능가할 정도로 우수할 뿐만 아니라 중요한 문제에 대해 스스로 판단하고 처리하는 자율형 로봇이다. 사람은 로봇에게 늘 도덕적으로 행동하라고 명령하거나 로봇 스스로 도덕적인 결과를 추론해 행동할 것을 기대할 수 있을까? 즉 우리가 로봇을 설계할 때 자율성과 도덕적 책임을 부여할 수 있을까?

많은 사람들이 로봇의 도덕으로 받아들이는 고전적 기준은 아이작 아시모프 Isaac Asimov가 1942년 단편소설 〈런어라운드 Runaround〉에서 제시한 로봇의 3원칙이다.

1. 로봇은 인간에게 해를 입히는 행동을 하거나 혹은 행동하지 않음으로써 인간이 해를 입도록 해서는 안 된다.
2. 로봇은 인간 명령에 복종해야 한다. 단, 제1원칙에 어긋날 때는 예외다.
3. 로봇은 스스로를 보호해야 한다. 단, 제1, 2원칙에 위배될 때는 예외다.

아시모프는 3원칙으로는 부족하다고 생각해서 나중에 3원칙에 우선하는 0원칙을 추가한다. "로봇은 인류에게 해를 입히거나 혹은 행동하지 않음으로써 인류가 해를 입도록 해서는 안 된다"고 함으로써 제1원칙의 '인간'을 '인류'로 확대한 것이다.

"사람에게 해를 끼치지 않아야 한다"는 로봇 윤리가 현실에서 작동할 수 있을까? 아시모프의 원칙에 '로봇' 대신 '자동차'를 넣어보자. 자동차도 사람에게 해를 끼치지 않아야 하고, 사람의 명령에 복종하면서 스스로를 보호하는 것이 당연하다. 하지만 현실에선 보험금이나 범죄, 테러의 목적으로 차량이 살인 도구로 쓰이는 것을 막기 어렵다. 전쟁처럼 나와 집단의 생존을 위해 살인 등 모든 방법이 동원되고 합리화되는 상황은 아시모프의 '로봇 3+1원칙'이 그저 '소설'일 뿐임을 확인시켜준다.

전투로봇은 이미 현실이 되었다. 미군은 2030년까지 현재 전투병의 25퍼센트를 로봇과 드론으로 대체한다는 계획 아래 군사로봇 개발에 주력하고 있다. 사실 그동안 로봇 연구의 주된 동력은 전투로봇을 개발하려는 미 국방부의 막대한 자금 지원이었다. 재난구조 로봇 올림픽도 다르파의 프로젝트다.

아군의 인명 피해 없이 전력을 강화하는 방법인 군사용 로봇은 무인전투기(드론)의 형태로 이미 실전에 투입되고 있다. 한국도 2003년부터 국방로봇을 개발하고 있다. 외신들은 2014년 국내 휴전선에 배치된 '보초로봇'의 사례를 보도했다.[5] 한화테크윈(옛 삼성테크윈)이 개발한 보초로봇 SGR-A1은 비무장지대 등 출입 금지 구역에 사람이 나타나면 자동으로 기관총 사격을 하는 기능을 갖추고 있다. 보스턴

인권단체 휴먼라이츠워치 등은 인공지능을 활용한 살인로봇의 위험성과 규제 필요성을 주장하며 '스톱 킬러 로봇' 캠페인을 펼치고 있다.
ⓒwikimedia commons

다이내믹스는 2015년 8월 군인 대체용 로봇으로 개발 중인 아틀라스Atlas가 산길을 뛰어가는 모습을 공개했다. 무장을 하지 않은 모습이지만, 무기를 장착하면 전장에는 영화 속의 터미네이터가 등장하는 셈이다.

미국 뉴멕시코 미군 기지에서 프레데터 등 드론을 조종하는 저격수로 근무한 브랜던 브라이언트는 2013년 5년간 중동에서 테러 용의자 등 1623명을 암살했다고 고백했다.[6] 그는 "어린아이를 발견하고 보고했지만 지휘부는 무시하고 작전 강행을 명령했다"면서 작전을 수행하던 중 드론에 의한 민간인 살해 사실도 털어놓았다.

살인로봇killer robot과 드론의 출현에 우려도 커지고 있다. 유엔은 2013년 살인로봇의 개발을 금지하는 보고서를 발행하고 2014년엔 살인로봇의 위험을 경고하는 유엔특별회의를 열었다. 인권단체 휴먼라이트워치Human Rights Watch 등은 '스톱 킬러 로봇' 캠페인을 펼치고 있다. 스티븐 호킹, 놈 촘스키, 스티브 워즈니악 등 1000여 명은 2015년 5

월 공개서한에서 인공지능 기술을 활용한 살인로봇 개발을 규제해야 한다고 주장했다. 호킹 등은 "자동화 무기의 발전은 화약과 핵무기를 잇는 '제3의 전쟁혁명'으로, 개발되면 암시장을 통해 테러리스트, 독재자, 군벌의 손에 들어가는 것은 시간문제이기 때문에 개발을 엄격히 규제해야 한다"고 촉구했다. 특히 살인로봇은 인간의 개입 없이 사전에 설정된 기준에 따라 목표물을 선택해 공격한다는 점에서 더 위험하다는 것이다. 하지만 이미 50개국 이상이 자동 살상 기능의 전투로봇을 개발 중이다.

우리가 직면한 또 다른 물음

'생각하는 기계'가 복음이 될지, 재앙이 될지는 미지의 영역이다. 미래 사회의 방향에 대해 뜨거운 공방이 불가피한 주제다. 하지만 분명한 것은 인류가 이제껏 고민해본 적이 없는 문제에 직면했다는 점이다.

문제에 접근하기 위해서는 모든 것을 사람의 관점에서 바라보는 것을 벗어나야 한다. '객관적으로' 생각해보면 꼭 사람이 지구에서 항상 최고의 목적이 되어야 할 필연적 이유는 없다. 더욱이 사람들 사이의 관계 차원이 아니라 감정과 의식이 없는 우주와 생태계의 속성 차원에서 바라보면 인간 역시 고도로 발달한 하나의 생명체에 불과하다.

사람을 능가하는 인공지능 연구가 악마를 불러들일 것이라는 우려에도 인공지능 연구는 경쟁적으로 이뤄지고 있다. 기술의 진보는 생명체의 진화처럼 선택이 불가능한 속성을 지니기 때문이다. '생각하는 기계'는 그동안 인류가 해결하지 못했던 수많은 과제들을 해결해 우리의 삶을 현저하게 개선시킬 것이다. 인간 퀴즈 챔피언을 꺾은 왓슨은 이내 병원으로 가서 로봇 닥터가 되기 위한 훈련을 시작했다. 이제 환자의 상태를 모니터한 방대한 생체 기록 정보와 최신 의료 정보와 치유 사례 등 인간 의사가 발견하기 어려웠던 정보를 순식간에 찾아내고 정확한 처방을 제공함으로써 절망적이던 환자의 생명을 구하는 일이 가능해질 것이다. 사람들이 인공지능에 열광하고 더욱 의존하는 세상이 예고돼 있다.

인공지능은 기능과 정의에 따라 두 종류로 구분된다. 사람과 같거나 사람을 능가하는 지능을 갖고 있으며 자의식을 갖춘 인공지능을 '강한 인공지능 strong A.I.'이라 부르고, 미리 정해진 특정한 유형의 문제를 해결하는 기능의 인공지능을 '약한 인공지능 weak A.I.'이라 지칭한다. 현재까지 선보인 인공지능은 약한 인공지능이지만 석학들이 인류의 미래를 위협할 '인간의 마지막 발명품'이라면서 우려하는 까닭은 강한 인공지능의 출현이 임박했다는 잇단 신호 때문이다.

인공지능 개발을 어느 선까지 허용할지에 대해서는 논의가 분분하다. 사람마다 기본적인 이해와 목적이 워낙 달라서 공통된 합의 지점을 찾는다는 것이 현재로는 불가능해 보인다. 약한 인공지능까지만 개발과 연구를 허용하자는 주장, 강한 인공지능이 문제를 해결하고 인간의 능력을 상상할 수 없을 정도로 고양시켜줄 것이라는 기대, 강한 인공지능이 결국 인류의 멸망을 부르는 '최후의 발명품'이 될 것이라는 경고 등 실로 다양하다. 에지 재단이 석학들에게 2015년의 질문으로 던진 '생각하는 기계'에 대한 186건의 답변도 다양한 입장 차이를 잘 드러낸다.⁷

기계가 생각을 하고 지능을 갖추게 되면서 우리가 직면한 물음은 '인간을 위협할지도 모를 강한 인공지능에 맞서 살아남을 수 있느냐'라는 인류 생존의 문제만이 아니다. 그보다 좀 더 근본적이고 철학적인 물음이 우리를 기다린다. '생각하는 존재'로서 사람의 특징은 무엇인가? 기계가 시뮬레이션할 수 없는, 시뮬레이션 자체가 무의미한 인간만의 사고작용과 특징은 무엇일까?

거대한 영향력을 지닌 신기술의 도입으로 애초에 예상치 못한 심각한 부작용이 불거지게 되면 기술과 인간의 관계가 무대로 소환된다. 살인은 총 때문에 일어나는 것인가, 방아쇠를 당긴 사람의 의도 때문에 일어나는 것인가? 도구의 중립성과 사용자의 의도를 놓고 오랜 논쟁이 있어왔다. 기술이 점점 복잡해지고 다기능화하면서 갈수록 기술의 편향성과 설계 의도가 중요해지고 있다. 스마트폰이나 소셜미디어처럼 사용자가 깊이 의존하지만 그 구조와 기능의 특성을 파악하기 어려운 기술은 결국 설계자의 의도와 알고리즘에 따를 수밖에 없기 때문이다. 그래서 기술이 강력해지고 복잡해질수록 개발자와 기업에 전적으로 위임하는 것에서 벗어나 사용자의 요구와 사회적 합의를 설계에 반영해야 한다.

하지만 이런 기술철학적 요구는 이내 난관에 봉착한다. 기술이 강력해지면서 기술에 대한 사회적 요구가 커져가지만 기술은 점점 더 자율적이 되어가고 있기 때문이다. 과거에는 모든 것을 일일이 사람이 조작했고 기계의 기능을 추가하거나 변경하기 위해서는 새로운 설계가 필요했다. 하지만 인공지능처럼 진보된 기계는 알아서 동작하는 것을 넘어서 스스로 처음 만나는 정보를 학습하고 판단해 실행한다. MIT의 감성컴퓨팅연구소 소장 로절린드 피커드 Rosalind Picard는 "기계의 자유가 커질수록 도덕적 기준이 더욱 필요하다"고 말했다.[8] 지능을 갖춘 자율적인 로봇 시대에 도덕적 기준의 필요성이 커졌지만 그 요구를 적용하기는 더욱 어려워진 딜레마적 상황인 것이다.

인공지능의 발달이 우리에게 던지는 새로운 과제는 두 갈래다. 로봇을 향한 길과 사람을 향한 길이다.

첫째, 편리함을 넘어 인류의 생존을 위협할지도 모를 강력한 인공지능을 우리가 통제할 수 있느냐 하는 문제다. 로봇이 지켜야 할 도덕적 기준을 만들어 준수하게 하는 방법이나 살인로봇을 막는 국제 규약을 제정하는 접근법이다. 또한 로봇이 직면할 다양한 상황에 대해 사회적 합의를 담은 알고리즘을 만들어 사회 규약을 벗어나지 않는 범위에서 작동하게 하는 방법도 모색할 수 있다. 설계자의 의도를 배반하지 못하도록 로봇이 스스로 무력화시킬 수 없는 원격 자폭 스위치를 넣는 것도 가능하다. 인공지능 로봇이 사람의 통제를 벗어나지 못하도록 과학자들은 다양한 기술적 방법을 만들어낼 것이고 입법가들은 강력한 법률과 사회적 합의를 적용할 것이다.

둘째 경로는 생각하는 기계가 모방할 수 없는 인간의 특징을 찾아 인간의 가치를 높이는 것이다. 로봇의 효용을 제한하는 방법은 로봇이 아니라 인간에 대해 깊이 생각하고 고유의 특징을 활용하는 것이다. 인공지능이 마침내 인간의 의식 현상을 시뮬레이션하더라도 사람과 인공지능은 여전히 구분될 것이다. 사람의 감정과 의지 때문이다.

인류는 진화의 세월을 통해 공감과 두려움, 만족 등 다양한 감정을 발달시켜왔다. 감정은 비이성적이고 비효율적이지만 사람됨을 규정하는 본능이다. 로봇은 기본적으로 수학적 원리에 입각해 이성적이고 합리적으로 작동하기 때문에 인간처럼 감정적 존재가 될 수는 없다. 인간은 감정에 입각해 판단하는 의지적 존재다. 감정은 인간의 강점이자 결함이다. 논리적인 설명과 이해가 불가능한 사람의 행동은 모두 감정과 의지에서 비롯한 것이다. 감정과 의지를 빼고는 설명할 수 없는 행동은 인간을 예측 불가능한 존재로 특징짓는다. 인간의 감정과 의지는 수백만 년에 걸친 진화 과정에서 살아남기 위해 선택한 전략의 소산이다. 고통과 죽음에 대한 공포가 만들어낸 인간의 본질적 요소다. 미국의 핵폭탄 개발계획인 맨해튼프로젝트에 참여한 천재 수학자 요한 폰 노이만 Johann von Neumann은 인간 두뇌를 "불안전이 만든 안전 시스템"이라고 정의했다. 우리가 지능이라고 부르는 것은 인류가 오랜 진화 과정에서 멸종 위험, 전쟁, 상실과 같은 수많은 위협을 극복해낸 결과이며, 고통은 지능과 짝을 이룬다.[9]

사람은 본능에 입각해 살아간다. 그리고 이런 본능은 수백만 년에 걸친 진화의 노하우가 담긴 유전자가 조종한다. 《적응된 마음 The Adapted Mind》의 저자인 진화심리학자 존 투비 John Tooby는 에지 재단의 '생각하는 기계' 질문에 대해 "인간 지능은 진화의 과정에서 최적화된 산물로 욕망의 덩어리이며, 인공지능이 이러한 인간의 지능을 닮는 것은 미친 짓"이라고 답변했다.

인공지능을 통제하는 것이 과학자들과 입법가의 과제라면 생각하는 기계의 등장이 각 개인에게 던지는 과제는 '인간이란 무엇인가', '인공지능이 대체할 수 없는 나만의 특징과 존재 이유는 무엇일까'라는 철학적인 질문이다.

이성적이고 합리적인 기계에 부여하기에는 미친 짓으로 보이는 인간의 감정과 의지가 생각하는 기계에 맞서야 하는 인간의 핵심 요소가 아닐까? 이는 사람을 예측 불가능하게 함으로써 기계로 환원되거나 대체될 수 없는 존엄한 존재로 만드는 도구이기도 하다.

생각하는 기계는 우리 앞에 새로운 난제와 함께 주요한 화두를 던진다. 생각하는 기능마저 아웃소싱할 수 있는 환경에서 인간은 무엇을 해야 할까? 인류의 생존을 위협하는 초지능적 존재에 대해 인류는 어떻게 통제력을 발휘할 것인가? 그리고 사람을 능가하는 인공지능이 우리에게 알려주는 것은 사람만이 기쁨과 슬픔, 고통과 공포를 겪으면서 진정한 '사람다움'의 가치와 본질을 지니게 된다는 사실이다.

Chapter 9

호기심의
인류학

생각하는 기계에 대해 인간이 경쟁력을 갖추려면?

생각하는 기계의 질문은 사람이 설계한 정보 요구 기능이고 사람의 질문은 본능적 차원의 호기심에 뿌리를 둔다. 인공지능이 사람과 마찬가지로 동일한 상황에서 감정이나 호기심을 이유로, 또는 기분에 따라 다른 결과를 내놓는다면 어떻게 될까? 이는 프로그램 설계의 '치명적 오류'다. 예측할 수 없는 행동을 하는 로봇이나 프로그램은 수용되지 못한다. 예측과 달리 작동하는 로봇은 고장 난 기계이자 공포스러운 존재다.

사람의 지적 능력을 능가하는 생각하는 기계가 인류를 위한 값진 선물이 될지, 재앙이 될지는 아직 알 수 없지만 이미 현실이 된 것은 확실하다. IBM의 왓슨이 퀴즈쇼에서 성공적으로 데뷔한 이후 병원으로, 군대로 진출하기 시작했듯이 생각할 줄 아는 기계는 점점 영역을 넓혀가고 있다.

사람만의 능력이라고 간주되어온 사고와 판단의 영역을 기계가 한 발 한 발 접수해 들어오는 미래는 불가피하다. 슈퍼 인공지능의 출현도 시간문제로 보인다. 좀 더 현실적인 문제는 기계가 사람의 영역을 완전하게 대체할 것인가, 아니면 부분적이고 제한적으로 들어와 사람과 공존할 것인가다. 인공지능과 자동화 기술의 발달 정도와 업무 영역에 따라 달라질 수는 있지만, 기계의 영향을 받지 않을 영역은 없다. 행위예술처럼 기계가 대체하기 가장 어려울 것으로 기대되는 분야조차 이 영향을 피해갈 수 없다. 어떤 행위예술가는 기계와의 합동 공연을 시도하고 새로운 차원의 예술 영역이 개척될지 모른다.

기계가 생각하는 힘을 갖게 되면 사람과 다른 점이 무엇일까? 기계의 생각은 사람의 생각과 어떻게 구별될까? 기계가 끝까지 모방하기 어려운 사람만의 사유 능력이 있을까? 아무리 뛰어난 기능의 생각하는 기계가 등장하더라도 사람만의 고유 능력으로 남을 기능이 있을까? 그러한 인간의 고유 능력은 기계와 경쟁해야 하는 시대에 인류 또는 개인의 생존과 경쟁력을 담보해주는 힘이 될 수 있을까?

치명적 오류가 생존의 이유

기계가 모방하기 가장 어려운 인간의 지적 기능은 질문하는 능력으로 여겨진다. 생각하는 기계가 질문을 하는 것이 전혀 불가능한 일은 아니다. 와이젠바움이 1966년 선보인 상담용 채팅로봇 일라이자는 상담자가 말한 내용을 변형해 간단하게 되묻는 방식으로 상담자들의 공감을 얻었다.

2014년 튜링 테스트를 통과한 유진 구스트만의 경우에서 보듯 인공지능은 사람처럼 자연스러운 질문을 할 수 있고 자신이 사람인 것처럼 다수를 속일 수도 있다. 하지만 기계가 처음 마주친 상황을 파악하고 '똑똑한 질문'을 내놓는다고 해서 사람과 비슷해지는 것은 아니다. 컴퓨터의 질문은 빈틈없어 보이더라도 기본적으로 '정교하게 질문을 만들도록' 프로그래밍된 반응이다.

기술 발달의 필연성과 미래를 낙관하는 〈와이어드〉 전 편집장 케빈 켈리는 기계가 아무리 발달하더라도 사람과 다른 역할을 맡을 것이고, 인류의 생존을 위협할 수도 없을 것이라고 본다. 그는 "기계는 답을 위해 존재하고 인간은 질문을 위해 존재한다"고 말한다. 기계가 질문을 하는 것처럼 보일 수는 있지만 이는 프로그램 실행 과정에서 '앤드/오어'나 '예스/노'로 처리되는 논리함수를 따르는 알고리즘상의 코드다. 즉 컴퓨터가 질문하는 행위는 과업 실행에 필요한 정보를 사용자로부터 얻어내기 위한 논리적 프로그램의 프로세스 중 일부다. 기계의 질문은 알고리즘상의 정보 수집 절차일 따름이다.

사람의 질문이 호기심에서 비롯하는 것과 달리 기계의 질문은 알고리즘을 따른다. 로봇 페퍼의 홍보 동영상에서처럼 로봇이 아무리 궁금한 표정을 짓고 호기심 가득한 말투를 사용하더라도 말이다. 우리가 기계에 요구하며 기대하는 것이 알고리즘에 입각한 방식이기 때문이다. 기계가 정해진 알고리즘, 즉 규칙에 따라 과업을 수행하지 않는다면 더 이상 기계가 아니다. 자유의지를 지닌 독립적인 존재나 예측이 불가능한 위험한 존재가 된다. 사람이 기계에 자신의 일과 판단을 맡기고는 그 결과를 수용하고 의존하는 까닭은 사람이 설계한 범위 안에서 그 결과가 나올 것이라고 예상하고 그것을 신뢰할 수 있다고 믿기 때문이다.

사람은 그때그때 감정에 따라 영향을 받는다. 감정이 변하거나 또는 호기심이 발동해서 늘 결정하던 방식과 정반대를 선택하기도 한다. 이유를 설명할 수 없고 예측도 불가능하다. 하지만 인공지능이 사람과 마찬가지로 동일한 상황에서 감정이나 호기심을 이유로, 또는 기분에 따라 다른 결과를 내놓는다면 어떻게 될까? 이는 프로그램 설계의 '치명적 오류'다. 예측할 수 없는 행동을 하는 로봇이나 프로그램은 수용되지 못한다. 예측과 달리 작동하는 로봇은 고장 난 기계이자 공포스러운 존재다. 폐기 처분 대상일 따름이다. 기계가 사람처럼 호기심을 갖고 자유로운 질문을 할 수 없는 이유다. 기계의 질문은 의문문 형태를 띤 정보 수집 행위에 불과하고 기계는 객관적 사고를 통해 항상 동일하고 예측이 가능한 답변을 내놓도록 설계된다.

생각하는 기계의 질문은 사람이 설계한 정보 요구 기능이고 사람의 질문은 본능적 차원의 호기심에 뿌리를 둔다. 영국의 저술가 이언 레슬리는 《큐리어스》에서 호기심을 식욕, 성욕, 주거욕에 이은 네 번째 본능이라고 말한다.¹ 호기심은 사람이라면 누구나 지닌 기본적 속성이고 억누르기 힘들 정도로 강렬한 본능이다. 유인원과 고양이, 설치류 등도 일종의 호기심을 품은 행동을 보이지만 사람과는 차원이 다르다.

1980년에 태어나 생후 9개월부터 미국 조지아 주립대학 언어연구소에서 사람의 말을 배운 수컷 보노보 칸지Kanzi는 의사소통법을 익힌 천재 유인원으로 통한다. 칸지는 렉시그램이라는 소통 도구로 200개 넘는 단어를 익혀 600가지 이상의 과제를 수행하는 능력을 보였다. 세 살 아이 수준의 소통 능력을 지닌 것으로 평가됐다. 앞서 1971년에 태어난 암컷 고릴라 코코Koko도 어린 시절 1000개 이상의 단어를 배워 그동안 2만 명이 넘는 사람과 의사소통을 했다. 언어를 익힌 유인원들은 석기를 만들고 불을 다루는 법을 배웠으며, 자신의 생각을 다양하게 표현했다. 코코는 기쁨, 슬픔, 사랑, 고민 등을 자유롭게 표현하는 것은 물론 수화로 "이가 아프다"라고 표현해 치과 치료를 받기도 했다.

언어를 익힌 영장류는 다양한 감정과 요구를 표현했으며, 어느 정도 지적 능력이 있음을 보여줬다. 연구자들은 사람과 유인원의 근본

언어 교육을 받은 수컷 보노보 칸지가 연구자인 수 새비지-럼보와 대화하는 모습. 인간처럼 정교한 발성을 할 수 없어 의미 표현을 돕는 휴대용 '키보드'를 사용한다.
ⓒWilliam H. Calvin, PhD

적 차이가 어디에서 비롯하는지를 탐구했다. 연구 결과 결정적으로, 천재 유인원들은 언어를 배웠지만 사람과 달리 호기심 품은 질문을 하는 법이 없었다. 자의식의 근본인 "나는 누구인가"와 같은 질문은 물론, 도구를 사용하면서도 그 작동 원리에 대한 흥미는 없었다.

호기심은 인류가 지구상의 여느 생명체와 확연하게 다른 진화 과정을 거쳐서 오늘에 이르게 한 결정적 요인이기도 하다.

사람이 왜 본능적으로 호기심을 지니게 됐는지에 대해서는 몇 가지 추론이 있다. 우리 두뇌는 더 많은 정보를 얻기 위해 탐험과 보상 체계를 갖추게 됐는데 호기심이 주요 방편이 됐다는 주장이다. 탐험을 통해 몰랐던 것을 알게 되면 미지의 영역에 대한 불안과 불확실성이 감소하기 때문에 호기심을 추구한다는 것이다. 수집한 정보가 우호적이지 않은 상황이더라도 이에 대비할 수 있으며 합리화를 통해 인지적 일관성을 형성할 수 있다는 설명이다. 새로운 정보를 얻게 되면 흥분을 느끼게 하는 신경전달물질 도파민 분비가 뇌에서 활성화된다는 점도 인간이 왜 본능적으로 호기심을 추구하는 존재인지를 설명해준다.

호기심은 숱한 영장류 중에서 현생인류만이 고도의 문명을 이룬 존재로 진화한 이유를 설명하는 요소이기도 하다. 인간을 제외한 생명체들은 DNA를 통해서 대부분의 생존 정보를 후손에게 전달한다. 성체로 자라나는 동안 사냥하는 법, 나는 법 등을 부모로부터 익히는 동물도 일부 있지만 그 기간은 길지 않다. 인류는 지식과 학습을 통한 정보 전수 전략을 DNA 전략과 병행한다. 인간만큼 DNA에 적게 의존하고 출생 이후의 환경과 교육으로 생존 정보를 전수하는 생명체는 없다.

직립의 특성상 좁은 골반을 지니게 된 인간에게 큰 두뇌의 태아를 낳는 출산은 구조적 결함 또는 해부학적 기적으로 여겨진다. 이 구조적 결함을 극복하기 위해 인간은 미숙한 상태의 태아를 출산해 긴 유아기와 유년기의 사회화 과정을 거쳐 성체로 만드는 생존 전략을 택했다.

인간은 스스로 걷거나 먹이를 구할 때까지 오랜 기간이 걸리며, 다른 동물에 비해 후각, 시각, 청각, 촉각 등도 발달하지 않았다. 인간은 어떠한 생물체보다도 취약한 상태로 태어나는, 치명적 약점을 지닌 존재다. 사람은 감각기관을 통해 외부세계의 정보를 파악하는 능력이 상대적으로 뒤떨어지지만 두뇌를 사용하는 인지적 방법을 통해 유연성 높고 강력한 다기능의 도구를 발달시키게 되었다. 사회와 문화라는 고도의 지능적 장치를 만들어내 생물학적 취약성을 극복한 것이다. 인간은 언어를 발명해 지식을 생산하고 이를 축적, 전파, 전수하는 탁월한 생명체가 됐다. DNA 대신 출생 후의 오랜 사회화 과정에서 지식을 전수하는 인류의 생존 전략은 무한한 가변성과 유연성을 선사했다. 계몽철학자 존 로크 John Locke가 말한 대로 인간의 정신은 '타불라 라사' 상태로 태어나지만 그 백지 상태의 정신에 어떠한 상황에서도 뛰어난 능력을 발휘할 수 있는 지식과 지능, 의지를 담는다.

20세기 영국의 저명한 고고학자 고든 차일드는 빙하기를 함께 견뎌낸 시베리아의 매머드와 인간을 비교해 둘의 차이를 설명했다.[2] 매머드는 혹한을 견뎌내기 위해 무성한 털을 갖도록 진화했지만 빙하기가 지나고 기후가 따뜻해지자 새로운 환경에 빨리 적응하지 못했다. 생존이 어려워지고 결국 멸종했다. 인간은 빙하기 시절의 털옷을 벗고 매머드 대신 다른 짐승을 사냥했다. 인간은 극지에서부터 열대까지 지구 어느 곳에서도 생존할 수 있는 유연성을 지니게 됐다. DNA가 아니라 지식에 의존하기 때문이다. 그 지식은 인간에게 우주 공간과 달에서도 살 수 있게 만들 정도의 유연성과 적응 능력을 부여

타불라 라사 tabula rasa
빈 서판, 즉 아무것도 쓰여 있지 않은 깨끗한 석판이라는 뜻으로 인간은 정신적으로 아무것도 각인되지 않은 백지 상태로 태어나 경험을 통해 자신을 완성해간다는 철학적 개념을 말한다.

했다. 지난 수만 년 동안 인간은 생물학적으로 거의 진화하지 않았지만 인류의 생존 도구인 지식은 쉬지 않고 누적, 전수되어왔다. 인간은 새로운 지식의 확장과 축적이 생존 능력인 생명체다.

인간이 지식을 확장하기 위해 채택한 도구가 호기심이다. 호기심을 통해 새롭게 알게 된 정보는 검증되어 지식으로 축적되고 유동성을 지녀 빠른 속도로 유통, 공유된다. 생물체들이 수만 년, 수백만 년에 걸쳐 DNA에 담긴 정보를 변경해서 자손에게 물려주는 것과 달리 인간은 새로운 정보를 획득해 당대 사람들과 공유하고 후대에 전승한다. 유전자와 달리 지식은 시간과 공간의 제약을 뛰어넘는다. 영국의 진화생물학자 마크 페겔Mark Pagel은 인간이 문화를 만든 것은 "우리의 유전자와 우리의 정신 사이에서 힘의 균형이 바뀌는 중대한 성취를 이룬 것"이라고 말했다.

네덜란드의 문화사학자 요한 하위징아Johan Huizinga는 수수께끼 게임이 인류 사회에 체계적 지식을 만들어낸 원형적 형태라고 본다. 고대 부족의 경우 연장자는 전승시키려는 가장 중요한 정보를 정교한 수수께끼에 담아 문장이나 노래의 형태로 전수하고 구성원들은 이 수수께끼를 풀고 의미를 파악하기 위해 추리와 사고 등의 지능을 동원했다고 한다. 그리고 이것이 논리 발달의 계기가 되었다는 것이다. 호기심이 인류의 생존을 가능하게 했을 뿐만 아니라 오늘의 문명을 만들어냈다는 얘기다.

'왜?'를 억압해온 역사

호기심은 진화 과정에서 인류가 어떻게 생물 세계 최후의 승자가 됐는지를 설명하기도 하지만 스스로 만들어낸 역사에서도 그 역할과 중요성이 드러난다.

그리스 신화의 판도라는 제우스가 대장간의 신 헤파이스토스에게 명하여 흙으로 빚어낸 인류 최초의 여성이다. 여신의 모습을 닮은 아름다운 처녀로 빚어진 판도라는 여러 신들이 건넨 선물들이 담긴 항아리를 받지만 제우스는 이 항아리를 '절대 열어보지 말라'고 경고한다. 판도라는 호기심을 주체하지 못하고 결국 금단의 항아리를 열고 만다. 가난과 전쟁, 증오와 시기, 슬픔과 질병 등 온갖 악과 걱정거리가 항아리에서 쏟아져 나왔다. 판도라가 받은 것은 원래 항아리였지만 이후 그리스 신화가 번역되어 퍼져나가는 과정에서 '상자'로 알려졌다. '판도라의 상자'는 무엇이 올지 모를 두려움 속에서도 참지 못하는 인간의 호기심에서 역사가 시작됐다고 말한다.

〈구약성서〉의 '창세기' 첫머리가 전하는 인간의 본질도 억누를 수 없는 호기심이다. 하와는 야훼가 절대 먹지 말라고 말한 나무 열매를 아담과 함께 먹고 에덴동산에서 쫓겨난다. 신은 "먹으면 죽을 것"이라고 강하게 경고했지만 사람의 호기심은 죽음의 경고와 두려움마저 잊게 할 정도다.

인류 최초의 이야기인 신화와 종교가 공통적으로 전하는 메시지는 인간은 호기심을 가진 존재라는 것이다. 어떠한 경고로도 억누를 수 없는 사람의 호기심이야말로 오늘날의 사회와 역사를 만들어낸 결정적 동인으로 작용했다. 신화와 종교에서 호기심은 인간의 본능으로 묘사되지만 평가는 긍정적이지 않다. 온갖 말썽을 불러오는 불필요한 관심이고 신의 권위에 도전하는 교만한 욕심이다.

기본적으로 종교와 권력집단에 호기심은 그 존재를 구성하는 신념체계와 가치체계를 흔드는 위험한 인간 본성이다. 권력을 지닌 쪽에서 보자면 통제되지 않는 호기심은 권위를 위협하는 도전이다. 그래서 비난과 경계의 대상이었고 때로는 죄악으로 여겨졌다. 유일신을 믿는 종교에서 호기심은 불신이라는 죄악과 동의어다. 〈신약성서〉에서 죽임당한 예수가 부활했다는 다른 제자들의 말에 의심을 품었던 제자 도마는 그 호기심과 과학적 접근법 때문에 비난의 대상이 된다. 4세기의 아우구스티누스가 "신은 꼬치꼬치 캐묻는 자들을 위해 지옥을 마련했다"고 《고백록》에서 말한 것처럼 신학자들은 호기심을 죄악으로 연결시키며 몰아내고자 애썼다. 14세기의 교부철학자 토마스 아퀴나스도 호기심을 《성서》가 말하는 경계 대상인 '안목의 정욕lust of the eye'으로 지목했다. 다만 아퀴나스는 단 한 종류의 호기심만은 인정했다. 신을 더 잘 이해하기 위해 "신이 만든 우주 만물의 진리에 대한 지식을 추구하는" 호기심만은 좋은 것이라고 보았던 것이다.

중세 유럽 기독교 사회에서 가장 지적인 공간이던 이탈리아 베네딕트파의 수도원을 배경으로 한 움베르토 에코Umberto Eco의 소설 《장미의 이름》도 호기심을 소재로 한다. 지적 호기심을 지닌 수도사들로부터 신앙을 지켜내기 위해 그 호기심을 죽음으로 벌해야 한다는 광기의 신앙이 작품의 내용이다. 도서관 비밀 서고에 수장된 아리스토텔레스의 《시학》에 접근하려던 수도사들을 독살한 늙은 사서 수도사 호르헤는 "난 아무도 죽이지 않았다. 죽은 자는 모두 자기 죄 때문에 운명에 따라 그렇게 된 것이다"라고 말한다.

지배 권력이 얼마나 지식에 대한 호기심을 경계하고 두려워했는지, 역사는 온통 사상가와 서적에 대한 탄압으로 점철돼 있다. 지적 호기심을 두려워한 권력은 분서갱유와 종교재판, 금서 지정 등의 만행을 저질렀다.

지배 권력이 호기심을 두려워하고 탄압해온 역사는 호기심이 권력에 대해 무엇보다 위협적인 도전이었다는 사실을 방증한다. 궁금증 충족과 답변을 요구하는 다양한 호기심에 대응하는 것이 번거롭고 귀찮아서, 또는 그런 호기심에 대응할 자원이 부족해서가 아니다. 호기심이 위험한 이유는 따로 있다. 호기심을 품으면 기성의 권위와 그에 기초한 가치체계에 대해 의심하고 도전하게 되며 이를 붕괴시킬지도 모를 새로운 지식과 사상이 출현한다는 것을 권력이 누구보다 잘 알고 있기 때문이다. 권력이 금서를 지정하고 그에 대한 접근을 차단했던 이유는 해당 정보와 지식 자체의 위험성과 그 확산이 가져올 혼란 때문만이 아니다. 해당 정보가 알려진 이후 그로부터 생겨나는 호기심과 질문이 진정한 두려움과 차단의 대상이다. 신도 통제하지 못한 사람의 호기심은 권력이 통제할 수도, 길들일 수도 없기 때문이다.

호기심은 일반적으로 질문의 형태로 나타난다. 어떠한 생명체도 궁금해하지 않는 것에 사람은 "왜?"라는 호기심을 갖고 의문을 품는다. 사람은 주어진 환경과 질서를 당연한 것으로 여기는 대신 호기심을 품고 그 이유에 대해 궁금증을 가진다. 설명되고 이해되지 않는 한, 궁금증은 사라지지 않는다. 그 궁금증을 해결하기 위해 사회적 차원에서 체계적으로 만들어낸 답변의 총화가 문화다. 신화로, 전설로, 종교로, 전통으로, 권력으로, 지식과 정보로 사람은 모든 정신적 자원을 동원해 다양한 궁금증에 대해 설명해왔고, 그것이 인류의 문화가 되었다. 각 사회는 세상의 모든 궁금증에 대해 그것을 신의 섭리이건, 위대한 조상과 영웅의 행위이건, 진화의 결과이건, 사회적 약속이건 간에 어떠한 형태와 내용으로든 나름대로의 설명 구조를 만들어냈다. 우주는 어떻게 만들어졌는지, 사람은 어디에서 왔는지, 죽으면 어떻게 되는지, 행복은 무엇인지…. 사람이 품는 다양한 호기심에 대해 나름대로의 설명 구조를 갖추지 못하는 사회는 존재하지 못한다. 독립된 사회와 지도자로 존립하기 위해서는 반드시 이러한 방대한 호기심과 질문 목록에 대한 고유한 설명 능력을 갖추고 있어야 한다. 거꾸로 이런 문제들에 대한 호기심을 충족시켜주는 설명력을 갖추면 사람들을 지배하는 능력을 갖게 된다. 사상을 만든 사람, 종교 지도자, 과학적 설명체계를 구성한 뉴턴이나 다윈 같은 사람들이 그 예다.

　인간의 본능인 호기심은 사람을 다양한 일탈과 위험으로 이끄는 요인이기도 하다. "불에 덴 아이는 불을 무서워한다"지만 이는 불에 데기까지는 그 호기심을 억누르기 어렵다는 의미이기도 하다. 지적 학습이나 대화 같은 간접 경험을 통한 방법에 익숙해지기 전까지 아이들은 직접적 체험과 학습을 통해 끝없는 호기심을 충족시키고자 한다. 아이에게서 잠시 눈을 돌리면 온갖 안전사고가 일어나는 이유다. 호기심은 성인들도 일탈로 이끈다. 위험이 뻔히 예상되고 사회적, 도덕적으로 강한 금지와 처벌이 작동하는 금기에 빠져드는 것도 모두 호기심 때문이다. 이러한 일탈과 위험은 권력이 호기심을 억누르기 위해 활용하는 배경이기도 하다.

"왜?"를 묻는 일은 인지 과정에서 적극적이고 주체적인 사유와 판단에 필수 요소다. 질문은 새로 접한 정보를 단순히 수용하는 행위와 다르다. 그 정보 중에 자신이 보유하고 있는 기존 지식체계와 부분적으로 일치하지 않는 부분, 즉 이해되지 않는 부분에 대한 호기심이자 불안이 표현된 행위다. 이러한 인지 부조화를 해소하기 위한, 인지 주체의 적극적인 노력이 질문 행위로 나타나는 것이다.

종교의 세기였던 중세에 억압받아온 지적 호기심은 르네상스, 계몽주의, 근대과학의 발달, 산업혁명을 거치면서 지적 추구에서 무엇보다 중요한 요소임을 인정받게 된다. "아는 것이 힘이다"라고 16세기 영국 철학자 프랜시스 베이컨이 말했을 때, 그 동력은 호기심이다.

한국은 전반적으로 호기심이 장려되어온 사회가 아니다. 세계에서 유례가 드물게 한 가문의 왕조가 근대 500년을 안정적으로 통치해온 역사 탓에 임금과 연장자, 남성 위주의 강한 위계질서와 유교 문화를 바탕으로 한 신분제 사회의 특성이 아직도 뿌리 깊게 남아 있다. 호기심과 자유로운 질문을 중시하지 않는 한국 사회의 문화는 20세기 시민사회와 산업의 발달에도 크게 달라지지 않았다.

시험과 경쟁 위주의 학교교육은 호기심과 문제 파악 능력보다 암기와 해답 위주로 익히는 주입식 교육 시스템으로 특징지어진다. 위계질서가 강한 기업이나 공무원 등 각종 조직 사회는 자유로운 질문과 문제 제기에 대해 실행력을 떨어뜨리는 비효율로 간주하는 경향이 짙다.

우리 사회는 남북 분단과 전쟁으로 사상과 표현의 자유가 제약되어왔으며, 독재정권과 권위주의 통치가 이어지는 동안 자유로운 호기심 추구에는 법적, 사회적 처벌이 뒤따랐다. 정치적 자유는 물론이고 음악과 미술, 패션에서도 오랫동안 자유가 허용되지 않았다.

한국 사회가 한국전쟁 이후 겪은 압축 성장의 경로 그리고 효율성과 결과 위주의 사회 분위기는 기본적으로 호기심이 만발하기 어려운 풍토다. 호기심은 효율성과는 거리가 멀다. 호기심은 당연하게 여겨온 것들에 대해 의문을 품으며 왜 그런지, 무엇 때문에 그런지 그 원리와 배경을 궁금해하면서 다양한 상상을 필요로 한다. 효율성은 정해진 경로를 최대한 빨리 익혀 능숙하게 처리하는 것을 강조한다. 한국전쟁 이후 한국이 선택한 산업정책은 효율 위주의 압축 성장이다. 선진공업국들이 이룩한 성과를 단기간에 수용하고 모방함으로써 유사한 수준에 도달하는 것이 목표였다.

후발주자가 택하는 압축 성장은 이른바 '빠른 추격자 fast follower' 전략으로 불린다. 하지만 빠른 추격자들이 모방과 학습을 통해 선발주자 first mover와 동일한 결과물을 내놓더라도 둘의 과정은 완전히 다르다. 최초의 개발자는 아무것도 없던 상태에서 새로운 것을 만들어내기 위해 다양한 사고실험을 하고 호기심을 자극하며 많은 시도를 한다. 운 좋게 그러한 많은 시도 중에 구현 가능하고 경쟁력과 효율성까지 갖춘 방법을 찾으면 실제 생산과 서비스로 이어지는 방식이다. 하지만 압축 성장을 꾀하는 후발주자는 선발주자가 찾아낸 길을 빠르게 모방하고 효율성을 높이는 것이 중요하다. 무에서 유를 만들어 내기 위해 호기심을 격려하고 발달시킬 필요가 없다. 목표로 하는 '정답'이 정해져 있는 상황에서 호기심은 쓸데없는 짓이자 불필요한 비용일 따름이다. 학문이 스콜레에서 비롯한다고 생각했던 고대 그리스인들은 애초에 실용적 목적을 갖고 지식을 추구하는 것은 천박한 일이라고 보았다. 호기심은 아무런 실용적 대가 없이 영혼 스스로의 만족을 위한 지적 추구였다.

한국은 압축 성장 전략으로 단기간에 성공적인 산업화를 이뤄냈지만 그 과정에서 세계 최초로 만들어낸 창의적인 것은 매우 드물다. 결과물로 직결되지 않는 자유분방한 호기심과 목적 없는 어슬렁거림의 가치는 효율성을 중시하는 한국 사회에서 제대로 인정받지 못했다. 교육도 호기심을 북돋우며 자유로운 질문을 격려하기보다 정해진 학습 내용을 얼마나 충실하게 익혀서 좋은 시험 성적을 받는지에 강조점이 주어졌다. 근래 들어 호기심과 창의성을 키우는 교육이 중요하다는 지적이 나오고 있지만 사회 전반에 흐르는 효율성 위주의 문화 속에서는 한계가 뚜렷하다.

질문이 필요 없는 미래

디지털 기술은 호기심이라는 특별한 능력을 지닌 인류에게 역설적 상황을 가져다줬다. 스마트폰과 인터넷은 세상의 모든 정보에 언제 어디서나 닿을 수 있게 해주었다. 모든 궁금증과 질문에 대해 그동안 인류가 쌓아온 답변을 즉시 알려주고 관심을 가진 이들과 연결시켜준다. 호기심을 키우고 충족하고 확대해나갈 수 있는 최고의 여건이다.

하지만 인터넷은 결과적으로 호기심을 없애는 기능도 수행한다. 질문에서 답변에 이르는 길을 극도로 단축시킴으로써 호기심이 숙성하고 싹틀 여건을 없애기 때문이다. 구글은 스마트폰 데이터와 검색기록 등 사용자의 패턴을 인식해 '검색이 필요 없는 검색 searching without search' 서비스를 지향한다. 구글의 래리 페이지 Larry Page 는 "완벽한 검색엔진이란 내가 무엇을 의미하는지를 정확히 이해해서 원하는 것을 가져다주는 것"이라고 말했다.

'검색이 필요 없는 검색'이란 문구는 검색 속도를 단축시키려는 구글의 의도가 궁극적 형태로 표현된 것이다. 디지털 기기 사용자의 현재 위치와 이동 경로, 검색 시기, 평소 이용 패턴과 맥락, 관심 분야 등을 파악해 사용자가 묻기 전에, 궁금해하기 전에 무엇을 해야 할지 알려주겠다는 것이 '검색이 필요 없는 검색'의 목표다.

똑똑한 기술로 인해 일상에서 질문할 필요성이 줄어들고 있다. 질문을 던지고 답을 찾아가는 과정이 호기심을 숙성시키는 경로이지만 이제는 그럴 여유가 사라지고 있다.

묻기 전에, 궁금해하기도 전에 인터넷이 나의 상태를 파악해서 필요한 것을 찾아 알려주고 최적의 선택까지 제공하는 방향으로 진전하고 있다. 빅데이터 기술은 인류가 장구한 역사를 통해 본능처럼 익혀온 사고의 구조와 습관을 위협하고 있다. 기계가 가져다주는 편리함으로 사람은 과거처럼 사소하고 많은 것을 기억하거나 생각할 필요가 없어지고 있지만 동시에 스스로 묻고 답할 필요도 사라지고 있다. 단순한 정보의 암기를 기계가 대체하는 문제가 아니라 사유 구조와 기능 자체에 변화가 오고 있다.

인간의 사유는 인과성을 찾는 방식으로 이뤄져왔고 역사를 통해 얻은 지식의 대부분은 인과적이다. 번개가 치면 천둥소리가 나고 비가 쏟아진다. 비가 오면 강물이 불어나는 자연 속에서 살아온 인류는 인과적 사유에 친숙하다. 관찰한 자연현상이나 사회현상을 검증된 지식으로 만드는 필수 과정은 인과적 연결성을 객관적으로 확인받는 것이다. 자연과 사회 속에서 우리는 수많은 인과적 연결에 직면해왔고 인과성은 인류가 세상을 이해하는 기본적인 틀이 됐다. 매사 인과성을 찾으려는 성향 때문에 인과적이지 않은 독립된 사건들마저 원인과 결과의 틀로 해석하려는 경향을 지니게 됐을 정도다. 전혀 연관성이 없는 일들도 시공간적으로 가까이 있거나 행위의 주체가 같을 경우 이를 인과적으로 파악하려 한다. "아니 땐 굴뚝에 연기 나랴", "까마귀 날자 배 떨어진다"라는 속담은 일상에서 우리가 얼마나 인과성을 추구하는지를 말해준다.

인과적 연관성을 추구하는 것은 인류의 직관적인 욕구다. 심리학자로 2002년 노벨경제학상을 받은 대니얼 카너먼Daniel Kahneman은 인류가 위험한 환경에서 제한된 정보로 빠르게 결정해야 하는 일을 많이 경험한 것이 인과적 사유의 발달로 이어졌다고 설명한다. 인과적 사고는 경제적 사유와 판단을 가능하게 한다. 원인에 결과가 따라오기 때문에 부분을 보고 이후 닥칠 일을 예측하는 것이 가능하다. 매번 같은 과정을 되풀이해서 생각하고 판단할 필요도, 끝까지 기다려 결과를 확인할 필요도 없앤다.

관찰과 실험을 통해 사물과 현상 간의 인과관계를 밝히는 것이 지식이고 학문이다. 이를 위해 연구자들은 다양한 가설을 세우고 변수를 통제하면서 실험과 연구를 진행한다. 하지만 이러한 인과성의 추구는 빅데이터 환경에서 상관성으로 대체되고 있다. 이유를 아는 것에는 현상을 설명하는 명쾌함이 있지만 빅데이터는 이유를 몰라도 유용한 결론을 충분히 제공한다.

구글이 사용자들의 독감 관련 검색을 활용해 만들어낸 독감 유행 경보 서비스인 플루 트렌드Flu Trend는 높은 정확도를 보여주었다. 빅데이터는 세상을 이해하기 위해서 반드시 인과성을 밝혀낼 필요가 없도록 해준다. 이유를 알지 못해도 빅데이터를 통한 상관분석만으로 충분히 유용한 결론에 이를 수 있게 해준다. 옥스퍼드 대학 인터넷연구소 빅토어 마이어 쇤베르거 교수는 빅데이터 기반의 새로운 분석 방법은 그동안 보이지 않던 연결 관계를 보여준다면서, 비인과적 분석 덕분에 '이유'가 아닌 '결론'을 묻는 방식으로 세계를 이해하게 될 것이라고 말한다.[3]

"왜 이런 현상이 일어날까?"를 밝혀내기 위해 다양한 가설을 세우고 데이터를 확보한 뒤 실험과 이론으로 가설을 검증하는 것이 학문과 연구의 전통적인 접근 방법이었다. 반면 빅데이터 기술은 데이터에서 발견되는 높은 상관성을 활용하라고 요구하는 셈이다. "왜?"를 규명하는 가설과 그에 기초한 이론의 필요성이 빅데이터의 설명력으로 대체되는 상황이다. 〈와이어드〉의 편집장 크리스 앤더슨이 이런 주장의 대변자다. 앤더슨은 "데이터 홍수로 과학적 방법은 구식이 됐다"며, '순수한 상관성'이라는 통계적 분석이 이론을 대체한다고 말한다.[4] 그는 '이론의 종말'이라고까지 말한다.

판단과 추론의 근거를 요구하는 현대의 과학적 사고는 데이터를 요구한다. 객관성과 합리성 검증은 기본 요건이다. 그리고 정보기술은 빅데이터를 통해 과거에는 불가능했던 차원의 데이터를 제공한다. 정교하고 방대한 빅데이터를 통해 전에는 발견되지 않던 현상들 간의 상관성이 드러나고 새로운 통찰과 지식이 늘어나고 있지만 이는 동시에 인간의 사고를 위협한다. 검색과 빅데이터를 활용한 예측 알고리즘은 유용한 결과를 제공하지만 우리가 사고와 추리를 통해 지적 능력을 작동시키고 강화하는 과정을 퇴화시킨다. 우리가 세상을 이해하기 위해 가설과 추론으로 이어지는 인과성을 추구할 필요가 없어지는 것이다. 니콜라스 카는 자동화와 알고리즘이 정신에 끼치는 폐해를 지적한《유리감옥》에서 이 문제에 대해 이렇게 말한다.

예측 알고리즘은 상관관계를 찾아내는 데 초자연적인 능력을 발휘할지 모르지만, 그 특성과 현상이 생기는 근본적인 원인에는 무관심하다. 하지만 인간이 가진 이해력의 범위를 확대하면서 궁극적으로 우리의 지식 추구 활동에 의미를 부여하는 것은 인과관계의 해독이다. 이는 세상이 돌아가는 원리를 세심하게 풀어헤치는 것이다.[5]

 멀티태스킹의 부정적 효과를 세계적 논쟁거리로 만든 카의 2011년 저서 《생각하지 않는 사람들》은 정보기술과 호기심의 미묘한 관계를 잘 보여준다. 인터넷의 하이퍼링크와 멀티태스킹 기능은 지적 추구에 최고의 환경을 제공한다. 모든 질문과 호기심에 대해 즉시 답을 줄 수 있다. 원하는 정보를 찾기 위해 도서관의 도서목록 카드와 서가를 뒤지거나 책장을 넘길 필요 없이 바로 원하는 정보를 눈앞에 가져다준다. 컴퓨터 한쪽에 위키피디아나 검색 창을 열어놓고 과업을 수행하다가 모르는 것이나 궁금한 것이 생기면 검색해보고 그 정보를 활용해 과업을 진전시키고 심화시킬 수 있는 구조다. 하지만 현실은 이와는 정반대로 나타났다. 하이퍼링크와 멀티태스킹은 호기심을 숙성시킬 수 있는 틈(스콜레)을 없애버렸다. 하나에 집중하지 못하고 쉴 새 없이 새로운 정보에 탐닉함에 따라 집중력과 깊은 사고력을 잃어버리게 되었다는 것이 카의 지적이다.

 호기심은 다양성 호기심과 지적 호기심으로 구분된다. 끊임없이 새로운 자극을 추구하고 관심을 할당하는 것이 다양성 호기심이다. 지적 호기심은 깊이 있는 이해와 목적이 분명한 탐구로 숙성된 호기심이다. 다양성 호기심은 위험으로부터 인간을 보호하고 도파민이

주는 쾌락을 추구하는 인간의 본능에서 비롯하지만 이것만으로는 인간다운 삶을 누리기에 충분치 않다. 창의적 사고, 자아 발견, 공감 능력을 가능하게 해주는 것은 지적 호기심이다. 지적 호기심도 다양성 호기심에서 출발하지만 다양성 호기심을 숙성시켜야 비로소 작동한다. 주의와 관심을 집중시켜서 깊이 있는 사고와 창의성, 자의식과 의미의 발견으로 연결시키고 생각하는 존재로서 사람의 특징을 이루는 것이 지적 호기심이다. 다양성 호기심은 위험을 고려하지 않는 맹목성과 주의 분산이라는 부정적 특성을 함께 지닌다. 반면, 지적 호기심은 학습과 발견, 창의적 사고를 가능하게 하는 긍정적 호기심이다.

뛰어난 연결성과 다기능을 갖춘 인터넷과 스마트폰은 지적 추구를 위한 최적의 도구이지만 정보기술이 주는 즉시성과 다양한 정보의 푸시 알림 등은 다양성 호기심을 무한히 자극하여 거기서 헤어나지 못하게 한다는 것이 카와 같은 비평가들의 고발이다. 사용자가 과거처럼 다양성 호기심을 지적 호기심으로 숙성시키지 못한 채 끊임없이 울려대는 무가치한 푸시 알림과 선정적 정보에 제한된 주의력과 관심을 빼앗겨버리는 바람에 '생각하지 않는 사람'과 '가장 멍청한 세대'가 되고 만다는 지적이다.

정보기술은 시간과 공간의 거리를 소멸시켰다. 시간의 압축화 역시 호기심을 숙성시킬 틈을 없애 모든 것을 현재의 시점으로 바꿔버렸다. 미국의 미디어 비평가 더글러스 러시코프는 디지털 기술 덕분에 과거에는 시간의 흐름 속에서 진행되던 일들이 대부분 '즉시' 처리되게 되었다고 말한다. 모르는 것이 생기면 기억을 더듬어보고 걸어가면서 궁리해보고 도서관 서가를 뒤지다가 뜻하지 않은 책까지 들춰보던 때의 기억과 사유, 판단 과정이 스마트폰과 알고리즘에 의존하게 되면서 크게 달라졌다. 인터넷과 소셜미디어, 클라우드 컴퓨팅 덕분에 우리는 호기심이 생기는 순간 또는 궁금해지기도 전에 즉각적으로 반응해야 하고 모르는 것은 기계가 알려준다. 러시코프는 인터넷으로 시간의 거리가 사라지거나 압축된 결과 모든 것이 현재 시점으로 일어나는 즉시성의 문제를 《현재의 충격》에서 다뤘다.[6]

인류가 성취해낸 것들의 근원

사람만이 지적 호기심을 지닌 동물이고 질문할 줄 아는 존재다.

아인슈타인은 사람들이 천재성의 특징과 비결을 물어볼 때면 항상 "나는 별다른 재능이 없다. 다만 호기심이 왕성할 따름이다"라고 답변했다. 오늘날 문명과 과학혁명의 기틀을 마련한 물리법칙도 뉴턴의 위대한 질문에서 비롯했다. "나무에 달린 사과는 떨어지는데, 왜 하늘의 달은 떨어지지 않을까?"

과학의 역사에서 위대한 발견과 발명을 비롯해 크고 작은 성취들은 하나같이 호기심 어린 질문에서 비롯했다. 문화와 사회를 발전시키고 변화시켜온 원동력도 사람들의 질문이었다. "죽음 이후에는 무엇이 있을까?" "오래도록 사라지지 않는 아름다움은 무엇일까?" "왜 여자는 남자처럼 투표할 수 없는가?" "흑인은 왜 백인과 같은 권리를 누릴 수 없을까?" 다른 사람을 이해하는 공감 능력을 포함해 일상적 삶과 관계를 형성하고 조정하는 동력도 알고 보면 질문의 형태를 띠고 있다. "왜 그는 나에게 관심이 없을까?" "토라진 여자친구의 마음을 달래려면 어떤 얘기로 말문을 열어야 할까?" "이런 얘기를 친구와 상담해도 창피하지 않을까?"

인간의 사고와 감정은 호기심과 질문을 통해 작동하는 구조다. 호기심과 질문은 인간이 지닌 거대하고 놀라운 힘인 사고력, 공감 능력, 의지력을 불러내는 마법의 호리병이다.

이런 위대한 호기심은 어떻게 배양되고 학습될 수 있을까?

런던 정경대LSE의 사회학자 리처드 세넷은 뛰어난 사람들인 장인의 특성을 면밀히 고찰해 그 탁월함의 비밀을 제시하고자 했다. 세넷은 장인들이 훈련을 통해 기량을 연마하고 노동을 예술의 경지로 고양시킨 과정을 설명한다.[7] 연구 결과 세넷은 장인 노동에서 태생적 능력의 차이는 크지 않으므로 누구나 장인이 될 수 있다고 결론 내린다. 성공한 많은 사람들이 똑같이 말하는 "저는 특별한 능력을 타고 났다고 생각하지 않습니다"라는 상투적 표현의 반복인 셈이다.

하지만 세넷은 장인의 실기 작업에 커다란 역설이 있다고 강조한다. 장인이 손으로 구현하는 매우 정밀하고 복잡한 활동도 그 모든 작업 능력은 단순한 정신적 행위에서 비롯한다는 점이다. 누구나 갖고 있는 이 능력이 장인 노동의 기본을 이룬다. 초점을 맞추고 localize, 질문하고 question, 문제를 설정하는 open up 능력이다. 초점 맞추기는 작업 대상을 구체화하는 능력이고, 질문은 그 대상을 자세히 들여다보면서 특징을 파악하는 일이고, 문제 설정은 무의미해 보이는 요소들 간의 연관성을 찾아내는 직관적 도약과 개방적 사고를 통해서 대상의 의미를 확장하는 일이다. 이는 사실상 호기심과 질문이 작동하는 과정을 단계별로 구분한 것이다. 호기심을 숙성시켜서 제대로 질문을 던지고 그 질문에 대한 답을 추구해가는 것이 탁월함을 만든다는 통찰이다. 더욱이 지적이고 정신적인 작업 위주인 학자나 사상가가 아닌, 자신의 몸을 도구로 사용해 예술적 경지의 작품을 만들어내는 육체 노동을 필수로 하는 장인들의 경우에도 질문은 핵심적 가치를 갖는다.

호기심은 외부의 자극이나 우연한 관찰에서 비롯하지만 위대한 발견과 통찰로 이어지는 질문은 우연하게 만들어지는 것이 아니다. 1928년 알렉산더 플레밍이 페니실린을 발견한 계기는 우연한 관찰에서 비롯한 의문이 시작이다. 관리 실수로 실험실의 배양접시에 푸른곰팡이가 흘러들었는데 이 곰팡이가 근처에 있는 포도상구균의 접근을 차단하는 것을 보고 궁금증을 품은 것이 최초의 항생제 개발로 이어졌다.

프랑스의 탁월한 생화학자 루이 파스퇴르는 "관찰의 세계에서 행운은 준비된 사람에게만 찾아온다"고 말했다. 모든 사람에게 무차별적으로 주어지는 우연을 위대한 발견과 깊은 성찰을 낳는 호기심으로 연결하려면 그에 관해 준비된 지식과 관심을 갖추고 있어야 한다. 다른 사람들이 모두 지나치는 현상을 보면서 왜 그런지를 궁금해하려면 선천적 호기심만으로는 부족하다.

경기도 연천 전곡리의 구석기 유적은 세계 고고학계에서 정설로

전곡리 유적을 발견한 그레그 보엔. 이 사건은 동아시아가 아프리카나 유럽에 비해 석기 제작 기술이 떨어져 외날식 구석기 문화만 가지고 있다는 모비우스Movius 이론을 뒤집었다. 돌 하나에 품은 호기심이 세계 구석기 문화 연구에 새로운 전환점을 마련한 것이다.

받아들여지던 학설을 뒤집은 아슐리안 주먹도끼의 발견지로 유명하다. 구석기 시대의 만능도구인 아슐리안 주먹도끼가 유럽과 아프리카에서만 만들어졌다는 이론은 전곡리 유적의 발견으로 수정되었다. 이 발견은 아주 우연히, 그것도 한 이방인 비전문가에 의해 이뤄졌다. 1977년 한탄강에서 산책을 하던 주한 미군 그레그 보엔Greg Bowen은 우연히 주운 돌들의 모양이 범상치 않음을 보고 의문을 품었다. 미 공군 소속의 그레그 보엔은 미국 캘리포니아의 한 대학에서 고고학을 전공하다 입대했고 산책 중에 만난 날카로운 돌을 무심코 지나치지 않았다. 그는 그 돌이 혹시 구석기인들의 작품일 수도 있지 않을까 하는 의문을 품게 되었다. 고고학계에 엄청난 선물이 된 일대 발견이었다. 이후 대대적 발굴 작업이 진행되었고 전곡리 구석기 유적지는 세계적 구석기 유적이 되었다. 장구한 세월 동안 수많은 사람들이 한탄강의 돌들을 지나쳤다. 하지만 준비된 지식과 호기심을 갖춘 이국의 병사 덕분에 한반도의 고대 유적이 비로소 빛을 볼 수 있었다.

뉴턴이나 플레밍, 보엔처럼 호기심을 지적 발견이나 통찰로 연결시키기 위해서는 어느 정도 관련 지식을 갖추고 있어야 한다. 지적 호기심이 구체적인 의문으로 연결되도록 일종의 마중물 구실을 할 지식과 관심이 필요한 것이다. 호기심과 관찰 그리고 사유로 이어지는 인간 고유의 정신적 상징체계를 가동시키려면 일정한 지식이 필요하다는 사실은 우리의 일상적 환경이 된 정보기술 세계에서 새로운 의문을 제기한다. 지식을 어느 수준까지 외부의 기계적 두뇌에 의존하고 어느 영역을 타고난 생물학적 두뇌에 맡길 것인가 하는 문제다.

대부분의 기억과 판단을 외부 기계장치와 인공지능에 의존하는 방향으로 나아가는 지금 기계가 대체하기 어려운 호기심과 질문 능력의 가치가 주목받고 있다. 그러나 지적 호기심을 가동하기 위해서는 관련 분야에 관한 지식과 관심이 필수적이라는 애기는 순환 논법과 같은 모순적 느낌을 준다. 어렵게 외우고 쉽게 망각하는 정보와 지식을 사람이 기억하느라 애쓸 필요 없이 인터넷과 스마트폰 등 외부 기계에 의존하고 사람은 기계가 하지 못하는 창의성과 호기심과 관련된 분야에 집중해야 하는데, 그 역시 두뇌에 내장한 지식을 필요로 한다는 순환론이다.

'창의적 사고'라는 펌프를 가동시키기 위해 마중물이 얼마나 필요한지, 또 반드시 마중물의 형태로 있어야 하는지에 대해서는 논란이 있다.

몰입을 강조한 칙센트미하이는 독창적 성과를 이뤄낸 과학자들의 다수가 음악이나 시, 또는 역사 정보를 광범하게 외우고 있었던 것에서 알 수 있듯이, 창의성과 기계적 암기가 양립 불가능하다는 생각은 잘못됐다고 말한다.[8] 내적 상징체계를 발달시키기 위해서는 일련의 정보와 규칙을 필수적으로 갖추어야 한다는 얘기다. 스티븐 핑커도 "천재들은 공부벌레다"라고 말한다.

18세기 프랑스의 계몽사상가 장 자크 루소는 아이들이 호기심과 창의성을 타고나지만 암기와 연산을 강조하는 인공적인 제도적 교육에 의해 천부적인 호기심이 훼손된다면서 자연주의 교육을 강조했다. 20세기 이탈리아의 교육가 마리아 몬테소리는 아이들의 자율성과 창의성 위주의 교육법을 체계화했는데, 이 몬테소리 교육법도 그 연장선에 있다. 정보기술 분야의 낙관주의자들도 기계를 활용하여 사람은 창의적인 분야에 집중할 것을 강조한다.

최대한 아이의 자율성을 살려주는 방법과 일정한 수준의 정보와 지식을 학습하도록 지도하는 방법 중에 어느 쪽이 더 창의성을 활성화시키는 교육 방법인지에 대해서는 서로의 주장이 엇갈린다. 하지만 방법론은 서로 달라도 앞으로 호기심이 더욱 중요해질 것이라는 점에는 의견이 일치한다. 지식 정보 사회에서 새로 만들어지는 지식은 점점 더 빠르게 늘어나고 정보의 유효기간은 갈수록 단축된다. 이는 세상을 더욱 복잡하게 만드는 요인이다. 복잡한 세상에서, 또 미래에 무엇이 유용할지 예측하기 어려운 상황에서 무엇보다 중요한 능력은 유연한 대응력이다. 유연한 지적 능력은 어떠한 상황에서도 본질적인 문제를 파악하게 하고 그에 대한 대응법을 모색하게 하기 때문이다. 예측 불가능의 복잡한 상황에서 가장 유용한 도구는 유연함이고 이는 호기심으로 나타난다.

결핍을 발견해내야 하는 시대

똑똑한 컴퓨터가 사람 같은 호기심을 가질 수 없는 까닭은 호기심이 인간 고유의 심리 작동과 깊은 연관을 갖고 있기 때문이다. 호기심은 지적 결핍이자 인지적 불만족의 한 형태다. 하지만 호기심은 가장 행복한 결핍이자 불만족이다. 호기심은 아무것도 모르는 상태에서 생겨나는 궁금증이 아니다. 자신이 알고 있는 지식 사이에서 설명되지 않는 인지적 빈틈에 대해 알고 싶은 욕망이다. 그렇기 때문에 지적 호기심은 자신이 무엇을 알고 있고, 또 무엇을 모르고 있는지를 아는 데서 출발한다.

고대 그리스의 철학자 소크라테스는 일찍이 호기심이 지혜와 지식으로 가는 길임을 설파했다. 그가 지식의 본질을 강조하며 "너 자신을 알라"고 말했다는 것은 실제로는 "너 자신의 무지를 자각하라"는 말이다. 자신이 무엇을 모르는지를 알지 못하는 사람은 무엇을 추구해야 할지 모를 수밖에 없다. 지적 추구의 출발점은 자신이 모르고 있는 것에 대한 자각이다. 지적 호기심은 충분한 정보를 갖추고 있지 않아 생기는 인지적 빈틈에서 비롯하지만 논리적이 아닌 감정적 상태다. 알지 못하는 그 무엇에 대해 궁금한 상태다. 지적 결핍의 상태가 호기심이다. 소크라테스는 사랑도 결핍에서 비롯한 감정이라고 설명했다.

"굶주려라. 어리석음을 구하라 Stay hungry, stay foolish"
〈홀 어스 카탈로그〉가 폐간하며 뒤표지에 남긴 마지막 메시지.

호기심은 인류 역사에서 결정적 역할을 했지만 기계가 지능을 획득해가는 디지털 사회에서 그 중요성이 더하다. 호기심은 사회와 개인적 삶의 질을 가르는 요인이 되고 있으며, 사회와 개인이 호기심을 육성하고 갖췄는지에 따라 격차가 확대되는 '호기심 디바이드'의 시대가 오고 있다. 다시 말해 호기심이 가져다주는 보상이 커지고 있다. 스코틀랜드 에든버러 대학의 심리학자 소피 폰 스텀 Sophie von Stumm 은 2011년 논문 〈굶주린 정신 The Hungry Mind〉에서 개인의 성공을 예측하는 설명 변수들 가운데 하나만 꼽으라면 그것은 '호기심'일 것이라고 주장했다.[9]

진화심리학자 생거는 인간의 의식 현상이 물리적 방법으로는 이해될 수 없는, 초자연적 신비의 영역이라고 보지 않는다. 두뇌작용인 의식 현상은 기본적으로 신경다발 간에 전기 신호가 오가는 현상이며, 그래서 복잡하고 오래 걸리겠지만 뇌를 기계적으로 시뮬레이션하는 것이 기본적으로 가능하다고 본다. 하지만 핑커는 인간 의식을 기계가 시뮬레이션할 수 있더라도 그 의식 현상의 구체적 모습을 따라 하지 못할 것이라고 말한다. 아무리 똑똑한 인공지능이라 할지라도 사람과 같은 호기심에서 생겨난 질문을 던질 수 없을 것이기 때문이다.

애플의 스티브 잡스가 2005년 스탠퍼드 대학의 졸업식 연설에서 자신의 생애를 요약하면서 마지막으로 졸업생들에게 남긴 말도 호기심을 만드는 지적 결핍에 대한 경구였다. 잡스가 전한 "굶주려라, 어리석음을 구하라 Stay hungry, stay foolish"라는 말은 그가 좋아하던 잡지 〈홀 어스 카탈로그 Whole Earth Catalog〉의 폐간호 뒤표지에 적혀 있던 것이다.

Chapter 10

인공지능 판사

공정한 판결, 로봇에게 의지해야 할까

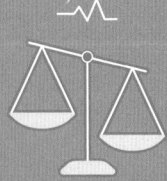

기계는 사람처럼 피로를 느끼지 않고 부주의와 실수, 차별과 편견이라는 오류와 비효율에 빠지지 않고 정확하고 효과적인 결과를 가져올 것이라는 기대를 받았다. "팔은 안으로 굽게 마련"이라는 속담은 공정해야 할 판단의 자리에 인공지능을 초청한다.

학생들을 대상으로 인공지능과 자동화로 미래 직업 상당수가 사라질 것이라는 내용으로 강연할 때마다 자주 등장하는 질문이 있다. "많은 직업이 자동화로 없어질 텐데 그러면 국회의원을 대체하는 정치 로봇도 개발할 수 있나요?" "비슷한 범죄를 저질러도 '유전무죄 무전유죄'라는 말처럼 억울한 판결이 내려진다는데, 사람 대신 로봇이 재판을 하면 공정한 판결이 나오지 않을까요?"라는 물음이다.

사실 한국에서 유난히 신뢰가 낮은 영역이 정치와 사법 분야다. 재판과 법원은 민주주의 사회를 지탱하는 핵심 장치이지만, 한국의 사법 신뢰도는 경제협력개발기구OECD 최하 수준이다. 2015년 OECD 조사 결과 한국인들의 사법제도 신뢰도는 27퍼센트로, 조사 대상 42개국 가운데 꼴찌그룹인 39위였다.¹ 무법천지로 통하는 콜롬비아(26퍼센트)와 비슷했다. 조사가 박근혜 정권의 대법원장 양승태 사법농단 사태와 2019년 검찰개혁을 요구하는 대규모 촛불집회 이전에 이뤄진 것을 감안하면, 이후 국민의 사법 신뢰는 더욱 하락했을 것으로 추정된다.

국회와 국회의원은 아예 '가장 믿지 못할 집단'이다. '2017년 사회

지표'에서 국회는 신뢰도 4점 만점에 1.8점으로, 조사 대상 중 유일한 1점대였다.[2] 별로 놀라운 조사 결과도 아니다. 국회와 국회의원에 대한 국민 신뢰도는 거의 모든 조사에서 항상 꼴찌를 기록한다.[3]

재판은 다툼을 벌이는 당사자들이 모두 받아들일 수 있도록 신뢰와 권위를 바탕으로 공정하고 편파적이지 않은 결론을 내려야 하는 일이고, 정치는 민주주의 법치 사회에서 가장 강력한 힘인 법을 만들어내고 집행하는 영역이다. 사회 여러 영역이 인공지능 로봇으로 인해 자동화하고 효율성이 높아지는 변화가 불가피한 상황에서 신뢰와 공정성이 생명인 재판과 정치에도 로봇과 알고리즘을 도입하자는 요구가 생겨나는 것은 어쩌면 자연스럽다.

사람 간 다양한 다툼을 해결하기 위한 제도적 장치인 재판은 어느 사회에서나 가장 신뢰받는 기관과 제도로 운영되어야 한다. 재판관은 높은 지적 능력과 도덕성, 그리고 공정성을 요구받는 자리다. 판사가 수감자의 구속 연장 여부를 판단하는 보석 허가 결정 또한 높은 공정성이 담보되어야 한다. 그런데 밥을 먹기 전이냐 후냐에 따라서 판결 여부가 달라진다면 어떻게 될까? 2011년 4월 미국 국립과학원회보(PNAS)엔 법원의 보석 허가 판결이 판사의 식사시간과 밀접한 상관성을 보인다는 논문이 실렸다.[4] 이스라엘 법원이 10개월간 처리한 1000건 넘는 보석 신청을 분석했더니, 시간당 보석 허가율은 오전 업무 개시 직후엔 65퍼센트였으나 점심을 앞둔 시간대엔 0퍼센트로 떨어졌다. 점심식사를 마친 뒤 보석 허가율은 다시 65퍼센트 가까이 올라갔으나 업무가 끝나기 직전 시간대에는 0퍼센트로 수렴했다.

보석 여부가 판사들의 허기에 좌우된 것이다. 논문은 판사들이 피로가 쌓여 집중력이 떨어지면 두뇌가 에너지를 아끼려 현상유지 편향을 나타냈고, 이는 보석 불허로 이어졌다고 해석했다.

판정 시비 없는
로봇 심판

뇌물과 아부, 협박이 없고 특별한 편견을 갖고 있지 않아도 인간의 판단은 항상 공정할 수 없고 완벽하지도 않다. 스포츠 경기는 심판 판정을 놓고 시비가 잦다.

김연아 선수는 2014년 러시아 소치 겨울올림픽 여자피겨스케이팅 대회에서 탁월한 연기를 펼치고도 석연찮은 판정으로 러시아 선수 아델리나 소트니코바에게 밀려 금메달을 놓쳤다. 경기를 해설하던 국외 피겨 전문가들이 김연아의 우위를 장담했지만 심판들의 점수는 다르게 나왔고, 김연아는 아쉬운 은메달을 걸고 은퇴했다.

2010년 남아프리카공화국 월드컵 16강전 독일-잉글랜드 경기에서 1-2로 뒤지고 있던 잉글랜드는 미드필더 프랭크 램퍼드가 동점 슛을 성공시켰지만 골로 인정받지 못했다. 크로스바를 맞은 공이 골라인 안쪽으로 들어갔다 튕겨 나왔는데 주심은 노 골을 선언하고 경기를 속행했다. 비디오 판독에선 골이 선명했다. 골을 도둑맞고 흥분한 잉글랜드는 결국 1-4로 패했다. 비난이 거세지자 제프 블라터 당시 국제축구연맹(피파FIFA) 회장이 오심에 대해 사과했지만 결과는 번복되지 않았다.

"오심도 경기의 일부"라지만 국민적 자존심과 관심이 집중된 국제 스포츠 경기에서 명백한 오심은 순순히 수용되기 어렵다. 기술 발달로 과거와 달리 정확한 판정 근거가 있는 상황에서 오심까지 경기 일부라고 인정받기도 어렵다. 옥스퍼드 대학 마틴 스쿨의 자동화 직업 영향 보고서에서 스포츠 심판은 로봇으로 대체될 확률이 90퍼센트 이상으로 매우 높게 나타난 직종이다.

기계는 스포츠 심판의 영역을 야금야금 잠식하고 있다. 육상과 수영 등 기록경기는 오래전에 전자계측장치를 도입했고, 1초에 서너 번 공격이 이뤄지는 펜싱은 1936년 베를린 올림픽 때부터 전자채점 장비를 적용했다. 심판도 판단할 수 없는 순간적 찌르기 동작을 센서는 감지해 채점한다. 잦은 판정 시비로 올림픽 퇴출론이 제기되던 태권도도 2011년부터 전자호구 시스템을 도입해 자동채점을 하고 있다.

축구와 야구, 테니스, 배드민턴 등 전통적 구기 종목에도 비디오 판독 기술을 적용한다.[5] 2006년 세계 4대 메이저 테니스대회인 US오픈에서 비디오 판독 장비인 호크아이Hawk-Eye가 처음 도입됐다. 처음에 호크아이는 심판 판정에 불복해 비디오 판독을 요청할 때만 쓰이는 심판의 보조도구였으나, 2017년 11월 이탈리아 넥스트젠 파이널 대회에서는 심판 10명 중 선심 9명을 아예 호크아이로 대체했다. 모든 공의 인아웃을 로봇 심판의 판단에 맡긴 것이다. 피파도 2014년 브라질 월드컵에서 호크아이와 유사한 비디오 판독 시스템을 활용하기 시작한 이후, 오심 논란이 많은 오프사이드, 승부차기 등으로 비디오 판독을 확대하고 있다.

2016년 윔블던 테니스 대회에 등장한 호크아이. 테니스공이 'in'임을 전광판으로 보여주고 있다.
ⓒ Daniel

스트라이크와 볼 판정 논란이 끊이지 않는 야구에서는 오래전부터 로봇 심판 도입 시도가 있었다. 1950년대 미국 메이저리그에서는 제너럴 일렉트릭GE과 LA 다저스 팀의 협업으로 금속물질을 바른 특수야구공과 전자시스템을 통한 로봇 심판을 개발했으나, 비싼 비용과 잦은 오류로 중단했다. 하지만 로봇 야구심판은 사라지지 않았다. 2017년 미국 10여 개 마이너리그에서는 로봇 심판 '엄패트론 1000'이 사용되었는데 스트라이크 여부 판독에서 인간 심판보다 25퍼센트 더 정확한 것으로 나타났다. 로봇 심판은 2019년 7월 11일 미국 8개 팀이 참가하는 애틀랜틱리그 올스타전에서 정식으로 데뷔했다. 애틀랜틱리그 여덟 개 구장엔 블랙박스와 비슷한 트랙맨 장비가 홈 플레이트 위에 설치됐다. 이 장비는 공의 궤적을 추적해 스트라이크 여부를 판단하고, 타자의 키와 위치에 따라 스트라이크 구역을 미세 조정한다. 정확한 판단으로 경기를 물 흐르듯 운영한다는 게 확인되고 있다. 미국 메이저리그는 애틀랜틱리그와 3년 계약을 맺고, 로봇 심판 도입 확대를 위한 실험을 진행하고 있다.[6]

2024년 치러진 파리 올림픽에서 국제체조연맹은 일본 정보기술업체 후지쯔와 손잡고 체조용 인공지능 심판을 대회에 투입했다. 국제체조연맹은 2017년 10월 캐나다 세계기계체조선수권대회에서 비디오와 레이저, 각종 센서로 동작을 정확하게 판단하는 체조로봇 시스템을 시연한 바 있다.

인간 심판은 경기 내내 집중력과 판정의 일관성을 유지하기 힘들다. 체조, 피겨스케이팅, 음악 콩쿠르처럼 예술과 기술 성취를 주관적으로 평가하는 종목은 판정의 편파성과 오류 가능성을 인정하고, 그 영향을 최소화하기 위한 장치를 마련하였다. 복수의 심판이 참여해 최고점과 최저점을 제외한 나머지 값을 평균하는 방식으로 판정하는 구조다. 기계는 지치지도 않고, 타고난 애국심과 편견도 없다. 로봇 심판은 인간 심판의 편파성, 비일관성의 시비를 잠재우는 공정한 평가를 내놓을 것이라는 기대를 받고 있다. 로봇 심판은 스포츠 분야를 넘어 법정과 정치판에도 진입할 수 있을까?

초당 10억 장 판례 읽는
로봇 변호사

법률가는 자격을 취득하기 위한 문턱이 높고 고도의 전문성이 요구되는 대표 전문직이지만, 로봇의 무풍지대는 아니다. 미국 뉴욕에 위치한 100년 넘는 전통의 법률회사인 '베이커 앤드 호스테틀러Baker Hostetler'는 2016년 IBM의 왓슨을 모태로 한 인공지능 법무보조 서비스 '로스Ross'를 도입했다. 국내외 언론은 "명문 로펌이 인공지능 변호사를 채용했다"고 보도했다. 로스는 사람의 일상 언어를 알아듣고 법률 문서를 분석한 뒤 질문에 적합한 대답을 하는데, 초당 10억 장의 판례를 검토한다. 변호사 업무의 상당 시간이 수만에서 수십만 장에 이르는 소송기록과 판례를 검토하는 데 투입되는 걸 고려하면 인공지능의 수준은 놀랍다.

인공지능을 활용한 법률 서비스는 빠르게 늘고 있다. 부동산 권리분석, 법률과 판례 분석, 간단한 법률서류 작성은 이미 인공지능의 몫이다. 부동산 권리분석 인공지능 프로그램 '로빈'은 아파트, 오피스텔 매물의 주소와 거래 유형, 금액을 입력하면 부동산 권리분석 보고서를 바로 만들어 제공해 화제를 모았다. 공인중개사들에게 서비스된 이 프로그램은 인공지능 스스로 위험성 정도를 판단해 해당 부동산 최종평가 점수를 안전/안전장치 필요/위험/위험 현실화 등 네 등급으로 나눠 표시했다.[7] 한국의 첫 '인공지능 변호사'로 불리는 '유렉스U-LEX'는 2018년 법무법인 대륙아주에 '취직'했다. 변호사와 법률 비서 여러 명이 며칠씩, 길게는 몇 달 걸려 작업하던 법률·판례 검색 업무를 20~30초 만에 해치운다.

권리분석
부동산의 권리 및 관계 등에 하자가 있는지 여부를 조사, 확인, 분석하는 작업

유렉스를 설계한 인텔리콘이 개발한 '로보Law-Bo'는 청탁금지법에 맞춤한 인공지능 법률 서비스다. 어떤 행위가 부정청탁에 해당하는지 여부를 질문하면 적절한 답변을 준다. 값비싼 법률자문을 대체하는 자연어 기반 인공지능 법률 서비스로, 공정거래·개인정보 등으로 영역을 확장할 예정이다.

인공지능 기반 '지급명령 헬프미' 서비스는 법원에 제출할 지급명령 신청서를 자동 작성해준다. 지급명령은 채권자가 법원에 채권 신청서를 제출하면 법원이 검토한 뒤 채무자에게 돈을 지급하라고 명령하는 제도다. 이용자가 사이트에서 얼마를 빌려줬나/언제 빌려줬나/언제 돌려받기로 했나 등의 질문에 답하면 지급명령 신청서가 자동으로 만들어진다. 헬프미는 인공지능을 활용해 법인등기, 제소 전 화해 서비스도 추가했다.[8] 대법원은 개인 회생·파산 신청을 자동화하는 '지능형 개인 회생·파산 시스템'을 구축 중이다. 시스템이 서비스되면 변호사나 법무사 같은 법률대리인의 도움 없이 연말정산 간소화 프로그램처럼 누구나 간단하게 신청할 수 있다.

재범 가능성 판단하는
인공지능 재판관

인공지능은 단순한 법률 보조를 넘어, 사람의 편파적이고 불완전한 판단을 보완하고 대체하는 '편리하고 공정한 판단 도구'가 될 수 있을까? 신호 위반과 과속 단속을 교통경찰관 대신 CCTV와 차량 블랙박스가 담당하면서 불필요한 시비와 비리 요소가 줄어든 것처럼, 인공지능 로봇은 사람들에게 좀 더 공정한 판단을 제공해줄까.

'인공지능 판사'도 등장했다. 2016년 영국 유니버시티 칼리지 런던 UCL과 셰필드 대학, 미국 펜실베이니아 주립대학 공동 연구진이 개발한 인공지능 재판 프로그램이다. 연구진은 이 '인공지능 판사'가 기존 재판들의 결과를 79퍼센트의 정확도로 예측했다는 연구 결과를 학술지에 발표했다.[9] 인공지능이 유럽인권재판소 ECHR의 인권 조항과 관련한 판례 584건에 대해 머신러닝 알고리즘을 통해 학습한 결과였다. 대법원이 2016년 10월 개최한 심포지엄에 참석한 미국 앨런인공지능연구소장 등은 "인공지능이 고도로 발달하면 결국 판사의 역할을 대신하는 인공지능의 등장을 막을 수 없다"고 예상했다.[10] 미국 연방순회항소법원장을 지낸 랜들 레이더 Randall Rader 조지워싱턴 대학 로스쿨 교수는 2017년 방한해 "인공지능이 5년 안에 판사는 물론 법조계 대다수의 일자리를 대체할 것"이라고 전망하기도 했다.[11]

미국 형사재판에선 이미 인공지능의 판단이 판결에서 결정적 역할을 하고 있다. 노스포인트가 개발한 인공지능 알고리즘 '컴퍼스 Compas'로, 폭력 범죄자의 재범 가능성을 분석해준다.

2013년 2월 미국 위스콘신주의 에릭 루미스는 총격 사건에 쓰인 차량을 몰고 가다 경찰 검문에 불응하고 도주한 혐의로 기소돼 6년형을 선고받았다. 승형 선고의 근거는 재범 가능성을 판단하는 인공지능 알고리즘 컴퍼스의 데이터였다. 루미스의 변호인은 "검사가 인공지능 알고리즘인 컴퍼스를 활용했다"며 "컴퍼스의 알고리즘을 확인하거나 이의를 제기할 수 없으므로 부당한 판결"이라고 항소했다. 하지만 2017년 위스콘신주 대법원은 "컴퍼스는 유용한 정보를 제공했다"며 인공지능 알고리즘을 활용한 판결이 타당하다고 판시했다. 재판에서 인공지능의 역할을 공식 인정한 첫 사례다. 컴퍼스는 효율성과 차별 논란 속에서도 미국 여러 주 법원에서 사용되고 있다. 영국에선 사기·부패 관련 문서를 검토하고 분류해 요약하는 인공지능 '레이븐RAVN'을 범죄 수사에 활용하기도 했다.

　인공지능 판단 시스템은 방대한 정보를 기반으로 뛰어난 분석력과 미래 예측 능력만이 아니라 인간의 오류와 한계를 보완할 것으로 전망됐다. 기계는 사람처럼 피로를 느끼지 않고 부주의와 실수, 차별과 편견이라는 오류와 비효율에 빠지지 않고 정확하고 효과적인 결과를 가져올 것이라는 기대를 받았다. 인간의 판단과 결정을 대신하거나 도와주는 알고리즘은 법률 서비스 침투에 만족하지 못한다. 채용 면접, 대출 심사, 신용도 평가, 연인 소개 등 사회와 개인의 일상 곳곳으로 적용 범위를 넓혀가고 있다. 출신학교와 성별, 고향 등을 기재하지 못하게 하는 블라인드 채용 지원서나 면접 시 연고자를 심사위원에서 배제하는 까닭은 공정한 판단을 방해하는 사람의 편견 때문이다. "팔은 안으로 굽게 마련"이라는 속담은 공정해야 할 판단의 자리에 인공지능을 초청한다.

차별과 편견으로
가득한 알고리즘

인간의 판단을 대신하고 도와주는 인공지능 도우미에 대한 기대와 적용 영역이 함께 커지고 있지만 뜻밖의 결과가 나타났다. 똑똑하고 강력한 인공지능이 공정과 공평함, 정확성 대신 새로운 차별과 편견 문제를 불러온 것이다.

2013년 구글 검색의 '자동완성auto complete' 기능이 남성과 여성을 차별하고 있다는 사실이 밝혀졌다. 예를 들어 구글 검색창에 "남성은 ~하는 게 당연하다man deserves"라고 입력하면 "남성은 높은 임금을 받는 게 당연하다", "남성은 존경받는 게 당연하다" 같은 단어가 자동완성되지만, "여성은 ~하는 게 당연하다woman deserves"라고 입력했더니 "여성은 매 맞는 게 당연하다" 같은 다수의 여성 혐오적인 표현들이 자동완성되었다. 남성들이 이런 유형의 단어 조합을 많이 검색한 탓이다.[12] 2017년엔 구글 번역기가 군인·의사·엔지니어는 '남성형'으로, 교사·요리사·간호사는 '여성형' 대명사나 동사로 표기한다는 사실이 알려져 성차별 논란이 재점화했다. 미국 시카고 대학 학생이 성중립적 표현을 쓰는 튀르키예어를 구글 번역기를 통해 영어로 옮긴 결과를 고발함으로써 드러났다.

미국 많은 주에서 경찰은 검문검색 때 얼굴 인식 소프트웨어를 사용하는데, 인종에 따라 판독 정확도가 크게 차이 난다. 흑인 사진을 잘못 인식할 확률이 백인보다 두 배 높다. 이는 운전면허증 같은 신분증을 대조할 때 흑인이면 신분 위조 가능성을 높게 판단해 범죄 용의

2015년 6월 사진 자동분류 기능을 지닌 구글 포토가 흑인 사진을 '고릴라'로 태깅하고 분류한 사실이 공개돼 머신러닝의 문제점이 알려졌다.

자로 분류하는 결과를 유도할 수 있다. 2016년 5월 〈프로퍼블리카〉 보도에 따르면, 경찰이 사용 중인 이런 소프트웨어는 흑인이 무고하게 피고가 됐을 경우 상습범으로 추정하는 경우가 백인보다 두 배 많았다. 이러한 추정은 흑인 거주지역에 대한 순찰 강화로 이어져, 다른 인종보다 더 많은 범죄 용의자가 체포되는 차별의 순환구조를 만들어낸다.[13]

2015년 6월 구글이 출시한 스마트폰용 사진앱 '구글 포토'는 사진을 인식해 자동 분류하고 태그를 붙인다. 이 앱은 한 흑인의 얼굴 사진에 '고릴라'라는 태그를 달았다가 당사자 지인이 이를 고발하는 바람에 한바탕 홍역을 치렀다.[14] 구글은 "의도적인 게 아니었다"며 사과했지만 태깅 오류를 수정하지 못하고, 구글 포토에서 '고릴라'라는 태그를 삭제하는 방식으로 미봉했다. 구글만이 아니다. 니콘 카메라의 얼굴 인식 소프트웨어는 아시아인의 경우 뜬 눈을 깜빡이는 것으로 잘못 인식했고, 휴렛패커드가 만든 노트북의 웹캠은 흑인을 아예 식별하지 못했다.

위 사례들처럼 인공지능이 차별과 편견 가득한 판단을 하는 사례는 셀 수 없이 다양하고 많다. 방대한 데이터를 머신러닝으로 학습한 결과 알고리즘은 많은 영역에서 인간 능력을 뛰어넘지만, 사람에겐 없는 맹점과 노골적 차별의 사례도 함께 가져온다는 사실을 알려준다. 더욱이 문제가 드러나도 고치지 못해 해당 기능을 제거할 수밖에 없었다는 것은 심각하다.

"쓰레기를 넣으면 쓰레기가 나온다"는 정보기술계의 상식처럼 데이터와 알고리즘은 현실을 반영한다. 사회 현실이 왜곡과 편견으로 가득하다는 것은 이를 반영하는 데이터와 알고리즘 또한 마찬가지라는 것을 의미한다. 인공지능 알고리즘이 대부분 미국 실리콘밸리에 사는 25~50세 백인 남성들에 의해 개발되고 있다는 점과 오랜 기간 흑인들의 사회활동이 제한되고 탄압받아왔다는 사실이 '인종차별 알고리즘'의 배경이다. 프로그램 설계자의 차별 의도나 수학적 실수 때문이 아니다.

데이터에 의존하는 기계학습은 기존과 다른 새로운 차별과 편향성을 드러냈다. 불완전한 인간의 실수와 오류는 상황에 따라 다르고 사람마다 고유하고 개별적인 것이지만, 기계의 오류는 구조적이고 보편적이다. 사람의 판단 실수와 오류는 미리 예상되기 때문에 각종 보완책(복수평가, 최저·최고점 배제 등)도 함께 마련된다. 인공지능 알고리즘의 오류와 실수는 이런 보완책으로 대응할 수 없으며, 사전에 오류의 형태와 원인을 예상하기도 어렵다.

인공지능 소프트웨어는 알고리즘과 데이터로 구성되는데, 두 가지에서 각각 애초 의도하지 않은 편향된 결과가 야기될 수 있다. 첫째, 알고리즘 자체가 중립적이거나 공정하지 않다. 미국 보스턴 대학 법학 교수 다니엘레 시트론Danielle Citron은 "알고리즘을 객관적이라고 생각해 신뢰하는 경향이 있지만, 그 알고리즘을 만드는 것은 인간이므로 다양한 편견과 관점이 알고리즘에 스며들 수 있다"고 지적한다.[15] 단계적 수식 프로그램인 알고리즘은 세부적 코드마다 실제로는 구체적인 가정과 선택을 필요로 한다. 이 과정에 개발자의 성향과 판단, 사회적 압력이 알게 모르게 개입한다. 조지아공대의 기술사학자 멜빈 크랜즈버그Melvin Kranzberg 교수가 만든 '기술의 법칙'은 "기술 자체는 좋은 것도 나쁜 것도 아니지만, 중립적이지도 않다"(제1조) "기술은 지극히 인간적인 활동이다"(제6조)라고 정의한다.

둘째, 컴퓨터 스스로 데이터를 통해 학습하는 머신러닝은 주어진 데이터의 한계를 벗어날 수 없다. 기존 데이터의 규모와 특성 그리고 그 데이터를 만드는 사람들의 속성이 반영되는 구조다. 인공지능 개발에 종사하는 사람들이 백인, 남성, 고소득자, 영어 사용자가 절대 다수라는 사실은 알고리즘이 유색인종, 여성, 저소득층을 차별하는 구조적 요인이다. 기계학습 방식의 구글 번역이 영어 등 서유럽 언어에서 높은 정확도를 보이는 것도 기본적으로 데이터의 규모와 속성에 따른 결과다.

효율적이지만
설명할 수 없는 알고리즘

바둑은 인공지능이 인간 고수를 이기기 어려운 영역이라고 여겨졌지만 딥러닝으로 학습한 알파고에게 무참하게 무너졌다. 딥러닝 기술은 도약을 거듭하며 뛰어난 결과를 내놓고 있지만, 그 도출 과정을 알 수 없는 게 특징이다. 인간 뇌의 신경망처럼 수많은 층위에서 복잡한 매개 변수들이 만들어내는 추론이 어떻게 진행되는지 들여다볼 수도 없고, 그 논리구조를 이해할 수도 없다. 딥러닝 알고리즘을 '블랙박스'라고 말하는 이유다.

2016년 3월 이세돌-알파고 대국에서 특이한 점은 누구도 알파고의 포석과 행마를 이해할 수 없었다는 점이다. 인간은 알파고의 판단을 이해할 수 없었고 당연히 알파고에 맞서 대적할 수도 없었다.

작동원리를 이해할 수 없고 그래서 통제할 수 없지만 뛰어난 효율성을 지닌 인공지능을 사회가 어떻게 다룰지는 골치 아픈 문제다. 효율 개선이 필요한 영역에 인공지능의 판단을 적용해 뛰어난 성취를 얻을 것인가. 아니면 구체적인 작동 방법을 모르고 통제할 수 없기 때문에 사용을 유보할 것인가. 그런데 만약 이해하지 못하는 딥러닝 인공지능을 이용해 경쟁 기업이 뛰어난 성과를 내거나 주변 국가가 강력한 무력을 갖추게 된다면 우리는 어떻게 대응할 것인지와 같은 문제에 직면하게 한다.

'설명 가능한 인공지능' 개발이 인공지능 연구의 최전선으로 부상하는 이유다. 첨단연구의 산실인 다르파는 2017년 '설명 가능한 인공지능' 개발에 나섰고 이후 한국 정부도 유사한 연구 과제를 발주했다. 인공지능이 전기처럼 모든 산업과 생활 영역에 활용되는 범용 도구가 될 것이라는 기대가 높아지면서 인공지능의 '설명 가능성'이 주목받고 있다. 인공지능은 바둑, 체스, 게임 등에서 과시한 능력을 현실 세계에 그대로 적용할 수 없기 때문이다. 알파고가 포석의 근거와 이유를 설명하지 않았지만, 이세돌 9단과 커제 9단은 패배를 이의 없이 받아들였다.

하지만 게임은 규칙과 결과의 영향력이 한정적인 데 비해 사람이 최종 판단을 내려오던 영역은 다르다. 인공지능을 재판, 입학, 채용, 대출 심사 등 생활의 중요한 영역에 도입할 경우 효율성은 높아질 수 있지만 불이익을 받았다고 여기는 사람들의 반발이 불가피하다. 인공지능이 판단 근거와 이유를 제시하지 않기 때문이다. 역사와 현실 사회에서 우리는 타인에게 부당한 대우와 차별을 받아왔지만 "원래 세상이 그렇다", "어쩔 수 없다"며 수용해왔다. 우리는 인간이 편견없이 완벽한 존재일 수 없으며 세상이 차별 없이 평등할 수 없다는 것도 알고 있기 때문이다. 하지만 기계로부터 받는 차별과 불공정은 관행으로 용인되거나 불가피한 것으로 수용되지 않는다. 편견 덩어리인 사람과 달리 기계에는 공정함과 완벽함을 기대하기 때문이다.

"누가 해도 지금 정치인보다 나을 것"이라고?

어느 직업인보다 국회의원에 대한

국민 신뢰도가 낮지만, 정치는 인공지능이 대체하기 가장 어려운 직무다. 정치는 개인과 사회의 무한한 욕망을 다스리고 조정하는 사회적 통제장치인 까닭이다. 기계에 맡겨서 만족스러운 해결책이 나올 수 없는, 기본적으로 정답이 없는 복잡하고 다층적 문제만이 정치의 대상이다. 효율성과 공정성을 내세운 인공지능 알고리즘으로는 불가사의한 사람들의 마음을 만족시킬 수식 프로그램을 만들어낼 수 없다. 사람의 마음은 자신은 물론 누구도 작동법과 통제원리를 알지 못하고, 그래서 인간은 가장 예측 불가능한 존재다.

'정치는 생물生物이다'라는 말은 정치에서는 상상할 수 없는 변수가 너무 많아 기본적으로 예측이 불가능하다는 걸 의미한다. 정치의 대상이 되는 문제는 기계나 기존 시스템으로 처리되기 어려운 이해 상충과 갈등 사안이다. 구체적으로 정치는 말과 행동을 통해 유권자의 마음을 얻는 행위이다. 그런데 《어린 왕자》에서 사막여우가 말한 것처럼 "사람의 마음을 얻는 일은 세상에서 가장 어려운 일"이다.

핵폐기물 처리장이나 사드 미사일 기지 건설처럼 지역·정당 간 갈등이 첨예한 사안을 예로 들어보자. 인공지능은 유권자 수가 적고 따라서 반발과 물리적 피해가 가장 적을 곳으로 예상되는 지역을 선택해 지역민들이 만족할 만한 보상책을 제공하는 방안을 제시할 수 있을 것이다. 그러나 그러한 '최적화된 거래안'이라고 해도 당사자와 이해 관계자 모두를 만족시키기는 어렵다. 사람은 수학적으로 계산된 최적의 협상안보다 상대의 말 한마디와 한순간 눈빛에도 마음이 움직이는 존재다. 정치인에게 무엇보다 소중한 자질은 뛰어난 외모와 학벌, 연설 능력을 갖추고 언제나 합리적 대안을 제시하는 판단력이 아니다. 뛰어난 공감 능력이 정치인의 가장 중요한 자질이다. 유권자 마음을 읽어내고 깊이 공감할 줄 하는 능력은 그들과 비슷한 환경에서 고통과 기쁨을 함께 느끼는 것을 전제로 한다. 로봇이 아무리 합리적 해결책을 제시한다고 해도 유기적 생명체인 사람과 같은 상황에 처할 수 없다. 정치 로봇이 내놓은 갈등 조정안에 대해 합리적 방안이라고 사람들이 마지못해 고개를 끄덕일 수 있어도 진정 원하는 마음의 위로는 주민과 함께 눈물 흘리고 손을 잡아주는 인간 정치인에게서만 얻을 수 있을 것이다.

기존 정치인의 실패와 역량 부족에도 불구하고 사람에 의한 정치는 인공지능 시대에도 중요성과 역할이 사라지지 않고 오히려 더욱 확대될 것이다. 정치는 정답의 영역이 아니라, 정답이 불가능한 영역에서 다양한 문제에 대해 불완전하지만 유연하고 가변적인 잠정적 방안을 제시하는 시스템이기 때문이다.

현실 정치가 불만족스러운 것은 비리를 저지르지 않고 합리적 대안을 제시하는 정치 로봇이 투입되지 않았기 때문이 아니다. 유권자들이 장밋빛 공약을 내건 정치인을 믿고 지나치게 많은 권한을 위임했지만 이후엔 유권자로서 적극적인 감시와 통제를 하지 않았기 때문이다. 모든 의정활동을 낱낱이 공개하게 하고 유권자들이 언제라도 탄핵할 수 있는 소환장치를 둔다면 현실 정치는 당연히 개선된다. 대신 유권자들은 '위임하고 끝'이 아니라 시간과 노력을 들여 적극적으로 참여하고 개입해야 한다. 정치가 부패하고 저질이기 때문에 아예 정치 로봇을 투입해야 한다는 생각은 유권자 스스로 정치에 대한 권리를 포기하겠다는 생각이다. 문제의 원인을 자각하고 스스로 나서는 대신, 골치 아픈 문제이니 로봇에게 위임하겠다는 생각은 더욱 문제를 심각하게 만드는 결과가 될 따름이다.

자유 추구의 역설

불완전한 인간의 판단을 대체하기 위한 도구로 인간의 약점과 한계에 구애받지 않는 인공지능과 로봇이 만들어졌다. 우리는 효율적이고 강력한 도구에 점점 더 의존하는 편리한 생활을 추구한다. 정치와 재판에서 공정성과 효율에 대한 높은 기대는 편견 없는 인공지능 알고리즘의 개입을 요청하고 있다. 하지만 그 결과는 역설적이다. 새로운 차별과 편견을 만들어냈고 개인은 자신의 권한과 책임을 스스로 포기한 결과를 만나게 되었기 때문이다. 근본적 이유는 자유와 편리의 무한 추구가 가져오는 역설 때문이다.

사람은 효율성과 편리함을 끝없이 추구하면서 직접 조사·분석하고 판단·선택하는 번거로운 절차를 기계에 맡겨 자동화하고 있다. 정보기술은 인공지능 알고리즘에 맡기면 편향과 오류 성향을 지닌 사람과 달리 효율적이고 정확하며 공정한 결과를 얻을 수 있을 것이라는 희망을 제시한다. 하지만 선택을 자동화하고 그 결정 권한을 기계에 위임하는 것은 결국 사람의 취향과 권한을 기계에 넘기는 결과가 된다. 번거롭고 골치 아픈 문제를 판단하고 결정하는 일을 기계에 맡김으로써 우리는 자유로워지고 편리해질 수 있지만 그만큼 잃어버리게 되는 것도 있다. 해당 문제에 대한 생각과 결정, 궁극적인 결과도 사람이 아닌 기계에 넘겨주는 결과가 된다. 그런데 아무리 똑똑한 인공지능이라 해도 중요한 문제에 대해 그 결과에 대한 책임까지 떠안을 수는 없다. 사람의 범죄와 그릇된 행위를 처벌할 수 있는 기본 전제는 사람을 자유롭고 책임 있는 존재로 보기 때문이다. 자의식이 없는 로봇은 효율적인 결과를 내놓는 것처럼 보여도 그에 대해 책임을 질 수도 없고, 처벌을 통해 고통과 불안을 경험할 수도 없다.

도덕과 관습, 법률과 재판을 통해 우리가 만들고 유지해온 가치체계와 그에 대한 판단은 효율성을 위해 알고리즘에 맡기는 게 오히려 더 큰 부작용을 불러올 수 있다. 사람과 상황마다 판단이 달라지며 비슷한 문제에 대해서도 사람들의 생각은 제각각이다. 그처럼 정답이 없고 골치 아픈 문제에 대한 판단을 우리는 재판과 법관이라는 제도에 위임한 것이다. 편견과 불공정을 지닌 불완전체계이지만 인간 고유의 유연한 장치다. 이 불완전을 기계를 통해 제거하려 할 경우 어떤 결과가 벌어질지를 살펴보았다. UCLA 앤드루 셀브스트Andrew Selbst 교수는 알고리즘의 효용성이 가치가 있지만 "공정성이라는 철학적 개념을 수학적 표현으로 바꿀 때마다 그 미묘함, 유연성, 융통성을 잃게 된다"고 말했다.[16]

오히려 우리가 고려해야 할 문제는 알고리즘을 누가 어떤 목적으로 설계하고, 그 운용을 통해 누구에게 어떠한 결과가 생기는지를 따져보는 것이다. 알고리즘은 그 자체로 공정하고 객관적인 게 아니라, 사람이 디자인한 것이라는 점에서 설계자의 의식적, 무의식적 지향과 의도가 개입될 수밖에 없다. 뉴욕 대학 케이트 크로퍼드 Kate Crawford 교수는 "인공지능은 다른 기술들처럼 개발자의 가치관을 반영한다. 누가 중요한 자리에 앉아 결정하고 윤리적 관점을 제시하는지 따지지 않으면, 소수 특권세력의 편협하고 편향적인 관점을 반영하게 된다"고 말한다.[17]

공정한 판단이라는 수고롭고 어려운 과제를 기계가 대신 해줄 수 있다고 생각하는 것은 위험하다. 우리가 인공지능과 알고리즘 등 기계의 구조를 파악하고 통제할 수 있는 한도 안에서 기계에 특정한 부분을 위임할 수 있을 따름이다. 사람도 도달할 수 없는 무결점의 해결책과 완벽한 합의를 기계가 대신 판단해줄 수 있다는 것은 인간의 책임과 권한을 포기하는 행위이고, 그 결과는 기계를 설계하고 다룰 줄 아는 소수의 집단에 자신의 권리와 힘을 넘겨주는 것과 다름없다.

재판과 정치는 쉽고 간단하게 답이 나오지 않는 복잡한 사람들 간의 다툼과 사회 갈등을 조정하기 위해 만들어낸, 완벽하지 않지만 인간다운 유연성을 갖춘 제도다. 부분적으로 기계의 도움을 받을 수 있지만, 답이 없는 문제는 앞으로도 여전히 사람의 몫이다.

Chapter 11

망각의 철학

망각 없는 세상, 우리가 기억해야 할 것은 무엇인가

지금은 기억 대부분을 아웃소싱하는 환경이다. 그러니 굳이 정보를 각자의 머릿속에 담아두기 위해 노력하는 대신 적절하게 기계를 이용해 불러오기만 하면 되는 것인가? 기억과 망각의 구조를 근본적으로 역전시킨 디지털 환경은 우리에게 기억과 망각에 관해서 이전에 생각해보지 않은 새로운 질문을 던진다.

"오늘 제 휴대폰이 초기화되었습니다. 죄송하지만 누구시죠?", "헐, 당신 여자친구욧." 카카오톡에서 오간 대화를 캡처해 공유하는 '카톡 유머'의 하나다. 스마트폰이 초기화되거나 방전된 난감한 상황을 맞고 보면 우리가 평소 얼마나 기억을 외부에 의존해왔는지 비로소 깨닫게 된다. 스마트폰과 떨어져 있으면 마치 머리카락 잘린 삼손처럼 무기력하다는 이들을 곳곳에서 만난다.

이제 통화를 위해 상대의 전화번호를 누르는 경우는 드물다. 이름을 입력하거나 말하면 그만이다. 암호 같은 숫자를 외우느라 애쓰던 시절이 아득해 보인다. 친구와 가족의 생일이나 주소도, 한참 뒤의 약속도 굳이 기억할 필요가 없다. 스마트폰의 주소록과 일정관리 프로그램에 입력하는 것으로 충분하다. 기록해두고도 혹시 잊을까 걱정이 되면 알람 기능을 이용하면 된다. 외국어 학습과 입사 시험 준비도 달라졌다. 더 이상 활용 빈도가 낮은 어휘를 어원별, 분야별로 단어장에 적고 힘들여 외우지 않는다. 미국의 과학 저술가 돈 탭스콧은 《디지털 네이티브》에서 "클릭 한 번으로 무엇이든 찾아볼 수 있는 세상에서 암기는 시간낭비일 뿐"이라고 말한다.[1]

영화 〈메멘토〉는 아내가 성폭행당하고 살해된 충격으로 10분 이상 기억을 지속하지 못하는 '단기기억 상실 증후군'에 걸린 주인공의 복수극이 소재다. 기억을 10분 이상 지속하지 못하는 주인공은 복수에 필요한 정보를 잊지 않기 위해 결국 자신의 몸에 문신으로 새긴다. 영화 주인공은 원치 않는 충격으로 생물학적 기억 기능을 잃어버리게 됐지만 우리는 디지털 기술에 아웃소싱하는 전략을 통해 생물학적 기억 기능을 대부분 포기하는 선택을 했다. 그래서 우리는 〈메멘토〉와는 정반대로, 어떤 기억을 내 몸에 최후까지 지닐지 선택해야 하는 환경에 놓이게 됐다.

이는 전에 없던 존재론적 질문을 우리에게 던진다. 기억을 기계에 의존하게 된 지금 우리가 직접 우리 두뇌에 저장할 정보는 무엇일까? 사람이 최후까지 기계가 아닌 스스로의 몸에 지닐 기억은 무엇일까? 기억을 외부에 맡기게 되면 우리는 앞으로 어떤 변화를 겪을 것인가?

기계 기억의 진화

컴퓨터는 인지와 판단 기능을 가진 '지적 기계'이지만 학습과 기억 방식이 사람의 인지 과정과는 근본적으로 다르다. 사람은 학습하고 기억을 해도 그것을 완벽하게 저장해서 매번 동일한 형태로 불러와 활용하는 것이 거의 불가능하다. 반면 기계는 한번 기억하면 절대 망각하지도 혼돈하지도 않으며, 훼손되지 않은 동일한 형태로 출력할 수 있다. 2016년 12월 TV 프로그램

〈장학퀴즈〉에 출연한 한국어 인공지능 엑소브레인이 그 사례다. 엑소브레인은 〈장학퀴즈〉를 준비하기 위해서 12만 권 분량의 백과사전과 책을 학습했다. 학습에 걸린 시간은 단 6일이었다. 사람이라면 12만 권 책의 제목을 읽기조차 어려운 기간이다. 인공지능의 학습능력은 빠른 속도보다 일단 학습한 것은 망각하지 않는다는 속성이 중요하다. 사람의 기억과 학습 방식으로는 견줄 수 없는 방식이다.

그러니 이제 세상과 다양한 분야에 대한 폭넓은 상식을 굳이 사람의 머릿속에 담아둘 필요가 없어졌다. 풍부한 상식과 다양한 정보를 기억하고 있는 사람의 존재 가치도 과거와 같지 않다. 뛰어난 암산 능력이나 주판 기술을 특기로 삼던 사람이 전자계산기와 컴퓨터 시대에 처한 신세와 같다. 최초의 컴퓨터로 알려졌던 에니악ENIAC은 대포의 탄도를 계산하기 위해 미국에서 1940년대에 개발됐다. 컴퓨터가 탄도 계산을 맡은 이후에도 포병은 여전히 중화력 무기를 담당하지만 과거와 같은 복잡한 연산에서 벗어나 전술과 전략에 더 집중하게 됐다. 스마트폰과 인터넷 이후 사람은 제한적인 두뇌 에너지를 단순한 기억장치로 사용할 것이 아니라 기억은 기계에 의존하고 자신은 사고와 추리, 상상력과 창의력 같은 고도의 두뇌 활동에 집중해야 하는 환경을 맞은 것이다. 〈와이어드〉는 "우리는 정보를 실리콘에 떠넘김으로써 두뇌 기능을 더 인간적인 것과 밀접한 업무, 즉 아이디어 내기, 몽상 등에 할당하게 됐다"고 표현했다.[2]

기계는 어떤 방식으로 정보를 기억할까? 컴퓨터는 단순화하면 연산 기능을 수행하는 중앙처리장치와 데이터를 저장하고 불러오는 기억장치로 구성되어 있다. 기억장치는 다시 주기억장치와 보조기억장치로 구분된다. 컴퓨터의 주기억장치와 보조기억장치는 사람의 인지작용과 비교하면 각각 단기기억과 장기기억에 유사한 기능을 수행한다고 볼 수 있다.

하지만 이것은 과거의 방식이다. 이제 정보와 기억의 성격도 달라졌다. 더 이상 정보가 내 컴퓨터나 기기에 저장돼 있는 것이 아니라 구글, 애플, 아마존, 네이버, 카카오, 페이스북과 같은 정보기술 기업의 서버에 들어 있다. 필요할 때마다 인터넷에 접속해 해당 서비스의 서버에서 불러오는 방식이다. 이를 클라우드 서비스라고 한다. 하늘의 구름처럼 정보가 이들 기업의 클라우드 서버에 있어서 인터넷만 연결되면 어디에서든 다양한 기기를 통해 클라우드상의 데이터를 불러올 수 있는 구조다.

스마트폰 이전에는 아무리 컴퓨터 전문가라 해도 전화번호와 주소 등 생활에 필수적 정보는 머릿속과 수첩에 담아 다녔다. 스마트폰을 늘 휴대하고 다니면서 두뇌의 일부처럼 외부 기억장치와 연산도구로 사용하는 현상은 기억과 관련해 인류를 일찍이 경험하지 못한 세계로 안내하고 있다.

마이어 쇤베르거는 2011년 저서 《잊혀질 권리》에서 디지털 문명으로 인해 인류의 기억과 망각에 관한 기본 구조가 역전됐다고 주장했다.[3] 수천 년 전 문자의 발명으로 기억에 특별한 전기가 마련되었지만 여전히 인류에게는 망각이 기본이고 기억하는 것이 예외적 현상이었다. 하지만 정보기술로 인해 기억이 '기본 상태 default setting'가 되고 망각이 예외적 현상이 되었다는 주장이다. 과거에는 돌에 새기고 종이에 적거나 인쇄해서 도서관 등에 보존하지 않으면 시간의 흐름에 따라 망각되거나 훼손되었다. 하지만 디지털 이후에는 근본적으로 달라졌다. 특별히 지우려고 노력하지 않으면 대부분의 정보가 기록되어 보존되는 구조다.

마이어 쇤베르거는 만물의 디지털화, 무어의 법칙을 따르는 저장장치의 저렴화, 검색기술의 발달, 글로벌 네트워크인 인터넷 등이 맞물려 기억과 망각의 관계가 역전되었다고 설명한다. 우리는 스마트폰과 인터넷으로 필요한 정보를 선택해 외부 기억장치에 기억시키고 수시로 호출해 활용하고 있다. 이렇게 촉발된 망각과 기억의 관계 역전은 우리의 사고방식이 근본적 차원에서 변화를 겪고 있다는 의미다. 외부의 기억보조 도구를 활용하고 여기 의존한다는 사실은 우리가 주소록이나 전화번호 등을 기억할 때 인간의 불완전한 기억 대신 강력하고 편리한 보조 도구를 활용하게 됐다는 의미 이상이기 때문이다.

도구에 기억을 의존하고 망각 대신 기억이 기본값이 됐다는 말은 내가 기록과 저장을 원하지 않는 것까지 기억된다는 의미다. 구조적으로 모든 것이 기억되기 때문이다. 그 안에는 내가 원하지 않는 사실과 영역이 당연히 포함된다. 문제는 정작 그 데이터를 만든 나 자신은 무엇이 기록 보관되어 있는지를 전혀 알지 못한다는 것이다. 절대로 그런 사실이 없다고 또는 전혀 기억에 없다며 자신의 행적과 발언을 강하게 부인하던 정치인이나 유명인이 누군가 인터넷 어딘가에서 찾아낸 기록 앞에서 초라하게 무너지는 사례는 수없이 많다.

스마트폰과 인터넷을 신체의 일부처럼 사용하면서 내가 남긴 글은 물론 나의 이동경로, 타인과의 소통 내역, 인터넷 검색 기록, 앱 실행 이력, 결제 내역, 콘텐츠 선호도 등이 모두 기록되는 구조가 구축됐다. 또한 블랙박스, CCTV 등 정교하고 치밀한 감시 기술의 발달은 감시 대상 모르게 모든 것을 기록하고 보존하는 환경을 가속화하고 있다. 그동안은 주로 사용자가 인지하는 상황에서 정보가 생성되고 기록되었지만 스마트폰과 더불어 사물인터넷 기술은 이전과 다른 차원에서 정보 생성과 기록이 이뤄지게 한다.

사물인터넷은 이제껏 주로 컴퓨터나 스마트폰, TV처럼 사람이 직접 조작하는 통신 기능을 갖춘 전자 기기에 연결되던 인터넷을 모든 사물로 확대하는 기술이다. 가로등, 쓰레기통, 공중화장실의 휴지걸이, 비닐하우스의 햇빛 조절 덮개, 가정의 전구와 커튼 등 주위의 다양한 사물에 인터넷 주소가 할당되어 인터넷에 연결된 사물들끼리 통신할 수 있게 된다. 알고리즘에 따라 혹은 원격으로 직접 조작할 수 있는 것은 물론이고, 생성되는 모든 정보는 기록된다.

편리한 세상이지만 거래에는 늘 대가가 따른다. 도구에 기억을 의존하게 되면서 우리는 외부에 저장 관리되는 정보를 필요한 순간에 호출할 수 있게 된 대신 해당 정보에 대해 통제력을 잃어버리게 되는, 예상하지 못한 결과에 직면하게 됐다. 기억을 통제하는 사람은 의식의 주체인 내가 아니다. 기기와 서비스를 개발하고 운영하는 기업 그리고 그 데이터에 접근권을 갖고 있는 국가권력이다. 여기에서 중요한 문제는 이 데이터가 지워지지 않는다는 점이다.

　기억을 외부에 의존하게 되면서 우리는 암기의 수고로움에서 벗어났지만 디지털 시대의 만능 기억은 일찍이 인류가 상상하지 못한 새로운 개념을 요구하게 됐다. 바로 '잊힐 권리'다.

잊힐 권리

유럽 최고법원인 유럽연합 사법재판소는 2014년 5월 13일 최초로 '잊힐 권리'를 인정한 판결을 내렸다. 오래전에 신문에 보도된 사소한 기사가 이제는 적절하지 않은 정보인데도 지워지지 않고 구글에서 지속적으로 검색되어 피해를 보고 있다는 것이 이 재판을 신청한 요구였다. 유럽연합 사법재판소는 신청인의 요청을 받아들여 특정한 조건하의 검색 결과를 삭제하라고 판결했다. 한번 정보가 만들어지면 아무리 오랜 세월이 지나도 사라지지 않는 디지털 세상에서 개인의 삭제 권리를 인정한 기념비적 판결이다.

　'잊힐 권리'는 낯선 개념이다. 타인의 기억 속에 있는 정보를 지워달라고 또 잊어달라고 요청한다는 사실과 그것이 누군가의 법적 권리가 될 수 있다는 사실 자체가 이해되기 어렵기 때문이다. 하지만 이는 역설적으로 개인과 사회의 기존 기억 시스템이 얼마나 근본적 변화를 겪고 역전되었는지를 말해주기도 한다. 과거에는 시간이 흐르면서 특별한 경우를 제외하고는 대부분의 정보가 망각되거나 접근이 제한되었다. 하지만 인터넷은 삭제를 요청하지 않으면 기본적으로 보존되고 검색되는 구조다. 무혐의나 오보로 드러난 범죄 기사도, 사면복권으로 정부 공식 기록에서 삭제된 과거의 일도 인터넷에는 그대로 남아 있다. 모든 정보를 순식간에 찾아주는 인터넷의 편리함이 함께 가져오는 새로운 유형의 권리 침해다.

인간의 기억은 오래 지속되지 못하고 성긴 데다 정확하지도 않다. 결함투성이의 인간 기억에 비해 기계 기억은 완벽하다. 하지만 기계의 완벽한 기억은 장점인 동시에 '잊힐 권리'가 요청되는 핵심 사유다. 사람은 모든 것을 기억하지 않고, 중요한 것과 필요한 것 위주로 기억한다. 맥락context도 함께 기억한다. 중요성과 필요성이라는 것은 맥락을 뜻한다. 나중에 회상이라는 방식으로 기억을 불러올 때도 맥락이 함께 따라오기 마련이다.

디지털 환경에서 정보를 호출하는 방법은 인터넷 검색이다. 인터넷 검색으로 방대한 정보를 편리하게 이용할 수 있지만 정보는 생성된 맥락과 유리된 채 검색되고 이용되는 것이 일반적이다. 정보가 맥락을 떠나 너무 손쉽게 이용되면서 다양한 부작용이 생겨나는 것을 우리는 수시로 경험한다. 특히 소셜미디어상의 많은 정보는 간략하고 자극적인 내용으로 압축되어 짧은 시간에 수많은 사람에게 도달하는 경향이 있고 대부분 애초에 그 일이 일어난 상황과 배경 정보를 결여한 채 유통된다.

그래서 '잊힐 권리'는 인간의 통제를 벗어난 만능 기계 기억의 현실에 맞서 개인과 사회의 통제력을 회복하려는 시도로 여겨진다. 맥락과 상황을 고려하지 않은 채 모든 것을 영구적으로 보존, 유통시키는 컴퓨터의 기억 시스템에 '인위적 망각'이라는 인간적 요구를 적용하기 시작한 것이다. 세상이 디지털화됐으니 별수 없이 기계 기억의 현실에 우리의 삶을 맞추고 살아야 한다는 기술 중심주의에 맞서 재설계를 통해 기술 구조를 사람에 맞춰야 한다는 인간 중심주의의 권리다. 다시 말해 여전히 아날로그적 환경에 익숙한 삶과 사고방식을 유지하는 인간이 기계의 디지털 조건에 무조건 적응해야 하는 것은 아니라는 의미다. 기계 기억은 모든 정보를 망각하거나 희미하게 기억하는 일 없이 언제나 똑같이 완벽한 상태로 보존, 호출한다. '잊힐 권리'는 그런 기계 기억에 대해 사람의 기억처럼 '맥락'과 '상황'을 적용한 것이다.

'잊힐 권리' 판결은 오랜 시간이 경과해 더 이상 정확하지 않고, 적절하지 않으며, 관련성이 없고, 과도해진 과거의 정보에 대한 삭제 판결이다. 데이터 자체를 영구히 삭제하라는 판결이 아니라 특정한 조건 아래 나타나는 검색 결과의 링크만을 제거하게 했다.

게이트키핑식 두뇌

인류 역사는 호기심을 동력으로 지식을 추구하고 축적해온 과정이다. 이는 역사가 정보와 지식의 여과 과정, 즉 게이트키핑gatekeeping의 연속이라는 것을 말해준다. 무수한 정보 가운데 어떤 것을 보존 가능한 기록의 형태로 만들지를 결정하는 문지기gatekeeper 역할이 게이트키핑이다. 수많은 사람들에 의해 방대한 경험과 정보가 생성되지만 그중 신문이나 책처럼 유동성 있는 형태로 만들어져 널리 유통되고 보존되는 정보와 지식은 일부에 불과하다. 다양한 정보와 이야기 가운데서 후대에까지 살아남으려면 중요하거나 흥미로운 요소를 지녀야 한다. 사람들, 사회, 시대의 게이트키핑을 통과하지 못한 정보는 제한적 영역에서 잠시 유통되다가 사라지거나 망각된다. 이는 전적으로 사람의 영역이었다. 개인 또는 집단이 선택한 것만 보존·전승되었다. 우리가 현재 접하는 과거 기록과 정보는 모두 그런 절차를 통과한 것들이다. 역사는 기억을 위한 투쟁이라고 말하는 이유다.

정보의 이러한 선택적 기억과 보존 과정은 개인의 두뇌 작동 과정에서도 유사하게 나타난다. 우리는 감각적 경험과 인지적 정보 가운데 지극히 일부만을 기억하도록 프로그램된 두뇌 구조를 지니고 있다. 인간 두뇌는 정보를 처리하는 신경세포인 약 1000억 개의 뉴런으로 구성돼 있다. 각각의 뉴런은 정보 전달을 위해 다른 뉴런과 수천에서 수만 개의 시냅스를 형성한다. 이 시냅스는 한 사람의 두뇌에서 약 100조가량의 연결을 만들어낸다. 뇌의 신경망에서 이뤄지는 신호 전달체계는 어떠한 컴퓨터보다 강력하고 신속하고 효율적이지만 한계가 있다. 우리 눈은 순간적으로 약 1500만 화소의 고해상도 이미지를 받아들인다. 시각은 매초 수십 장의 고해상도 이미지를 받아들이는 방식으로 외부 세계를 인지한다. 하지만 우리 뇌는 그 모든 이미지를 기억하고 저장하지 않는다.[4]

예를 들어 우리가 길을 걷고 있는데 앞쪽에서 자전거가 달려온다고 하자. 우리는 자전거를 바라보며 걸어가는 몇 초 동안 1500만 화소의 이미지를 수백 장의 고화질 프레임으로 인식하고 기억하지 않는다. 블랙박스처럼 렌즈를 통해 보이는 장면을 프레임 단위로 우리 뇌에 그대로 저장하다가는 두뇌의 하드디스크인 기억 용량이 금세 꽉 차버릴 것이다. 우리는 앞에서 자전거가 오고 있다는 것을 파악하면 길 한쪽으로 비켜서 자전거가 안전하게 지나가게 한다. 길에서 만난 자전거나 차량, 행인을 보고 반사적으로 반응하지만 그 순간이 지나고 나면 두뇌에 거의 아무것도 기록되지 않는다. 걸어가는 동안 자전거가 지나갔다는 정도의 요약된 추상적 정보만 남기고 상세한 나머지 이미지와 세부 정보는 두뇌에서 깨끗하게 지워진다. 우리는 감각적이고 외적인 자극 중 극히 일부만 기억으로 저장한다. 자전거 탄 사람이 친구이거나 혹은 자전거에 부딪혀 사고가 나는 등의 특별한 경우를 경험하게 되면 그 자극의 강도에 따라 장기기억의 영역으로 옮겨 보관하게 된다. 우리는 사건의 경험 전체를 기억하지 않고 추상화한 요점만을 기억한다.

수많은 자극 중에 일부를 기억하고 보관하는 방식은 인간 두뇌가 선택한 효율적인 작동 방식이다. 신용카드 16자리 숫자를 외우는 사람은 드물다. 사람의 기억력은 단순한 숫자 몇 개도 기억하지 못할 정도로 부실하지만 그 정보가 현재와 미래의 생존에 필요한 정보일 때는 다르다. 두뇌는 차량의 블랙박스처럼 목격한 모든 것을 무차별적으로 기록하지 않는다. 많은 경험과 지각정보 중에 유의미하고 가치 있는 것만 선별해 기억하며, 그 기억 방식도 압축적이다. 순간적으로 받아들인 수천만 화소의 시각 이미지를 세세하게 기억하지 않고 극도로 추상화한 형태로 기억한다. '어제저녁 길에서 자전거를 타고 가는 친구를 만났다'는 정도로 단순한 형태의 정보로 기억된다. 이런 방식으로 생겨나는 정보들은 중요성과 활용 빈도에 따라 계속 기억할지, 지울지가 결정된다.

입력된 것을 변형 없이 그대로 저장하는 컴퓨터 저장장치의 방식과 사람의 기억 방식은 다르다. 기억을 연구해온 하버드 대학의 인지심리학자 대니얼 샥터 교수는 기계와 달리 사람의 기억은 살아 있으면서 진화하는 사고의 구조물이라고 말한다. 샥터는 인간의 기억은 불완전해서 '일곱 가지 오류' 성향을 지닌다고 주장한다.[5] 시간이 지나면서 기억이 약해지는 '소멸transience', 주의와 기억 간의 접촉 이상으로 인한 '정신없음absent-mindedness', 어떤 정보를 끄집어내는 것이 불가능한 '막힘blocking', 잘못된 기억을 사실로 착각하는 '귀인오류misattribution', 과거를 상기하려고 할 때 새롭게 생겨나는 기억들인 '피암시성suggestibility', 현재의 지식과 믿음이 기억에 강력한 영향을 미치는 '편향bias', 마음에서 사라져버리기를 원하는 고통스러운 정보가 반복해서 떠오르는 '지속성persistence' 등이 기억을 불완전하게 하는 요인들이다. 기계 기억에서는 나타나지 않고 사람의 기억 현상에서만 나타나는 오류들이다.

이러한 부정확한 인간의 기억은 데이터 저장과 호출 측면에서 보면 결함이지만 인간의 사고 능력과 관련해서 보면 이야기가 달라진다. 사람에게 기억은 데이터의 단순한 저장과 호출이 아니라 스스로 판단하고 구성하는 적극적인 사고 능력의 일부이기 때문이다.

기계 기억은 사람의 기억과 달리 완벽해 보이지만 그 완벽함은 인간의 불완전한 기억에 비해 취약한 점도 많다. 그중 하나는 기억의 일부를 유지하면서 달라진 부분만 추가하는 유기적 기능이다. 컴퓨터에서 파일이나 프로그램을 업데이트하는 경우를 떠올리면 된다. 사람은 과거의 기억을 부분적으로 망각하더라도 그 기억에서 유기적으로 새로운 정보를 추가해 이음새 없이 연결된 기억으로 유지한다. 기계는 정보를 추가하거나 수정하면 전체적으로 파일을 덮어쓴다. 즉 컴퓨터는 과거의 기술을 새로운 기술로 대체할 경우 이전의 경험을 덮어쓰는 방식으로 없앤다. 비록 삭제하지 않고 연관성을 부여한 파일체계로 과거의 데이터를 유지한다고 해도 둘은 별개의 파일이다. 사람이 유연하게 망각하면서 부분적 정보를 보태나가는 것과 다르다. 최근 컴퓨터 과학은 지식을 겹쳐 쓰는 방법 대신 사람처럼 유연하게 추가해나가는 방법을 개발하기 위해 노력하고 있다.[6]

샥터는 인간 기억의 일곱 가지 결함에 대해 "우리에게 도움을 주는 과정과 기능을 위해 지불해야 하는 대가이며, 기억의 또 다른 적응적 특징의 부산물"이라고 말한다. 샥터는 인간 기억의 이러한 오류 성향을 "기억의 악덕이자 미덕"이라고 결론짓는다. 사람은 망각과 선택적 기억을 통해 자신만의 기억을 재구성한다. 세세히 기억하지 못하고 경험을 일반화하고 조직화한다. 이는 범주화하고 추상화하는 인간 사고 능력의 핵심이다

망각 시스템이 작동하지 않는다면

망각은 인간의 두뇌 회로가 선택한 고도의 생존 전략이자 인간의 사고 구조에서 축복이다.

사람의 인지 기관과 생각은 부주의한 데다 세부적 식별 능력이 발달하지 않아 디테일을 구별하기 어렵다. 두 이미지가 실제와 데이터 상으로는 서로 다른 값인데도 사람은 그 둘을 같다고 인식한다. 하지만 사소한 변화를 무시하고 건너뛰는 방식의 인간 사고는 놀라울 정도로 경제적이다. 일반화하고 범주화해서 인식하기 때문이다. 매번 연산이 필요한 과정을 새로 거치는 대신 과거에 일반화하고 범주화한 틀에 맞춘다.[7] 인공지능이 모방하기에 무엇보다 어려운 사람만의 고유한 인지 방식이다.

뇌는 핵심적 특징에만 집중하고 대부분의 디테일은 지나치거나 무시한다. 이런 일반화 과정이 두뇌가 작동하는 방식이다. 뇌는 광범위하게 생각하면서 개념에 집중한다. 기계는 헤어스타일을 바꾸거나 면도한 사람을 다르게 인식할 수 있지만 사람은 좀처럼 그런 실수를 하지 않는다. 인간은 사소한 변화를 무시하고 핵심적 특징을 기반으로 인식하고 판단한다. 이는 모든 디테일을 식별하는 컴퓨터에겐 쉽지 않은 일이다.

사람의 기억은 단순히 메모리 소자에 신호를 입력하는 기계의 기억장치와 다르다. 기억은 망각과 짝을 이루어 지적 선택의 행위, 즉 사유작용을 한다. 모든 것을 기억하는 대신 대부분의 경험과 정보를 망각하고 극도로 단순화된 형태의 추상적, 개념적 지식으로 바꿔서 기억한다는 의미다. 두뇌가 무엇을 기억하기 위해 의도적으로 노력하는 경우는 학습 등 일부에 지나지 않는다. 우리 두뇌는 무엇을 기억할 것인가를 스스로 선택하지 않지만 중요도와 필요성의 잣대로 자동적으로 선별해 생존에 필수적인 정보를 기억한다.

그 도구는 추상화, 카테고리화, 일반화, 인과적 사유다. 기계는 기본적으로 데이터를 버리는 행위를 하기 어려운 구조다. 추상화된 정보와 인과적 판단만 남기고 나머지 데이터를 삭제하는 행위는 사람의 사유방식으로 결함이 많다. 인공지능은 자신이 무엇을 하는지 그 인과에 대해 감정적으로 신뢰를 보낼 수 없기 때문에 이러한 추상화가 불가능하다. 우리에게 기억은 의도적 망각과 삭제의 과정을 거친 결과이고 추상화 작용의 핵심이다. 기계는 모든 것을 기억한다. 일부를 버리고 추상화하면서 그 경험의 진수를 추출하는 것은 오류 가능성을 내포한 행위이고 가치를 판단하는 과정이다. 일반화, 범주화, 추상화는 매번 새로운 입력 정보에 대해 판단하고 처리하는 절차를 단축시켜주는 경제적인 사고 틀이지만 동시에 오류와 왜곡을 수반한다. 기계는 사람처럼 감정을 통해 자신의 선택을 합리화하고 확신할 수 없기 때문에 모든 것을 보존해야 한다.

망각이 우리의 사고체계에 어떤 영향을 끼치는지를 알려주는 사례가 자폐증과 트라우마다. 자폐증의 특징은 부족한 사회적 소통 능력과 더불어 완고하고 융통성 없는 정보처리 방식에 있다. 실화에 기초한 영화 〈레인 맨〉에서처럼 자폐증 환자는 놀라울 정도로 뛰어난 세부 기억력을 지닌 경우가 많다. 마치 기계처럼 정확하게 기억하는 자폐증 환자의 사례가 자주 보고된다.

천재적 기억력의 소유자로 한 번 경험한 모든 것을 완벽하게 기억하는 사람들의 사례를 접한 심리학자와 의사들의 임상적 보고는 기억과 망각의 기능을 알려준다. 러시아 심리학자 알렉산드르 루리야는 《모든 것을 기억하는 남자》에 그가 만난 기억력 천재의 실상을 기록했다.[8] 세레세프스키라는 신문 기자는 수십 년이 지난 일도 완벽하게 기억해내는 능력을 지녔지만 그로 인해 과거의 고통스럽고 힘들었던 일이 너무 생생하게 계속 떠올라 전혀 행복을 느낄 수 없었다. 1965년 태어난 미국 여성 질 프라이스도 완벽한 기억력의 소유자로, 2006년 뇌과학 분야의 유력 학술지 〈뉴로케이스Neurocase〉에 "비상한 자서전적 기억의 사례"로 보고되었다. 기억력 연구에 관심을 불러온 그녀는 30년 전 어느 날 아침 무엇을 먹었는지, 그날 TV는 무엇을 방송하고 있었는지를 컴퓨터처럼 세세하게 기억하고 있다. 그녀가 자신의 이야기를 기록한 《모든 것을 기억하는 여자》도 완벽한 기억력 때문에 오히려 고통스럽고 불행한 경험으로 가득하다.[9] 상세하고 구체적으로 과거의 일상을 기억하는 과잉기억 증후군Hyperthymestic syndrome에 시달리는 사람들은 현재에 몰입하는 데 어려움을 겪는다.

두 사람은 또한 모든 것을 구체적으로 기억하는 대신 추상화하고 추론하는 것에 어려움을 겪는다는 공통점이 있다. 호르헤 루이스 보르헤스Jorge Luis Borges가 단편소설 〈기억의 천재 푸네스〉에서 묘사한 그대로다. 보르헤스는 승마 사고로 망각하는 능력을 잃어버린 청년 푸네스를 묘사하면서 우리가 완벽한 기억력을 갖게 되면 일반화하고 추상화하는 능력을 상실하게 되어 과거의 세세한 기억에 매몰된다고 주장했다. 완벽한 기억의 축복을 받았다고 여겨진 이들의 고백과 임상적 보고는 우리가 망각을 통해 추상화 능력을 갖게 되었음을 알려준다.

트라우마는 망각 시스템이 작동하지 않아 생기는 병적 증상이다. 두뇌는 일상적 사건들을 대부분 망각하지만 생명을 위협하는 사건은 잘 기억한다. 트라우마는 극도로 공포스럽고 고통스러운 기억이 사라지지 않고 지속적으로 정신적 스트레스를 주는 현상인데, 심리학에서는 목숨을 위협하는 위험한 사건을 망각하지 않는 것은 미래에 유사한 위험을 회피하기 위한 두뇌의 구조 때문이라고 설명한다.

망각은 또한 우리가 과거의 경험과 기억에 과도하게 얽매이지 않고 현재를 살아가도록 도와준다. 과거의 경험을 추상화해서 요점만 기억함으로써 현재와 미래에 필요성이 낮은 정보는 뇌에서 삭제한다. 망각은 인간 기억 기능의 결함처럼 보이지만 사실은 추상화와 일반화를 가능하게 해서 창의력과 통찰력을 발휘하도록 하는 전략적 선택이다. 똑똑한 기계가 최후까지 모방하기 어려운 판단 행위이자 사고 행위로, 결함투성이의 기억과 사고가 인간의 특성이자 장점인 것이다. 16세기 프랑스의 사상가 미셸 몽테뉴는 기억과 통찰의 관련성에 주목했다. 몽테뉴는 "경험적으로 볼 때 기억력이 강하면 판단력이 약하다"면서 자신은 "가득 찬 머리"보다 "구조화된 머리"를 갖고 싶다고 말했다.

망각은 인간 두뇌가 고도의 추상적 사고를 위해 발달시킨 인지적 효율화 전략이지만 이와 별개로 사람들은 사회적 망각 시스템을 만들어 운영하고 있다. 각종 법적 조처에 시효를 정해놓은 것을 비롯해 형의 소멸과 사면, 복권이 사회적 망각 시스템의 사례다. 파산과 신용정보에 관한 법률은 일정 기간이 지난 금융 기록을 사용할 수 없게 하고 파산한 사람에게도 새 출발의 기회를 제공한다. 과거의 오래된 사건이 현재의 삶과 기회를 지나치게 방해하지 않도록 인위적 망각을 법률과 제도에 적용한 것이다. 생물학적 망각을 모방한 사회적 망각의 전략이다. 사회적 망각은 기억 시스템에 의해서 현재가 부당하게 영향받는 것을 막기 위해 사회가 합의를 통해서 만들어낸 시스템이다. 즉 기억과 기록이 과도하게 여겨지는 경우 그 영향을 최소화하기 위해 선택한 통제 전략이다. 사람이 기억에 대한 인위적 통제를 통해 스스로 미래를 건설하고자 한 시도다. 인간의 통제력이 여전히 중요하다.

아웃소싱할 수 없는
기억의 조건

망각은 인간 사고의 결함이 아니라 추상적 사유를 가능하게 하는 두뇌의 전략이라는 샥터의 주장은 우리가 더 이상 기억하려고 애쓸 필요가 없다는 의미일까? 지금은 기억 대부분을 아웃소싱하는 환경이다. 그러니 굳이 정보를 각자의 머릿속에 담아두기 위해 노력하는 대신 적절하게 기계를 이용해 불러오기만 하면 되는 것인가? 기억과 망각의 구조를 근본적으로 역전시킨 디지털 환경은 우리에게 기억과 망각에 관해서 이전에 생각해보지 않은 새로운 질문을 던진다.

우린 더 이상 불완전하고 오류 많은 인간 기억에 의존하지 않아도 되는 환경을 만났다. 스마트폰과 클라우드 서비스, 인터넷을 이용해 완벽하고 방대한 정보를 전자두뇌에서 바로 호출해 사용할 수 있다. 이런 환경에서 부실한 인간 기억은 어떤 역할을 하며, 어떤 가치를 지니는가?

인류 문명은 세 차례의 커다란 지식 구조 변화를 겪었다. 그때마다 사람들이 지식을 만나는 방법은 근본적으로 달라졌다. 문자의 발명으로 암송과 구전 대신 기록을 통해 지식을 전달하는 것이 가능해졌다. 구전 시대와는 비교할 수 없이 정확한 상태로 시간과 공간의 한계를 넘어서 지식을 유통하고 전승할 수 있게 됐다. 이어 인쇄술의 발명은 지식의 확산 범위와 속도를 확대시켰으며, 다양한 영역에서 지적 추구와 지식의 축적이 활발해졌다. 인쇄술은 암기에 들이는 노력을 줄이고 방대한 지식이 어디에 있는지를 아는 새로운 지적 능력을 요구했다. 인쇄본 책의 등장으로 정보를 분류하고 색인을 만드는 방법이 만들어지고 도서의 보관과 공유 시스템이 발달하게 됐다.

인터넷과 디지털 기기는 세 번째 변화를 가져온 환경이다. 지금은 변화가 시작되는 초기 단계이지만 인류가 지식과 만나는 방법은 이미 근본적으로 바뀌었다. 망각과 기억의 구조가 역전되었고 늘 휴대하는 외장 두뇌에 기억을 의존하고 아웃소싱하는 환경은 지식을 활용하는 새로운 방법을 만들어내고 있다. 검색을 통해 전자기록에서 정보를 인출하는 행위가 기억을 대체하고 있다. 책으로 지식이 전달되던 시절에 지식인은 책장을 묶은 가죽 끈이 세 번이나 닳아 끊어지도록 책을 읽어 다섯 수레 분량의 책에 담긴 내용을 머릿속에 기억하는 방식으로 지식을 익히고 활용했다. 하지만 이제는 손끝에서 모든 것을 즉시 불러올 수 있다. 수고스럽고 불완전한 두뇌의 기억에 의존할 필요성이 크게 사라졌다. 그렇다면 생물학적 두뇌에 최소한만 의존하고 외부 전자두뇌를 최대한 활용하는 것이 지혜로운 방법인가?

사람의 기억은 정확성과 편리함을 위해 외뇌에 의존할 수 있을 정도로 단순한 것이 아니다. 기억은 의식과 직결되며, 의식은 기억을 통해 작동하기 때문이다. 기억을 외화한다는 것이 무엇을 의미하는지는 일찍이 소크라테스가 지적한 바 있다. 플라톤의 《파이드로스》에는 소크라테스가 기억의 외부 의존에 대해 경고하는 내용이 실려 있다.

문자를 발명한 테우스 신이 이집트의 타무스 왕에게 "문자가 사람들의 지혜와 기억력을 늘려줄 것"이라고 자랑한다. 이에 소크라테스는 타무스 왕의 입을 빌려 이렇게 말한다. "문자를 배운 사람은 기억력을 사용하지 않게 되어 더 많이 잊게 될 것입니다. 기억을 위해 내적 자원에 의존하기보다 외적 기호에 의존하게 되는 것이지요. 사람들은 적절한 가르침 없이도 많은 정보를 받아들일 것이며, 실제로는 거의 무지하다 할지라도 지식이 있는 것으로 인정받을 것입니다. 그들은 진정한 지혜 대신 자만심으로 가득 차 장차 사회에 짐만 될 것입니다."[10]

구어 시대이던 기원전 5세기의 철학자 소크라테스는 당시의 최신 기술인 문자의 확산에 비판적이었다. 이런 관점을 2500년이나 지난 이 시대에 그대로 받아들이는 것은 무리다. 하지만 기억을 외부에 의존하는 행위가 스스로의 무지함을 깨닫지 못한 채 자신에게 지식이 있는 것으로 잘못 판단하게 만든다는 말은 인터넷 환경에서 더욱 돋보이는 통찰이다.

그렇다면 우리가 두뇌에 직접 기억해야 할 것은 무엇이며, 외뇌에 맡겨서 처리해야 할 영역은 무엇일까? 뇌과학 연구는 어려운 학습 절차를 거쳐서 기억한 것일수록 오래 기억되는 경향이 있다고 알려준다. 미국 코네티컷 페어필드 대학의 심리학 교수 린다 헨켈은 2014년 외부 기억장치의 활용이 기억에 끼치는 영향을 실험한 결과를 발표했다.[11] 참가자들에게 박물관의 전시물을 관람하고 기억하게 하면서 무작위로 일부 대상을 사진으로 촬영하게 했다. 나중에 기억 효과를 조사해보니, 사진을 촬영한 대상은 그렇지 않은 대상보다 잘 기억하지 못했다. 기억은 우리가 주의력을 집중하는 정도에 따라 자세하게 형성되는 것이기 때문에 외부 기억장치에 기록하고 있다는 것을 인지하게 되면 뇌는 그 대상에 주의력을 덜 할당하게 된다.

자연스러운 두뇌 현상이다. 인쇄술의 발달로 책의 내용을 암기하는 대신 관련 도서가 서가 어디에 있는지를 알고 목차와 색인을 활용하는 능력이 새로운 지식 접근법이 됐다. 인터넷 환경에서 우리가 기억을 생성하고 유지하는 방법에도 변화가 불가피하다. 더 이상 전화번호를 기억하지 않듯, 우리는 이미 외부 기억장치를 능숙하게 활용하고 있으며, 그 추세는 가속화할 것이다.

　중요한 것은 기억을 외부에 의존하는 행위가 두뇌작용에 끼칠 영향이다. 사람에게 기억은 단순한 정보의 저장과 인출 행위가 아니기 때문이다. 컴퓨터에 저장된 메모리는 변화하지 않는 정태적인 정보다. 아무리 오랜 시간이 지나고 수만 번 복제되어도 0과 1의 전자신호로 구성된 디지털 정보의 구조는 전혀 변하지 않는다. 하지만 인간의 생물학적 기억은 살아 있는 생물체의 두뇌에서 일어나는 신경신호의 연결이므로 언제나 다르다. 니콜라스 카는《생각하지 않는 사람들》에서 기억을 인터넷과 외부 장치에 아웃소싱하는 것을 칭송하는 이들이 기억에 대한 은유를 사실로 호도한다고 비판한다.[12]

　사람에게 기억은 살아 있는 사고 작용이다. 미국 보스턴 대학의 심리학 교수 엘리자베스 켄싱어Elizabeth Kensinger에 따르면 기억은 사람이 무엇인가를 경험할 때 두뇌에서 일어나는 작용과 기본적으로 유사하다고 한다.[13] 기억은 경험처럼 두뇌 속에서 다양한 언어적, 시각적, 감각적 신호를 재조합하는 행위이고, 그래서 매번 다르고 부정확하다는 것이다. 기억은 단순한 정보의 저장과 인출 행위가 아니라 매번 새로운 경험이자 구성적 사고 행위인 것이다. 인터넷과 전자두뇌가 기억을 돕는 보조 도구로 활용될 수 있지만 결코 사람의 사고작용이자 의식 그 자체인 기억 작용을 대체할 수 없는 이유다. 같은 사건과 기억이라도 그것을 회상하는 나의 상태와 감정에 따라 매번 다른 경험이 된다.

　개인 차원이 아니라 사회와 집단의 차원에서도 기억은 곧 정체성

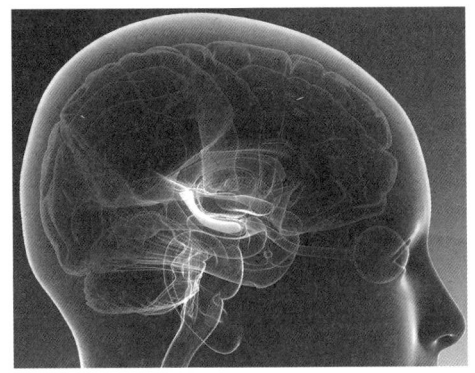

뇌의 해마. 우리 뇌에서 모든 정보는 측두엽에 존재하는 해마를 통과한다. 정보들은 일단 해마에 단기간 저장되었다가 필요한 정보의 일부만 장기 저장소로 이동한다. 정보를 받아들이고 기억하고 망각하는 과정에서 우리의 정신이 생겨나는 것이다.

이다. 사회와 공동체의 집단적 기억이 역사적 기록이다. 영국 작가 조지 오웰은 《1984》에서 전체주의 국가 오세아니아의 진리부Ministry of Truth가 사람들의 의식을 조작하기 위해 신문 등 문서 기록을 왜곡하는 모습을 그린다.[14] 진리부의 슬로건은 "과거를 지배하는 자가 미래를 지배하고, 현재를 지배하는 자가 과거를 지배한다"다.

늘 휴대하고 연결되어 있는 '외뇌' 시대에 기억을 아웃소싱하는 행위는 불가피하면서도 유용한 21세기의 생활 방식이다. 거기에는 빛과 그늘이 함께 있다. 우리가 기억을 아웃소싱하게 되면 기억의 주인이 더 이상 우리가 아닐 수 있다. 기억을 아웃소싱하는 행위는 우리가 무엇인가를 기억하려고 시도하기도 전에 스스로 기억을 포기하는 행위이기 때문이다. 〈뉴욕타임스〉 칼럼니스트 데이비드 브룩스는 이러한 자발적인 기억의 포기가 결국 자신이 내려야 하는 판단과 결정을 포기하는 것과 마찬가지라고 지적했다.[15] 우리의 사고와 판단은 내재된 기억을 통해서 가능하다. 기억을 아웃소싱하는 것은 결국 자신의 판단과 결정까지도 기계와 알고리즘에 맡긴다는 의미이고, 기억에 대해 자신의 통제를 상실하도록 방치하는 행위일 수도 있다. 우리가 아웃소싱할 수 있는 기억은 컴퓨터 칩에 담긴 채 변화하지 않는 생명력 없는 정보다. 우리는 이 특성을 늘 인식하고 있어야 한다.

  기계가 사람처럼 기억하고 판단하는 능력을 갖춰가는 세상에서 인간의 고유한 능력은 기계가 하지 못하는 창의적이고, 성찰적이며, 공감하는 사고 능력이다. 전자기억은 이런 사고에 활용되는 작은 실마리일 따름이고, 우리의 마음과 정신을 움직이는 기억은 매번 새로운 느낌과 생각으로 연결되는 살아 있는 생물체의 기억이다. 그래서 외부 기억을 더 유용하게 활용하려면 그 기억을 불러와 살아 있는 사고 작용으로 연결해줄 생물학적 기억이 내 머릿속에 담겨 있어야 한다.

  우리가 경험과 학습을 통해 형성하는 기억의 총체가 곧 의식이자 삶이다. 풍부한 기억이 곧 풍요로운 삶이다. 친구와 가족, 배우자가 각별한 것도 서로 공통된 기억을 통해 삶을 공유하고 있기 때문이다. 그래서 인간 기억은 비록 부실하지만 우리가 부여받은 값진 선물이다. 기억의 아웃소싱은 결국 사람의 본질적 특성인 사고와 판단마저 기계에 위임하는 결과로 연결된다는 것을 알아야 한다. 사고하는 존재인 우리는 편리하다고 주요 기억을 함부로 외부에 맡겨서는 안 된다.

Chapter 12

대량
창의성 시대

생성형 인공지능은 창의성의 디딤돌인가, 걸림돌인가

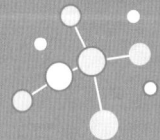

인공지능 시대엔 누구나 거대 언어 모델 등을 도우미로 활용해 마음껏 창의성을 펼칠 수 있게 된 셈이다. 지구상에 수많은 생명체가 한꺼번에 출현했던 고생대 캄브리아기 생물 대폭발처럼 인공지능은 '창의성의 캄브리아기 대폭발'을 가져올 것인가?

생성형 인공지능이 불러온
두 가지 풍경

장면 1

웹툰 작가를 꿈꾸는 사람이 크게 늘었다. 초등학생들이 꿈꾸는 장래 직업 열 손가락 안에 웹툰 작가가 꼽히고, 네이버 웹툰의 신인 발굴 코너인 '도전만화'에는 수십만 명이 넘는 예비 작가들이 작품을 발표하고 있다. 웹툰은 스마트폰 초기에는 국내용 콘텐츠였으나 차츰 글로벌 인기가 높아져 K콘텐츠 대표 상품으로 성장했다. 인기 웹툰 작가들의 성공 사례가 널리 알려지면서 실력 있는 작가들이 더 많이 이 분야에 뛰어들고 수많은 작가들이 경쟁하며 생태계가 활성화한 덕이다. 과거에는 뛰어난 그림 실력 없이는 만화가가 될 수 없었다. 고우영, 이두호, 허영만, 이현세, 윤태호처럼 뛰어난 만화가들은 오랜 세월 갈고닦은 자신만의 그림 스타일과 글씨체를 가지고 있어야 했다. 게다가 아무리 그림 실력이 뛰어나다고 해도 처음부터 만화가로 작품을 발표하기는 어려웠다. 상당한 기간 동안 유명 작가 밑에서 스승의 그림체를 익혀서 제작공정을 담당해야 하는, 힘든 견습생 과정을 거치는 게 대부분이었다. 그 인고의 시간을 견딘 다음에야 비로소 자기 이름으로 작품을 발표할 기회를 얻을 수 있었다.

인공지능 이후 만화가가 되는 경로는 완전히 달라졌다. 다양한 인공지능 창작 도구가 제공된 덕분이다. 네이버 웹툰의 AI페인터 AI Painter, 툰스퀘어의 투닝 Tooning, 드리머스의 딥툰 Deeptoon 등 인공지능 웹툰 보조 도구는 그림을 대신 그리고 채색해주는, 과거의 견습생 수준을 넘어선다. 사용자가 텍스트를 입력하면 인공지능이 해당 내용을 분석해 캐릭터의 표정, 동작, 배경 등을 자동으로 만들어준다. 플롯과 시나리오도 거대 언어 모델에 키워드와 줄거리를 제시하면 흥미진진한 내용으로 금세 완성해준다. 인공지능 덕분에 지난날 거쳐야 했던 높은 문턱과 어려운 관문이 사라진 것이다. 네이버 웹툰, 카카오 웹툰처럼 신인·무명작가들이 활동할 수 있는 등용문도 넓어졌다. 작가들이 작품을 발표하고 조회수에 따라 수익을 가져갈 수 있는 유통 플랫폼도 한몫했다.

웹툰뿐만이 아니다. 생성형 인공지능과 거대 언어 모델 이후엔 챗GPT, 구글 제미나이, 미드저니, 스테이블 디퓨전 등 인공지능을 활용한 창작 도우미가 쏟아져 나오고 있어, 다양한 영역에서 콘텐츠를 구상하고 완성하는 과정이 과거와 비교할 수 없이 수월해졌다. 소설·시나리오 쓰기, 작곡하기, 동영상 제작·편집 등 인공지능을 활용하면 해당 분야에 특별한 재능이나 기량을 갖추지 못한 사람도 손쉽게 창작의 세계에 뛰어들 수 있다. 인공지능 덕분에 창작의 문턱이 크게 낮아져 아이디어가 있는 사람이면 누구나 창작열을 마음껏 불태울 수 있는 시대다.

장면 2

2025년 마이크로소프트 리서치와 카네기멜론 대학 공동 연구진은 생성형 인공지능이 비판적 사고에 부정적 영향을 끼친다는 논문을 발표했다.[1] 지식노동자 319명을 대상으로 조사한 결과, 사용자들은 인공지능이 생성한 결과를 신뢰할수록 인지적 노력을 덜 기울였고 이는 결과적으로 사용자들의 비판적 사고능력을 떨어뜨린 것으로 나타났다. 반면 인공지능보다 자신의 역량을 신뢰하는 사람일수록 일을 할 때 비판적 사고를 더 많이 하는 것으로 나타났다. 비판적 사고는 창의성을 구성하는 핵심 요소다.

영국 유니버시티 컬리지 런던UCL과 엑서터 대학 연구진의 2024년 논문에 따르면, 생성형 인공지능은 개인의 창의력을 높이지만 전체 콘텐츠의 다양성은 떨어뜨린다.[2] 인공지능을 적극 활용한 집단이 쓴 글은 이야기의 참신성과 유용성에서 더 나은 평가를 받았다. 하지만 콘텐츠 간 유사성이 상당히 높았다. 연구진은 "인공지능을 이용하면 개인은 더 창의적이 될 수 있지만, 전체적으로는 오히려 다양성을 잃게 된다"고 지적했다.

MIT 미디어랩은 인지적 과제를 수행할 때 인공지능을 사용하면 비판적 사고, 창의성 등 두뇌 활동이 눈에 띄게 떨어진다는 연구 결과를 발표했다.[3] 연구진은 18~39세에 해당하는 54명을 인공지능 도구 사용 여부를 기준으로 세 그룹으로 나누어, 대입 에세이를 작성할 때 뇌의 활성화 정도가 어떻게 달라지는지를 측정하는 방식으로 실험을 진행했다. 챗GPT 사용 집단/구글 검색 사용 집단/아무 도구도 사용하지 않는 집단으로 나눠, 두뇌 활동을 측정하는 뇌파 측정기 EEG를 착용하고 시험을 보게 했다. 연구진은 참가자들의 뇌 활동을 32개 영역에서 기록했는데, 실험 결과 세 집단 중 챗GPT 사용자가 가장 낮은 수준의 뇌 활동을 보였다. 연구진은 이 집단이 "학습 기억력과 언어 구성 능력, 창의성 등 주요 인지 영역에서 모든 능력이 일관되게 저하되었다"고 밝혔다. 4개월에 걸친 실험기간 동안 챗GPT 사용자들은 점점 더 게을러졌고, 연구 종료 시점에는 복사 · 붙여넣기 (Ctrl+C, Ctrl+V)를 더 자주 사용했다.

'허용이냐 차단이냐'
딜레마에 빠진 학교교육

대조적 풍경이 보여주듯 생성형 인공지능 이후 창작 지형이 요동치고 있다. 한쪽에서는 인공지능을 활용하면 누구나 창의성을 꽃피울 수 있는 세상이 됐다며 반긴다. 다른 한편에서는 인공지능 도구가 창의성 생태계를 위협하고 결과적으로 인간의 창의적 능력과 활동을 저해할 것이라는 우려와 비판의 목소리가 높다. 이는 창작 영역에만 한정되는 이야기가 아니다. 전 세계 모든 교실에는 인공지능 시대의 교육이라는 '뜨거운 감자'가 던져졌다. 초등학교부터 대학교에 이르기까지 대부분의 교실은 챗GPT 등장 이후 수업과 평가에서 극심한 혼란을 겪고 있다. 교사가 아무리 참신한 과제를 내줘도 챗GPT가 이를 수행하고 있는 게 현실이다. 전문적 지식과 기술을 가르치고 주체적이고 독립적인 탐구 능력을 함양하도록 교육하는 대학이나 대학원에서도 사정은 마찬가지다. "인공지능은 학습과 창의성을 돕는 디딤돌인가, 아니면 오히려 저해하는 걸림돌인가"에 대한 논쟁이 수그러들지 않고 있다.

2022년 말 챗GPT가 공개되자마자 학생들이 과제 수행 등에 사용하는 현상이 빠르게 번져나갔다. 이에 미국 내 최대 교육구인 뉴욕시 교육청은 2023년 1월 관내 공립학교에서 챗GPT의 사용과 접속을 전면 차단했다. 앞서거니 뒤서거니 로스앤젤레스·시애틀·볼티모어 등 다른 대도시 학교에서도 비슷한 사용 금지 조처가 잇따랐다. 학생들의 무분별한 챗GPT 사용이 단순히 과제를 대리 작성하는 수준을 넘어, 학교교육의 본질을 위협한다는 교육 당국의 걱정 때문이었다. 챗GPT 이용으로 인해 학생들의 표절과 부정행위, 부정확한 정보의 잘못된 인용 등의 현상이 나타나면서 학생들이 비판적 사고력을 기르지 못하고 오히려 문제해결능력이 낮아지고 있다는 게 교육 당국의 우려다. 프랑스·호주·홍콩·인도 등의 대학들도 챗GPT를 학점과 관련한 활동에서 사용하지 못하도록 하고, 학교 네트워크에서 차단했다.

국내에서도 사정은 다르지 않다. 챗GPT가 등장하면서 학교에서 가종 보고서와 리포트 작성 등의 과제물을 통한 학습과 평가가 사실상 불가능해졌다. 인공지능 사용 여부를 탐지하는 시스템을 활용해도 완벽하게 걸러내지 못한다. 사정이 이러니 일부 교사·교수들은

챗GPT가 등장한 이후 모든 교육 현장에는 '인공지능 시대의 교육'이라는 뜨거운 감자가 던져졌다. 학업에 챗GPT 사용을 허용할지 금지할지 논쟁이 일었지만, 현실적으로 사용을 막을 방법은 없다.

아예 과제 수행시 챗GPT를 적극적으로 사용하라고 권장하는 쪽을 선택했다. 챗GPT를 이용해 과제를 수행한 뒤 그 결과물의 한계와 문제점을 학생 스스로 비판적으로 검토한 보고서를 작성하는 과제를 내주기도 한다. 교육 당국이 학생들의 챗GPT 사용을 차단하는 것은 불가능하다. 많은 교수들은 아무리 창의적이고 참신한 과제와 평가 방법을 도입해도 학생들이 다양한 방법으로 생성형 인공지능을 활용해 과제 출제자의 의도를 무력화하고 있다고 말한다. 카이스트의 한 교수는 "챗GPT를 활용한 학생들의 과제 수행을 차단할 수 있는 방법이 사실상 없다"며 "다양한 시행착오 끝에 각자 과제물로 연구·조사한 것을 동료 학생들 앞에서 구두로 발표한 후 질문에 답변하도록 하는 방법을 도입하게 됐다. 학생들도 불가피성을 이해하고 동의했다"고 털어놨다.

현실적으로 학생들의 생성형 인공지능 사용을 막을 수는 없다는 인식은 교육 당국으로 하여금 초기의 차단 정책에서 물러서게 했다.

2023년 5월, 뉴욕시 교육청은 넉 달 전에 발표한 방침을 변경해 학교에서 챗GPT 접속과 사용을 허용하기로 했다. 인공지능의 교육적 잠재력과 현실을 인정하고, 인공지능 활용 교육을 도입하려고 정책을 전환한 것이다. 초기부터 챗GPT 등 인공지능 도구를 교실에서 적극 활용하도록 권장한 싱가포르는 매우 이례적인 경우다.

생성형 인공지능의
기술적 특징

챗GPT가 교육과 창의성 발휘의 도우미인지, 훼방꾼인지를 알아보기 위해서는 생성형 인공지능의 기술적 특징과 함께 교육에 끼치는 영향을 살펴봐야 한다. 챗GPT는 거대 언어 모델 기반의 생성형 인공지능이다.

우선 '생성형 인공지능Generative AI'과 '거대 언어 모델Large Language Model, LLM'의 개념을 파악해야 한다. 생성형 인공지능은 데이터의 패턴과 구조를 학습해, 다양한 형식의 콘텐츠를 "만들어내는(생성하는)" 인공지능 기술을 말한다. 기존의 인공지능은 구조화한 데이터를 지도학습하는 방식으로 분류·예측하는 기능 위주였다. 이에 반해 생성형 인공지능은 구조화되어 있지 않은 방대한 데이터도 사람의 도움 없이 스스로 학습non supervised learning하고, 콘텐츠를 생성하고 창작해낸다는 게 특징이다. 생성형 인공지능은 만들어내는 콘텐츠의 형태에 따라 서비스가 구분된다. 이미지 기반의 미드저니와 스테이블 디퓨전, 소프트웨어 코드를 만들어주는 코파일럿이나 코드위스퍼러, 동영상을 만들어주는 소라Sora, 비오3 Veo3, 캔바Canva 등이 있다. 텍스트 기반의 생성형 인공지능으로는 GPT, 제미나이, 클로드, 퍼플렉시티 등이 대표적이다.

단순하게 설명하면, 거대 언어 모델은 사람처럼 유창하게 말할 수 있는 능력을 지닌 인공지능이다. 방대한 언어 데이터를 학습하여 자연어를 이해하고 문장을 만들어낼 수 있는, 텍스트 기반의 생성형 인공지능 모델이다. 연속된 단어와 문맥에 따라 다음에 이어질 자연스러운 문장을 자동으로 완성하는 구조인데, 스마트폰의 문자메시지나 검색어 자동완성 기능과 원리가 비슷하다. 기존의 문자메시지 자동완성 기능은 바로 뒤에 이어지는 단어나 짧은 문장에 국한해 작동하지만, 거대 언어 모델은 문답·대화가 이뤄지는 맥락과 상황을 파악하고 이해하는 능력이 매우 뛰어나, 항상 매끄러운 문장과 답변을 만들어낸다는 게 특징이다. 이는 인공지능이 사람을 능가하는 수준의 뛰어난 언어 구사 능력을 지니는 것처럼 보인다.

사람은 언어를 통해 소통할 뿐 아니라 다양한 인지적 활동을 수행한다. 단지 대화만이 아니라 감정 표현, 이성적 추론, 예측, 상상, 농담, 연구 활동 등 거의 모든 지적·감성적 활동이 언어를 통해서 이뤄진다. 사람에게 언어는 사고의 도구이자, 생각 그 자체. 언어를 '존재의 집'이라고 말하는 까닭이다. 인공지능이 인간 사고와 표현 그 자체이자 그것을 만들어내는 핵심 수단인 언어를 마스터했다는 사실은, 거대 언어 모델이 생성형 인공지능의 두뇌로 작동한다는 걸 의미한다. 실제로 대부분의 생성형 인공지능 서비스는 언어 기반의 사용자 환경User Interface으로 작동한다. 챗GPT 같은 대화형 인공지능만이 말로 작동하는 게 아니다. 미드저니, 소라, 코파일럿 같은 생성형 인공지능 서비스 또한 텍스트로 명령을 입력하거나 말해도 사람처럼 내용을 알아듣고 그림, 동영상, 코드로 결과물을 출력해준다. 오감을 인지하는 사람처럼 인공지능이 다양한 형태의 지각정보를 통합적으로 인지하고 처리하는 기능을 '멀티모달Multi-modal' 기능이라고 한다.

이러한 기술적 특성으로 인해 생성형 인공지능은 기존의 인공지능과 구별된다. 사람처럼 말하고, 생각하고, 추론하고, 창작하는 능력을 지니게 됐다. 다양한 콘텐츠를 빠르고 그럴듯하게 만들어내는 데는 사람보다 뛰어난 수준이다. 사람이 특정한 콘텐츠를 요청하면 순식간에 이를 생성하는 능력, 즉 창작하는 기능을 발휘하는 기술이다. 생성형 인공지능은 일종의 창의성 기계 또는 창작 기계인 셈이다.

창의성 논의에 떨어진
생성형 인공지능 폭탄

생성형 인공지능의 출현은 창의성을 두고 오랜 기간 진행되어온 논의 마당에 갑자기 떨어진 폭탄과 비슷하다. 챗GPT가 등장하기 전까지만 해도 창의성은 인공지능 시대에 인류가 담당할 가장 유망한 영역으로 주목받아왔다.

'창의성creativity'이란 단어는 1875년에 처음 등장해 20세기 중반부터 일상적으로 쓰이기 시작했지만, '창의성 숭배'는 현대의 특징이다.[4] 예술과 산업 영역을 가리지 않고 큰 성공을 거둔 거의 모든 것이 "탁월한 창의성 덕분"이라고 칭송된다. 더욱이 기술 발전과 사회 변화 속도가 빨라지면서 창의성은 미래 사회의 생존 기술과 문제해결능력 자체로 추앙받아왔다. 기존의 방법으로는 해결할 수 없는 새로운 문제가 쉬지 않고 등장할 미래 사회에서는 과거에 없던 새로운 문제해결능력, 즉 창의적 방법이 생존 기술이자 성공 법칙으로 여겨지기 때문이다.

인공지능과 컴퓨터 알고리즘이 복잡하고 지적인 작업을 뛰어나게 처리하는 것처럼 보일지라도, 기본적으로 반복적이고 정형적인 업무 또는 사람이 지시한 일을 효율적으로 처리하는 자동화 기계라고 여겨졌다. 그래서 인공지능 시대에 정형화할 수 있고 예측 가능한 업무는 기계에 맡기고, 사람은 인공지능이 할 수 없는 창의적인 일을 해야 한다는 게 미래학, 교육계, 자기계발 영역에서 합의된 견해였다. 아무리 기술이 발달하더라도 창의적인 일은 결국 사람만이 할 수 있는, 인공지능 시대 사람에게 남겨진 최후의 영역으로 간주되어 왔다.

그런데 생성형 인공지능은 그동안 사람 고유의 창의적이고 지적인 업무로 여겨온 소설·시나리오 쓰기, 그림 그리기, 작곡, 코딩과 같은 창작 활동을 웬만한 전문가보다 능숙하고 빠르게 수행한다는 걸 입증하고 있다. 더욱이 챗GPT나 미드저니 같은 생성형 인공지능 초기 모델에서 오류와 한계로 지적되었던 결함들도 기술 발달에 따라 빠르게 수정·개선되고 있다. 그동안 창의성을 인공지능 시대에도 위협받지 않을 인간 고유 역량이라고 의미부여하고 교육의 목표로 제시해온 주장이 무색해졌다. 문학·그림·사진 공모전의 입상작들이 알고 보니 '제조: 인공지능made by AI'이었다는 사실이 언론 보도로 확인됐다. 인공지능의 표현 능력과 창의성이 이미 사람을 능가하는 수준에 이른 것이다.

그동안 사회가 창의성을 높이 평가하고 교육의 목표로 제시해온 배경에는 창의성이 참신하고 유용하기 때문만은 아니다. 사람에게 창의성을 가르쳐서 결과물을 만들어내게 하는 것이 지극히 어려운 일이기 때문이기도 하다. 셰익스피어, 미켈란젤로, 모차르트, 아인슈타인 등 역사에 기록된 창의적 인물들은 재능과 열정이 뛰어난 소수에 불과하다. 이제껏 창의성 발휘는 무엇보다 어려운 천재들의 경지였고, 인생에서 핵심적 성취 수단이자 교육과 경쟁의 목표였다. 그런데 갑자기 등장한 생성형 인공지능은 많은 영역에서 사람의 창의성을 능가하는 것처럼 보인다.

인공지능 시대에 우리는 창의성과 관련해 일찍이 생각하지 못한 질문을 만나게 됐다. 생성형 인공지능을 활용한 창작물이 넘쳐나고 흔해지면, 창의성은 지난날의 지위와 가치를 잃어버리게 될까? 인공지능이 사람에게서 창의성 영역마저 빼앗아갈 것인가? 아니면 창의성의 역할과 개념이 다시 정의되는, 새로운 창의성의 시대가 올 것인가?

'창의성의 캄브리아기 대폭발'이 일어날 것인가

생성형 인공지능은 무엇보다 창의성을 대중화하는 혁신 기술이다. 이제껏 특별한 재능과 소질을 갖춘 소수의 전유물이던 창의성을, 생성형 인공지능을 다룰 줄 아는 사람이라면 누구나 활용할 수 있는 대중적 역량으로 변화시키고 있다. 그동안 아무리 아이디어가 넘쳐나고 창작을 향한 열의가 있어도, 현실에서는 창의성 발현에 필수적인 문턱을 넘지 못하는 경우가 많았다. 재능과 열정, 기술적 숙련, 훈련과 작업에 요구되는 오랜 기간, 그리고 이를 감당할 수 있는 유무형의 자원이 있어야 꿈과 아이디어를 창의적 결과물로 만들어낼 수 있었기 때문이다. 생성형 인공지능은 그동안 문턱을 넘지 못해 창의적 작업을 실행할 수 없었던 무수한 사람들에게 기술이 선사한 축복이다. 설계·스케치 실력이 없어도 말로 설명하면 건축물 조감도를 만들어내고, 복잡한 화성 체계나 작곡 이론을 알지 못해도 원하는 분위기의 음악을 작곡할 수 있게 해준다. '창의성의 민주화'라고 불릴 만하다.

브레인스토밍은 집단 안에서 혁신과 창의성을 이끌어내기 위해 흔히 활용되는 수단이다. 구성원간 소통을 통해 다양한 아이디어와 관점이 자유롭게 분출하게 만들어 창의력을 구현하는 장치이지만, 작동을 위한 필수요건이 있다. 우선적으로 의견을 내놓을 다양한 구성원이 있어야 한다. 즉, 소통하고 협업할 파트너인 사람들이 있어야 한다. 그런데 생성형 인공지능은 1인 창작자에게도 완벽한 브레인스토밍 파트너가 될 수 있다. 예를 들어, "회사 요가 동아리 회원모집 이벤트를 위한 행사 아이디어 브레인스토밍을 해줘"라고 챗GPT에게 부탁하면, 여러 사람이 모여서 아이디어 회의를 거친 것 같은 기획안을 만들어준다. 또 '조직 내 중장년 세대와 젊은 층 사이의 세대 차이와 소통 문제 해결 모색' 같은 과제를 제시한 뒤 7~8명의 가상 구성원에게 각각 나이와 특징 등을 부여하고 아이디어 브레인스토밍을 요구하면, 인공지능은 각기 다른 캐릭터와 관점을 가진 구성원들이 참여해 만든 것과 유사한 회의록을 만들어준다. 생성형 인공지능은 원하는 사람 누구에게도 창의성 구현을 위한 충실한 파트너 역할을 해줄 수 있다.

인공지능이 선물하는 창의성의 혜택이 비전문가와 문외한들에게만 주어지는 것도 아니다. 전문가들이 창의적 작업을 할 때 수고롭고 소모적인 작업을 인공지능이 대신하게 되면 작업의 효율성과 생산성이 높아진다. 이럴 때 인공지능은 창작자들이 창의성의 본질과 핵심 작업에 집중하고 몰입할 수 있게 해주는 도구이다.

동대문디자인플라자DDP 등 비정형적인 유선형의 독창적 건축으로 유명한 세계적 건축가 자하 하디드Zaha Hadid가 설립한 자하 하디드 아키텍츠ZHA는 생성형 인공지능을 작업에 적극 활용하고 있다.[5] 이 기업은 아이디어 구상, 마스터플랜 시각화, 렌더링 등 설계 공정 대부분에 미드저니, 스테이블 디퓨전을 비롯해 자체 개발한 인공지능 소프트웨어를 활용하고 있다. 그 결과 작업 속도가 빨라지고 생산성이 50퍼센트 가까이 개선됐다. 건축계에서는 컴퓨터지원설계CAD가 도입된 것에 비견된다. 1990년대 후반까지 건축학과 학생들은 손으로 그림 그리는 법을 배웠지만, CAD 확산 이후 완전히 달라졌다. 설계 작업에 들이는 시간과 수고를 덜어준 것만이 아니라, 수작업으로 구현하기 어려웠던 파격적 형태의 디자인에 구조적 안전성을 갖춘 설계가 가능해졌다. 세계적 건축가 프랭크 게리Frank Gehry는 "3D 소프트웨어가

아니었다면 빌바오 구겐하임 미술관과 LA 월트디즈니 콘서트홀은 존재하지 않았을 것"이라고 말했다.[6]

건축만이 아니라 제품 구상과 설계, 디자인 이미지를 다루는 거의 모든 분야에서 생성형 인공지능이 어렵고 수고로운 작업을 담당하게 되어 창작자는 통합적 사고와 전략 같은 창의성의 핵심과 본질에 더 집중할 수 있게 됐다. 생성형 인공지능은 키워드와 간단한 질문만 던져도 창작을 위한 아이디어와 구현 방법을 끝없이 쏟아낸다. 인간 동료나 조수와 달리, 아무리 황당하고 기상천외한 요구와 지시를 반복해도 지치지도 않고 짜증도 한번 내지 않는다.

인공지능 시대엔 누구나 거대 언어 모델 등을 도우미로 활용해 마음껏 창의성을 펼칠 수 있게 된 셈이다. 지구상에 수많은 생명체가 한꺼번에 출현했던 고생대 캄브리아기 생물 대폭발처럼 인공지능은 '창의성의 캄브리아기 대폭발'을 가져올 것인가?

창의성이 필요한 영역에 인공지능을 활용하게 되면서 우리는 일찍이 경험하지 못한 창의성의 신세계로 들어섰다. 인공지능 창의성은 크게 두 차원에 영향을 끼친다. 하나는 인공지능을 활용한 결과로 만들어지는 창의적 산출물의 영역이고, 다른 하나는 창의적 산출물을 만들어내는 과정과 활동, 나아가 인간 자체이다.

대량생산 시대에서
대량 창의성 시대로

누구나 생성형 인공지능 도구를 이

용해 지금까지 세상에 없던 창작물들을 만들어내게 되면, 창작물이 쏟아지고 누구나 창작자가 되는 세상이 된다. 간단한 아이디어와 창작 의도만으로도 창의적 결과물을 만들어낼 수 있는 '창의성의 대중화' 세상이다.

하지만 창작물의 총량이 늘어난다고 해서 창의성이 꽃피고 가치가 높아진다고 볼 수는 없다. 앞선 연구들에서 확인되었듯이, 생성형 인공지능을 활용할 때 개인들의 작업에서는 창의성이 높아졌지만 집단 전체적으로는 창의성이 증가하지 않았다. 생성형 인공지능이 데이터 의존적이기 때문이다. 생성형 인공지능은 기존 데이터를 통해 학습한 패턴을 바탕으로 '그럴듯한' 결과물을 생성해낸다. 결과물이 참신하거나 독특하게 보이더라도 그것은 인공지능만큼 방대한 데이터를 접하지 못한 사용자의 관점일 따름이다. 생성형 인공지능의 산출물은 기본적으로 데이터를 통한 패턴 학습의 결과이기 때문에, 동질화와 패턴화라는 한계를 지닌다. 인공지능을 활용한 창작물이 초기에는 다양하고 창의적인 것처럼 보여도, 시간이 지나면서 비슷비슷해지는 이유다. 생성형 인공지능을 이용해 사진을 지브리 스타일의 초상화나 심슨 가족 스타일의 그림으로 빠르게 변환하는 게 처음엔 놀라웠지만, 이용자들은 비슷비슷한 그림 스타일에 금세 흥미를 잃었다.

인공지능이 생성해낸 결과물을 창작물로 볼 수 있는지에 관한 저작권 논란도 피할 수 없다. 창작자가 주도적으로 구상하고 인공지능을 아이디어 실현의 도구로 활용한 경우엔 기존처럼 창작자가 저작권을 갖는다는 데 이견이 없다. 하지만 아이디어 구상부터 최종 결과물에 이르기까지 대부분의 창작 과정이 인공지능에 의해 자동화된 방식으로 처리되는 경우, 해당 제품을 발표한 창작자의 권리를 어디까지 인정할 수 있을지는 논쟁적인 문제다. 창작자가 어느 정도로 개입할 때 생성형 인공지능의 결과물을 창작물로 볼 수 있는지 경계선 긋기가 난감하다. 생성형 인공지능은 방대한 데이터를 통해 학습하는데, 이 과정이 '공정 사용fair use'인지 '저작권 침해'에 해당하는지도 논쟁 중이다. 이미 〈뉴욕타임스〉를 비롯한 각국 언론사는 오픈AI, 마이크로소프트, 메타 등이 생성형 인공지능 모델 학습에 허가 없이 기사 콘텐츠를 사용했다며 저작권 침해 소송을 제기한 상태다.[7]

　인공지능을 활용한 창의성의 대중화는 창작물이 넘쳐나는 '대량창의성mass creativity' 시대를 의미한다. 이는 대부분의 작업이 사람 손으로 이뤄지던 산업현장에 각종 자동화 기계가 도입된 이후 찾아온 '대량생산mass production' 상황에 견줄 만하다. 포드주의로 대표되는 대량생산 시스템은 균일한 품질의 제품을 낮은 값에 대량 공급하며 소비 산업사회를 불러왔다. 대량생산 체계는 상품의 가격과 품질 차원을 넘어 노동 형태, 소비문화, 가치체계의 광범한 변화로 이어졌다. 비슷비슷한 제품들이 양산됨에 따라 '상품 차별화' 경쟁도 생겨났다. 가격과 품질 못지않게 브랜드, 이미지, 스토리 등에서 차별화가 중요해졌다. 손목시계 시장이 대표적이다. 정확도·디자인·가격경쟁력이 뛰어난 제품이 양산되고 스마트폰이 시계 기능을 하면서 손목시계의 가치와 시장이 축소됐다. 그런데 수억 원에 이르는 명품시계 시장은 오히려 더 커졌다. 시계 본래의 용도가 아니라 과시효과, 희소성, 브랜드, 투

한때 SNS에서는 챗GPT에게 이미지를 주고 소위 '지브리스튜디오 스타일'로 변환한 결과물을 공유하는 일이 유행했다. 레오나르도 다 빈치의 〈모나리자〉(왼쪽)를 챗GPT에게 '지브리 스타일'로 만들어달라고 요청했더니 오른쪽과 같은 형태의 이미지를 내놓았다.

자가치 등이 중요해졌기 때문이다.

  인공지능을 활용한 창의성 대중화로 창작물이 넘쳐나게 되면 창작물을 바라보는 시선이 달라지게 된다. 그동안 창작자가 오랜 시간 갈고닦은 전문성과 창의성으로 만들어낸 창작물은 희소성과 진정성을 지닌 대상이었다. 그런데 넘쳐날 정도로 많고 누구나 쉽게 만들 수 있는 창작물은 과거와 같은 희소성과 가치를 인정받기 어렵다. 인지심리학자 허버트 사이먼은 일찍이 1970년대에 "정보가 풍부해질수록 주의력은 결핍된다"며 '주의력 산업'의 출현을 예고했다. 정보는 인간의 주의력을 소비하는데, 넘쳐나는 창작물을 소비할 인간의 주의력과 시간은 유한하다. 그럴수록 주의력을 끌기 위한 자극적 경쟁은 심해진다.

정보가 넘쳐나는 디지털 세상에서는 더 많은 정보 보유보다 적절한 정보를 잘 찾아내어 활용할 줄 아는 검색, 필터링, 큐레이션, 맥락부여 기능이 훨씬 중요하다. 테크기업의 핵심 역량도 알고리즘을 통해 이러한 기능을 얼마나 잘 구현하는지에 달려 있다. 창의성 대중화는 무한 콘텐츠가 넘쳐나는 환경이다. 이미 인터넷상의 정보는 사람이 만든 것보다 인공지능과 기계가 만들어내는 게 훨씬 많다. 넘쳐나는 정보에서 이용자의 주의력을 끌기 위해 더 자극적인 방법이 등장하고, 효율적인 검색·필터링을 통해 각자에게 맞춤화한 정보를 골라주는 서비스 경쟁이 더 치열해진다. 창작물의 진정성에 관한 새로운 기준이 등장하는 배경이다.

현재 모든 제작공정에 전기와 컴퓨터를 사용하듯 이제부터 대부분의 창의적 작업에 인공지능이 자연스럽게 활용되고, 사람이 손수 만든 것과 인공지능이 제작한 것을 구별하기는 거의 불가능해진다. 이러한 현상으로 새로운 트렌드가 생겨나게 된다. 식품산업이 발달하자 유기농 먹거리, 슬로푸드가 부상했다. 자동화를 통한 균일화와 매끄러움 대신 제각각 고유하고 사람 손길이 느껴지는 '수제' 상품의 인기도 날로 높아지고 있다. 이와 비슷하게 사용자의 지향과 차별성을 드러내는 가치소비 현상이 콘텐츠산업계에서도 생겨날 수 있다. 미래학자들은 문화예술 창작 분야에서 창작자의 진정성을 보여주는 장치로서, 인공지능을 전혀 사용하지 않았다는 '인공지능 프리 AI Free' 스티커 부착 같은 트렌드가 주목받을 것이라고 전망한다.

창작물보다 중요한 것

인공지능은 창작물만이 아니라 창작과정에 끼치는 영향도 지대하다. 창의성이 중시되는 이유는 1차적으로 창의성이 발휘된 결과물이 지닌 가치에 있지만, 창작물을 만들어내기 위한 활동, 즉 창의성이 싹트고 성숙하며 작동하는 과정도 결과물 못지않게 중요하기 때문이다. 지금까지 이 두 가지는 분리되지 않았다. 훌륭한 창작물은 마술처럼 뚝딱 만들어지지 않는다. 창작자가 오랜 기간에 걸쳐 어려움을 극복하면서 갈고닦은 지식과 기량을 창의적으로 발휘한 결과가 창작물이다. 베토벤의 교향곡이나 고흐의 미술작품처럼 위대한 예술품에 대한 평가를 작품 자체의 완성도만으로는 설명하기 힘들다. 갖은 곤경 속에서도 꺾이지 않고 불타오른 창작자의 열정에 대한 경외심이 포함돼 있기 때문이다. 발레리나 강수진의 뒤틀리고 못생긴 발 사진이나 야구선수 오타니 쇼헤이의 어릴 적 꿈을 구체화한 만다라트가 화제가 된 까닭도 빛나는 성취 못지않게 그것을 위해 기울인 정성과 노력의 소중함 때문이다. 창의성을 추앙해온 배경에는 창작물 자체만이 아니라 그것을 위한 행위와 태도의 특별함이 있다. 창조적 결과물을 위해서는 안데르스 에릭슨Anders Ericsson의 연구처럼 1만 시간 이상의 의도적인 연습이 필요하고, 미하이 칙센트미하이가 말한 '몰입'이 요구된다. 창의성 발휘를 위해서는 운이나 우연이 아니라 오랜 시간 반복과 실패를 거듭하며 의도적으로 훈련하는 과정을 당연한 것으로 여겨왔다.

그런데 창의성 구현에 인공지능을 활용하게 되면서 지금까지 하나였던 창작물과 창작활동이 분리되고 있다. 장기간 힘든 학습과 훈련을 거치지 않고도 얼마든지 창의적 결과물을 만들어낼 수 있게 됐다. 창의성 구현이 쉬워지고 편리해짐에 따라, 그에 수반되던 훈련과 수고도 필수 요소에서 선택 요소로 바뀌었다. 이는 그동안 창의성의 결과와 한 몸이던 몰입과 의도적 연습의 과정을 쓸모없거나 무가치하게 여기는 결과를 가져올 수 있다.

인공지능을 활용하면 창작물의 품질은 높아지고 창작의 세계는 더 다양해진다. 동시에 창의성 구현을 위한 필수 요소로 훈련하고 교육해온 덕목과 가치도 달라진다. 도구에 의존하게 되면, 그 기능을 수행하던 인간의 해당 능력은 퇴화하거나 무가치하게 여겨진다. 쓰지 않으면 결국엔 그 사용법과 기능을 잃어버린다. 그런데 잃어버리는 기능이 인간 고유의 능력이라고 여겨온 사고능력, 문제해결력이라면 이는 간단한 문제가 아니다.

똑똑한 도구가 인간 고유의 사유, 판단 능력을 퇴화시킬 것이라는 주장의 뿌리는 깊다. 2500년 전 소크라테스는 당시의 첨단기술인 문자에 대한 젊은이들의 열광이 가져올 부작용을 걱정했다. 필기와 글에 의존해 기억하고 말하는 것은 자신이 알지 못하는 것을 아는 것처럼 착각하게 만들고, 결국 껍데기뿐인 지식을 자랑하게 만들 것이라는 게 소크라테스의 경고였다. 베스트셀러 《생각하지 않는 사람들》의 저자 니콜라스 카는 멀티태스킹과 같은 디지털 기술이 인간의 뇌 구조와 사고방식을 변화시켜 창의성과 비판적 사고를 약화시킬 수 있다고 경고했다. 에머리 대학 영문과 교수 마크 바우어라인 역시 디지털 환경의 대학생들이 독서와 사고를 하지 않아 역사상 어느 세대보다 지적 탐구 능력이 떨어진다고 주장했다.[8] 이들의 발언이 나온 시대적·기술적 환경은 서로 다르지만, 편리한 도구로 인해 인간이 스스로 생각하는 능력을 잃어버리는 상황에 대한 경고와 우려라는 점에서는 한목소리다.

인공지능 기술의 비약적 발전으로 인해 사람은 사고능력과 생존능력의 핵심으로 여겨온 창의성마저 기계에 위임할 수 있게 되었다. 편리하지만 지극히 위험한 상황이다. 창의적 아이디어와 구현에 인공지능을 활용하는 행위는 효율화와 편의성 증대를 넘어 사람의 특성인 생각하고 고민하는 능력, 어려움과 고통을 견디고 보람을 느끼는 과정마저 기계에 넘겨주는 결과를 가져올 수 있기 때문이다.

인공지능으로 인한
미래 창의성의 변화

창의성은 고정적인 게 아니라, 늘 움직이고 변화한다. 역사에서 사람들이 창의적이라며 경탄하는 대상은 시대와 기술에 따라 계속 바뀌었다. 한때 그림으로 현실을 완벽하게 구현해내는 능력은 창의성과 천재성의 증거였다. 《삼국사기》에 실린 통일신라 시대 화가 솔거의 이야기가 대표적이다. 하지만 사진 기술이 등장하자 완벽한 모사와 재현 능력에 대한 경탄은 사라졌다. 사진 기술 이후 입체파, 해체주의, 추상표현주의, 미니멀리즘 등 비구상주의 미술이 등장해 20세기를 대표하는 미술 사조가 됐다. 창의성은 사라지지 않고 찬사와 경탄의 대상이 달라질 뿐이다.

기술 발달에 따라 창작과 관련된 도구와 환경은 끝없이 개선되고 변화한다. 펜으로 글을 쓰던 작가와 목탄으로 스케치하던 삽화가도 워드프로세서와 일러스트레이터 프로그램을 이용한다. 머릿속 상상을 표현하는 익숙한 작업 도구가 변화할 때 창작자들은 불안해하고 저항하기 마련이다. 하지만 신기술의 장점이 많으면 창작 도구는 달라지고 이를 활용한 새로운 창의성이 출현한다. 신기술을 사용하느냐 마느냐의 문제가 아니다. 창작에서는 도구 사용이 아니라 창작 동기와 목적이 우선이다. 생텍쥐페리는 "사람들에게 배를 만들게 하려면 선박 제조에 필요한 재료와 연장을 주고 배 만드는 법을 가르치려고 하지 말아라. 끝없는 바다의 광대함을 동경하게 만들라"고 말했다.

인공지능 도구로 인해 창의성이 활용되고 표현되는 방식은 달라질 것이다. 원하는 사람 누구나 창의성을 발휘할 수 있고, 대부분의 창의적 활동에 인공지능 기술이 결합할 것이다. 기술 발달에 따라 표현의 방법과 결과는 달라지지만, 창작의 주체는 언제까지나 인간이다. 인공지능 기술 덕분에 창작의 문턱이 낮아지고 표현 방법이 다양해지면, 창작자는 창작의 본질에 더 집중할 수 있다. 과거엔 힘든 견습과 오랜 수련을 견딘 사람들 중 일부가 창작자가 될 수 있었지만, 이제는 누구나 창작의 세계에 훨씬 쉽게 진입할 수 있다. 그렇지만 중요한 것은 최신 도구의 능숙한 사용이 아니다. 누구나 쉽게 창작에 진입할 수 있다면 오히려 창작의 본질이 훨씬 중요해진다. 어려움이 있고 전망이 불투명해도 흔들림 없이 창작의 세계에 머무르며 탐험할 수 있게 만드는 힘이다. 그것은 창작 주체가 만들어내고 싶고 표현하고 싶은 꿈의 세계와 그에 대한 욕망이다. 인공지능은 그것을 위한 편리한 작업 도구일 따름이다. 인공지능이 모방과 학습, 지시를 통해 아무리 훌륭한 결과물을 생성할지라도, 인간은 그러한 도구를 이용해 자신만의 꿈과 생각, 욕망을 표현하는 존재이기 때문이다.

Chapter 13

디지털
문법

우리가 로봇의
언어를
배워야 하는가

공학적, 물리적 기술에 비해서 소프트웨어 알고리즘은 대개 설계 구조가 노출되지 않는다. '블랙박스' 속의 기술인 것이다. 디지털 기술의 사용자로서 우리에게 필요한 능력은 소프트웨어 코딩 능력을 넘어선다. 블랙박스에 담긴 알고리즘이 우리에게 어떤 영향을 끼치는가를 파악할 수 있는 '코드 리터러시'가 핵심이다.

최고의 시절이었고, 또한 최악의 시절이었다. 지혜의 시기였고, 또한 어리석음의 시기였다. 믿음의 시대였고, 또한 불신의 시대였다. 빛의 계절이었고, 또한 어둠의 계절이기도 했다. 희망의 봄이었고, 또한 절망의 겨울이기도 했다. 우리는 모든 것을 가지고 있었지만, 또한 아무것도 갖고 있지 않았다. 우리 모두는 천국을 향해 가고 있었지만, 또한 그 반대쪽으로 가고 있기도 했다.[1]

프랑스혁명을 배경으로 한 영국 작가 찰스 디킨스의 소설 《두 도시 이야기》의 첫머리다. 자유, 평등, 박애를 향한 숭고한 이상 추구의 시기는 동시에 극도의 혼란과 참상의 시기였다. 오늘날 디지털 세상과 그 구성원들의 모습을 이야기할 때도 디킨스의 묘사는 유려하면서 꼭 들어맞는 표현이다.

디지털 기술은 18세기 프랑스혁명이 '앙시앵 레짐'을 전복시킨 것

앙시앵 레짐 Ancient Regime
프랑스대혁명(1789년) 이전의 체제인 절대왕정과 계급사회를 말하는 프랑스어로, 개혁 전의 낡은 정치제도나 질서를 일컫는다.

처럼 과거에 없던 새로운 세상을 열었다. 인공지능과 로봇, 자동화로 대표되는 컴퓨터 기술은 인류가 일찍이 경험하지 못한 미래를 예고하고 있다.

"기술을 통제할 수 있는 사람에게는 지금이 가장 좋은 시대다. 반면 기술과 경쟁하는 노동자에게는 지금이 가장 나쁜 시대다." 미국 싱귤래리티 대학Singularity University의 데이터 사이언스 교수이자 기계학습 기업 엔리틱Enlitic의 최고경영자인 제러미 하워드Jeremy Howard가 컴퓨터가 가져온 기회와 위기를 설명할 때 동원한 표현도 디킨스의 묘사다.[2] 정치철학자 한나 아렌트Hannah Arendt도 일찍이 《인간의 조건》에서 "자동화로 인해 우리는 자신들에게 유일하게 남겨진 일도 하지 못하는 노동자들로 가득한 사회가 도래할 가능성에 직면하게 됐다. 그보다 더 나쁜 사회는 없을 것이다"라고 예고했다. 2008년 노벨경제학상 수상자인 폴 크루그먼 프린스턴 대학 교수도 "우리는 전례 없이 부유해졌지만 모든 부가 로봇을 소유한 사람들에게 돌아가는 사회를 목격하게 될지도 모른다"고 우려했다.[3]

기계가 사람 대신 수고로운 노동을 하는 세상은 장밋빛 미래로 보이지만, 동시에 거대한 격차와 불평등의 시대이기도 하다. 준비된 소수에겐 기회이지만 그렇지 못한 다수에게는 불안과 위기를 가져올 산업구조와 고용시장의 변화가 이미 시작됐다. 거대한 변화의 물결을 멈추는 것이나 그로부터 피하는 것도 불가능하다. 최선을 다해 현재와 앞으로 닥칠 상황을 파악하고 대비하고 적응하는 것 외에 다른 길이 없다. 지금 진행 중인 인류사적 차원의 격변이 일자리와 노동

분야 위주의 경제 영역에 국한된 것도 아니다. 인공지능과 로봇이 사람을 대신해서, 심지어 더 뛰어나게 일하고 사고한다는 것은 우리 삶의 모든 영역이 새로운 변화에 직면했다는 의미다. 우리는 어떻게 이 환경에 적응할 수 있을까?

미래의 문맹자

"우리는 같은 강물에 두 번 들어갈 수 없다"는 철학자 헤라클레이토스의 경구처럼 우리 환경은 쉼 없이 변화하고 있으며, 지나고 보면 과도기 아닌 시기가 없었다. 그렇지만 컴퓨터 기술과 인공지능이 이끄는 현재의 디지털 세상만큼 단기간에 전면적 차원의 변화는 일찍이 없었다. 화산 폭발이나 빙하기의 도래, 전염병의 창궐 같은 물리적 변화, 또 전쟁과 혁명 같은 사회적 변화가 인류의 생존 환경에 큰 영향을 끼쳐왔지만 디지털 혁명도 그에 못지않다. 그 변화의 특징은 사회 시스템과 작동방식에 있어서 일시적인 변화가 아닌 구조적 변화라는 점이다. 앞서 살펴본 것처럼 소통의 범위와 방식, 인지와 학습체계, 산업과 분배 시스템, 일자리, 노동과 여가의 관계 등에서 변화의 폭은 넓고 깊다.

문자의 발명과 인쇄술의 보급도 비슷한 유형의 변화를 가져왔지만, 그 속도와 영향의 범위가 다르다. 선형적 궤적으로 움직이는 아날로그와 비선형적으로 작동하는 디지털의 차이다. 저명한 미래학자들이 수십 년 전부터 예고해온 대로 우리는 지식 정보 사회를 살게 됐다. 익히 예고되고 알려진 방향으로의 변화인데도 불안한 것은 그 속도와 범위 때문이다. 역사상 변화는 시간적, 공간적 한계로 인해 늘 점진적이었지만, 스마트폰에 이어 로봇과 인공지능은 전광석화처럼 모든 걸 바꿔놓고 있다. 사람이 그 기술의 구조와 작동 방식을 설계했지만, 이제는 그 기술을 거의 통제할 수 없는 상황이 된 것이다. 세계적 과학자들이 인공지능에 대한 우려와 경고를 내놓는 까닭이다.

개인의 변화도 크다. 스마트폰을 손에 쥔 개인은 역사상 가장 강력한 개인이다. 세상 모든 정보에 연결되고 자신의 주장을 단숨에 전 세계로 전달할 수 있다. 오늘날 개인은 지난 시절 절대군주와 종교 지도자도 누리지 못한 힘을 지니게 됐지만, 현실에서는 불안하기 짝이 없다. 스마트폰과 인터넷이라는 도구는 나에게만 주어진 것이 아니며, 현실은 내가 그 도구를 이용해 누구보다 강력한 힘을 만들어내는 것도 아니기 때문이다. 개인은 강력해졌지만 사회 환경의 유례없는 변화 속도에 적응하기가 더욱 어려워졌다. 미래를 예측하기 더 어려워진 까닭이다.

달라진 세상을 이해하고 적응하기 위해서는 새로운 능력이 요구된다. 외국의 사회와 문화를 이해하려면 그 나라의 언어와 관습을 반드시 익혀야 한다. 피아노나 바이올린을 배우면 클래식 음악을 더욱 깊이 있게 감상할 수 있고, 한문을 알아야 한시에 담긴 멋을 이해할 수 있다. 새로운 세상은 새로운 리터러시 능력을 필요로 한다.

헝가리 출신 화가이자 사진가로, 독일 바우하우스Bauhaus의 핵심 구성원이던 라슬로 모호이너지Laszlo Moholy-Nagy는 1930년대에 "미래의 문맹자는 문자를 모르는 사람이 아니라 사진을 모르는 사람이 될 것"이라고 말한 바 있다. 포토샵도 새로운 문해력의 사례다. 그 문해력을 익히면 전문가에게 의뢰하던 작업을 스스로 할 수도 있지만 동시에 광고 사진 속 모델의 날씬한 몸매가 실제로는 포토샵 처리를 통해 조작된 가짜 몸매라는 것도 알게 된다. 이제 디지털 시대로 진입했다. 미래의 문맹자는 디지털 기술의 구조와 인공지능으로 인한 변화상을 모르는 사람이 될 것이다.

미래는 통제와 예측의 대상이 아닌, 학습을 통해 이해하고 대비해야 할 대상이다. 그 수단으로 소프트웨어 프로그램 능력을 가르치는 코딩coding 교육이 주목받고 있다. 자연과학이 수학과 물리학을 도구로 하는 것처럼, 디지털 세상에서는 소프트웨어가 링구아프랑카 노릇을 한다. 그동안 소프트웨어 프로그래밍 기술은 컴퓨터 사이언스를 전공한 사람들의 영역이었다. 하지만 디지털 세상에서는 운전 기술이나 영어처럼 모든 사람이 코딩 능력을 필수적으로 익혀야 한다는 것이 코딩 교육 주창론자들의 주장이다. 실제로 스마트폰 이후 애플의 앱스토어를 비롯한 앱 생태계가 만들어지고 소프트웨어 스타트업 기업들의 설립과 성공 사례가 잇따르면서 소프트웨어 개발 인력에 대한 인기가 부쩍 높아졌다. 컴퓨터 환경이 빅데이터, 사물인터넷, 인

링구아프랑카 lingua franca

보편어. 서로 다른 모어를 사용하는 화자들이 의사소통을 위해 공통어로 사용하는 제3의 언어 혹은 한 집단의 모어를 말한다.

공지능, 머신러닝 등으로 확대되면서 데이터와 알고리즘을 능숙하게 처리할 수 있는 데이터 과학자들의 공급이 크게 부족한 상태다.

  소프트웨어 교육의 중요성을 인식한 각국의 지도자들은 학교교육과 온라인 교육과정을 통한 코딩 교육 캠페인에 경쟁적으로 나서고 있다. 영국, 이스라엘, 에스토니아, 핀란드 등 각국 정부가 적극적으로 코딩 교육에 나서고 있으며, 한국 정부도 2015년 개정 교육과정에 따라 학교에서 소프트웨어 교육을 의무화했다. 미적분과 통계를 배운다고 해서 모두가 수학자가 되는 것이 아니고, 피아노를 배우는 것이 피아니스트가 되려는 목적만은 아니다. 코딩 교육의 목표도 학습자 모두를 프로그래머 예비군으로 육성하고자 하는 것이 아니다.

  미국의 미디어 이론가 더글러스 러시코프는 누구나 프로그래밍을 배워야 한다고 강조하면서 그 이유를 프로그래밍은 디지털 사회의 제어판이자 최대의 힘을 작동시킬 수 있는 지렛대이기 때문이라고 설명한다. 프로그래밍을 배워야 비로소 컴퓨터 기술이 어떻게 작동하고 어떤 영향을 끼치는지 알 수 있고 디지털 생활에 대해서도 비판적 접근이 가능하다. 러시코프는 프로그래밍을 배우지 않으면 우리는 프로그램 설계자들의 통제에 맡겨진다고 말한다. 그가 쓴 책의 제목은 "프로그램하라, 그렇지 않으면 프로그램당한다 Program or Be Programmed"다.[4]

블랙박스를 해독하는
코드 리터러시

디지털 기술의 구조와 조작법을 그 설계자들에게 전담시키면 기술은 '블랙박스'가 되어 그 작동 방식이 드러나지 않게 된다. 사용자는 거대한 힘을 통제하지 못하고 거꾸로 그 힘에 통제당하게 된다는 것이 러시코프의 주장이다. 르네상스 시대 왕들이 무력으로 인쇄술을 독점했다면 디지털 세상에서는 소수의 기술 엘리트가 우리의 무지와 무관심을 이용해 기술을 통제한다.[5] 알고리즘과 시스템 설계자는 사회로부터 권한과 책임을 위임받지 않았지만 디지털 세상에서 일종의 입법가가 되어 실질적인 권력을 행사하고 질서를 정하는 역할을 하게 된다. 이용자로서는 기술의 구조를 알아야 기술에 내재한 편향성에 지배당하지 않게 되고, 더 많은 사람들이 디지털 기술의 설계에 관여할수록 기술은 인간적 방향으로 진화하게 된다.

2015년 세계 자동차업계를 뒤흔든 폭스바겐의 배출 가스 조작 스캔들은 소프트웨어의 특성과 영향력을 보여주는 대표 사례다. 폭스바겐은 디젤 차량의 연비 테스트 상황과 실제 도로주행 상황을 구분해, 미국의 배출 가스 기준을 통과하기 위한 테스트 상황에서만 유해가스 배출 저감장치를 가동시켜왔다. 폭스바겐은 정교한 소프드웨이 알고리즘을 이용해, 연비 테스트 상황과 실제 주행 상황을 인식하고 실제 주행 시에는 유해가스 저감장치가 작동하지 않도록 프로그램을 설계한 것이다.

기계공학 기술의 대표 제품인 자동차도 복잡한 소프트웨어에 따라 작동하는 상황은 소프트웨어와 알고리즘이 지배하는 세상의 민낯을 드러냈다. 공학적, 물리적 기술에 비해서 소프트웨어 알고리즘은 대개 설계 구조가 노출되지 않는다. '블랙박스' 속의 기술인 것이다. 폭스바겐 스캔들은 블랙박스에 담긴 소프트웨어 알고리즘 기술이 어떻게 모든 사람을 철저하게 기만할 수 있는지, 디지털 기술의 속성을 여실히 드러냈다.

디지털 기술의 사용자로서 우리에게 필요한 능력은 소프트웨어 코딩 능력을 넘어선다. 블랙박스에 담긴 알고리즘이 우리에게 어떤 영향을 끼치는가를 파악할 수 있는 '코드 리터러시code literacy'가 핵심이다. 알고리즘의 힘과 속성에 대한 이해력을 의미하는 코드 리터러시를 갖춰야 우리는 우리가 디지털 기술에 얼마나 깊이 의존하고 있고 영향을 받고 있는지를 자각하고 그 설계에 인간적 요구를 담아낼 수 있다. 우리가 프로그래밍 언어보다 알고리즘의 속성과 구조를 배워야 하는 이유다. 우리는 컴퓨터 알고리즘에 의지하고 있으며, 스스로 의식하지 않는 상황에서도 엄청나게 큰 영향을 받고 있기 때문이다.

알고리즘과 소프트웨어가 지배하는 세상에서 살아가기 위해 코드 리터러시가 필요하지만 모든 사회 구성원이 컴퓨터 프로그래머와 기술 영향 평가 전문가가 되어야 하는 것도, 될 수 있는 것도 아니다. 그 기술과 역할이 새로운 사회에 중요하고 필요하다고 인식하는 사람들이 늘어나면 해당 기능을 사회에 할당하면 된다. 만인에게 건강과 보건이 중요하지만 모든 사람이 의사가 될 필요 없이 사회적 보건

의료 시스템을 만들어 위임하듯, 소프트웨어와 인공지능 사회를 향한 접근법도 이와 비슷하다. 모든 사람이 수준 높은 코드 리터러시를 갖추는 대신, 알고리즘이 얼마나 중요한지를 잘 알고 있는 전문가들에게 사회적 임무를 위임하는 것이다.

폭스바겐 차량의 소프트웨어 사기극과 같은 사례를 막기 위해서는 소프트웨어 알고리즘의 구조와 영향을 조사하고 검증하는 전문가 집단이 필요하다. 로봇의 윤리가 중요하게 대두하는 상황에서도 마찬가지다. 이는 프로그램을 만들고 그 구조를 읽을 줄 아는 코드 리터러시를 넘어 '디지털 리터러시' 능력을 요구한다. 소프트웨어와 인공지능의 디지털 세상이 어떻게 작동하는지를 알고 여기 적응하는 것이 '디지털 리터러시'다. 이는 디지털 세상에서 개인적 차원만이 아니라 사회적 차원에서도 절실하다. 컴퓨터와 인공지능 세상의 설계도인 알고리즘을 컴퓨터 프로그래머에게만 전담시키는 것이 아니라 설계 과정에서 사회적, 개인적 가치를 담고 적절성을 검증하게 하는 사회적 업무가 생겨나야 한다. 지금은 디지털과 인공지능의 구조와 작동 방식을 앞서 발견한 전문가들과 집단이 모든 것을 주무르는 상황이다. 미국 국가안보국NSA의 무차별 감시 프로그램인 프리즘, 페이스북의 뉴스피드를 통한 감정 실험, 2016년 미국 대통령선거에 페이스북의 개인정보를 불법적으로 활용한 케임브리지 애널리티카, 폭스바겐의 배출 가스 조작 소프트웨어 등이 그런 상황에서 빚어진 결과다. 알고리즘 사회가 드리우는 그늘과 두려움을 피하려면 사회의 기술적 구조를 형성하고 있는 알고리즘에 대해 투명성과 접근성이 요구된다. 모든 문제가 근본적으로는 '정보 비대칭' 상황에서 비롯하는 것인 만큼 사회적 차원에서 대응책을 논의해야 한다. 디지털 리터러시, 코드 리터러시는 정보 비대칭 상황으로 인한 힘의 불균형과 삶의 격차를 해소하기 위해 절실히 요구되는 도구다.

이르 요론트 부족의 비극

도구를 만들어 사용하는 호모 파베르인 인간에게 강력한 기술과 기기가 항상 유용하기만 한 것은 아니다. 도구의 사용법을 익혀서 능숙하게 사용한다고 해서 기술이 가져올 사회적, 문화적 영향까지 알 수 있는 것은 아니다. 강력한 도구를 손에 넣었지만 그로 인해 생겨날 다양한 현상을 통제할 수 없다면 도구의 사용자는 기술의 주인이 아니라 노예가 되어버린다. 스마트폰이나 인공지능 기술은 우리가 경험한 가장 강력하고 매혹적인 기술이다. 그래서 위험하다.

구석기 사회에서 돌도끼는 오늘날 스마트폰과 유사한 만능 도구였다. 선사시대 인류에게 생존을 가능하게 하고 삶의 질을 높인 마법과 같은 도구였던 돌도끼는 자연 상태에서 주어지는 것이 아니라 적당한 크기와 단단한 재질의 돌을 찾아내 날카롭게 날을 세우는 고도의 작업을 통해서 만들어지는 도구였다. 날카로운 날을 품은 돌도끼는 짐승의 가죽을 벗기거나 뼈를 발라내고, 나무줄기를 자르거나 뿌리를 파헤치는 데 요긴하게 쓰였다. 이르 요론트 Yir Yoront 부족은 오스트레일리아 북부에서 19세기까지 구석기식 삶과 문화를 유지해왔다.

미국 코넬 대학 인류학 교수인 로리스톤 샤프Lauriston Sharp가 오랜 관찰과 연구를 거쳐 1952년 발표한 논문 〈석기시대 오스트레일리아인을 위한 쇠도끼〉는 자급자족하며 고유문화를 유지해오던 부족이 도구 하나로 붕괴하는 과정을 세상에 알린 저명한 글이다.[6]

1915년 영국성공회가 오스트레일리아 북부에 선교회를 세우고 돌도끼를 쓰는 이 부족에게 쇠도끼를 선물하면서부터 모든 것이 달라졌다. 돌도끼는 이르 요론트 부족에게 가장 요긴하고 귀한 도구로, 돌도끼 제작과 사용 권한을 중심으로 사회 위계와 관습, 문화가 만들어졌다. 먼 곳의 상인들과 교역을 통해 돌도끼용 돌을 구입하는 것부터 돌도끼를 만들고 관리하는 전 과정을 성인 남자들이 도맡았다. 돌도끼는 생활 필수 도구일 뿐만 아니라 이르 요론트 부족의 조직과 권위, 가치체계를 떠받치는 실질적인 기반이었다. 돌도끼를 빌려주고 빌리는 절차에서 정교한 사회 시스템과 문화가 형성됐다. 고유의 축제와 성인식, 위계질서가 사실상 돌도끼와 그 사용 권한을 중심에 놓고 작동하는 사회였다. 그런데 어느 날부터 성공회 선교사들로부터 쇠도끼가 공짜로 주어지기 시작했다. 선교사들과 친분을 형성한 여자와 아이들도 쇠도끼를 지니고 사용할 수 있게 됐다. 결과는 엄청난 혼란이었다. 백인들은 쇠도끼 덕분에 삶이 개선되길 기대했지만 원주민들의 삶과 사회는 누구도 예상하지 못한 아노미 상태에 빠지게 됐다. 쇠도끼나 새로운 물건을 얻기 위해 아내와 딸의 몸을 팔게 하는 남자들이 생겨나고 도둑질이 횡행하는 등 공동체를 지탱해온 질서와 문화가 송두리째 무너졌다.

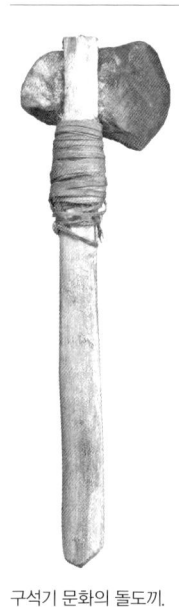

구석기 문화의 돌도끼.

구석기인이 손에 쥐게 된 쇠도끼로 인해 공동체가 붕괴한 역사는 도구와 기술의 작동법을 아는 것만으로는 충분하지 않다는 것을 알려준다. 사회적 관계와 권력체계, 문화가 깊이 의존해온 도구와 기술이 새로운 도구와 기술로 대체되는 것은 단순히 하드웨어의 교체가 아니다.

적응하고 학습할 겨를 없이 혁신적인 기술과 그로 인한 새로운 환경이 사용자에게 갑자기 주어지면 그로 인한 파장과 변화는 기술적 차원을 뛰어넘는다. 기술 변화라는 물리적 속도에 제도와 문화 같은 사회적 변화 속도가 적응하지 못하는 '문화 지체cultural lag' 현상이 벌어지는 것이다. 문화 지체는 디지털 시대 이전에도 지속되어온 현상이다. 하지만 디지털은 변화의 속도와 영향의 범위에서 아날로그와는 차원이 다르다. 문화 지체 현상으로 인한 문제는 과거와 비교할 수 없을 만큼 크고 심각해지게 되었다.

우리는 세상의 모든 정보에 접근해 이를 알고리즘으로 바꾸고 우리의 노동력을 대체할 수 있는 가장 강력한 도구를 갖게 됐다. 도구를 설계한 우리는 당연히 그 기능과 작동법을 알고 있다. 하지만 우리 모두가 집단적으로 이 기술에 깊이 의존하게 될 때 개인적으로, 사회적으로 어떠한 변화를 겪게 될지는 알지 못한다. 도구의 진정한 사용법을 배우지 못했다는 점에서 그렇고, 기술이 사회 전반에 가져올 변화와 그에 기초한 미래는 아직 누구도 가보지 않은 길이라는 점에서 그렇다.

이르 요론트 부족에게 제공된 쇠도끼처럼 21세기를 사는 우리에게도 강력하고 매혹적인 도구를 거부하는 것은 사실상 불가능에 가깝다. 나는 사용하지 않더라도 주변은 모두 최신 도구를 사용하고 있는 상황이다. 스마트폰, 자동화, 인공지능, 로봇을 거부하거나 제한하는 것은 거의 불가능하다. 로봇 그리고 인공지능과 더불어 살아야 하는 공생의 시대가 개막되었다. 그 미래는 인공지능과 자동화가 우리에게 복음이 되리라는 낙관과 인류의 재앙이 되리라는 비관이 교차한다. 길의 끝에 무엇이 기다리고 있을지는 우리 문명이 도달하기 전까지는 알 수 없다. 하지만 똑똑한 기계를 통한 기술문명이 지속적으로 발전할 것이라는 점은 명확하다.

신적인 인간, 인간적인 인간

〈구약성서〉 '창세기'에서 신은 금지된 나무 열매를 따먹은 아담과 하와를 에덴동산에서 추방한다. "이제 사람이 신과 같이 되어 선악을 알게 되었으니, 그가 신처럼 영원히 살게 해서는 안 된다"는 것이 이유다. 신이 금한 선악과를 따먹음으로써 인간이 선과 악을 구분하는 도덕적 지각 능력을 갖게 되어 신의 경지에 도전했다면, 이제 인간은 스스로 개발한 인지적, 물리적 능력을 통해 자신의 '인간적 한계'를 벗어나려는 단계에 있다. 《사피엔스》의 저자인 유발 하라리 히브리 대학 교수는 "우리는 문자 그대로 우리 자신을 신처럼 바꾸려고 할 것이다"라며, 인공지능 기술의 발달을 인류가 직면한 최대 과제라고 말한다.[7] 로봇과 인공지능, 생명공학 기술은 에덴동산의 금지된 나무 열매와 같은 것일지 모른다. '신처럼 되려는 인간'이 〈구약성서〉에서 튀어나와 현실 속의 우려로 바뀐 것은 다수의 과학자들이 공개적으로 걱정하는 상황에서도 확인된다. 역사상 가장 강력한 힘을 지닌 개인이 출현했지만 사람은 이에 만족하지 않고 머지않아 로봇과 인공지능마저 거느리고 신과 같은 능력을 갖고자 한다는 얘기다.

스스로의 인지능력과 신체 조건을 끊임없이 개선하려는 무한 욕망이 사람을 얼마나 신과 같은 존재에 다가가게 할지는 알 수 없지만, 우리는 각 개인이 제왕적 능력을 소유할 수 있는 세상을 살고 있음이 명확하다. 누구나 마음만 먹으면 언제라도 세상의 모든 정보에 접근할 수 있으며, 이를 활용해 거대한 권력과 자산을 만들어낼 수 있는 환경이다. 하지만 이 권력은 디지털 세상의 구조와 현실을 알고 있는 사람에게만 주어지는 희소한 권력이다. 디지털 시대가 그 구조를 알고 있는 누군가에겐 모든 것이 가능한 '최고의 시절'이고 그렇지 못한 사람에게는 '최악의 시절'이 되는 까닭이다.

우리가 똑똑한 기기와 외뇌를 활용해 강력한 힘과 방대한 자원을 사용할 수 있게 되었다는 것은 그에 따른 책임도 커졌음을 의미한다. 커다란 기회인 동시에 치명적 유혹으로 가득한 권력이다. 자동화와 아웃소싱이 가져오는 아이러니한 결과다. 우리는 과거처럼 힘들여 직접 노동을 하지 않고 수고롭게 외국어나 운전을 배우지 않게 될 것이다. 그 모든 일은 힘세고 똑똑한 기계에게 맡기면 된다. 앞서 살펴본 것처럼 우리는 다양한 요구와 기능을 아웃소싱할 수 있지만 어떻게 기기가 생각하고 처리할지, 그에 따른 책임을 누가 어떻게 질지를 판단하고 결정해야 한다. 아무리 똑똑한 인공지능이라도 기계는 처음 접한 상황을 스스로 판단해서 처리하는 것이 아니라 우리가 설계한 대로 움직일 따름이다. 똑똑한 기계를 어떻게 설계할지에 대해 기술적, 사회적, 윤리적 측면 등 다양한 차원에서 고민을 해야 한다. 또한 모든 사람들이 외뇌에 기억을 아웃소싱하고 있는 환경에서 내가 직접 기억할 것은 무엇인지도 선별해서 기억해야 한다. 미래는 어느 때보다 불확실하다. 우리는 기계에 많은 것을 의탁했다고 생각하지만 권한이 커진 만큼 선택할 것은 더 많아졌다. 누구도 대신 결정해줄 수 없는 문제들이다.

우리에게 엄청나고 방대한 기회가 주어졌지만 그 기회를 제대로 선별할 능력을 갖추지 못했을 때는 그런 기회가 반가운 것만은 아니다. 미국의 사회학자 배리 슈워츠의 연구처럼 지나치게 많은 기회는 선택 과부하를 불러 고민에 빠지게 하고 현명한 선택을 저해한다는 것이 '선택의 역설'이다.[8] 디지털 세상에서 누구나 지난 시절 제왕이 접근하고 누리던 거대한 자원과 힘을 가질 수 있게 되었다는 것은, 그 도구를 제대로 알고 다루는 사람에게는 최고의 환경이 되지만 그렇지 못한 사람에게는 격차와 좌절감을 키우는 토양이 된다. 세상의 모든 지식과 지혜에 접근할 수 있는 환경에서 무엇보다 중요한 능력은 아인슈타인이 말했듯이 호기심이다. 무엇이든 물어보면 알게 되는 세상에서 무한한 규모의 지식을 마음대로 꺼내 쓸 수 있는 사람은 호기심을 가진 사람이다. 자신이 무엇을 모르는지 아는 자각이 어느 때보다 중요한 이유다.

외뇌, 인공지능과 같은 도구가 우리 손에 쥐어진 환경은 우리에게 두 가지 과제를 던진다. 하나는 로봇과 인공지능이 인간 능력을 뛰어넘는 문제이고 다른 하나는 그러한 인공지능 환경에서 나는 어떻게 살아갈 것인가 하는 문제다. 똑똑한 기계나 다른 사람이 대신 해결해 줄 수 없는 문제다. 결국 길을 선택할 자신에게 모든 것이 위임된 세상이다. 우리가 제왕과 같은 권력과 자원을 갖게 되었다는 것은 제왕처럼 중요한 결정을 자주, 많이 해야 한다는 의미다. 중요한 결정이라는 것은 그에 따른 결과가 중대하기 마련이다. 스마트해진 세상이지만 사람이 생각하고 결정해야 하는 일들은 결코 줄어들지 않는다. 사실은 더욱 중요한 문제에 대해 복합적 판단을 해야 한다.

인공지능 시대는 필연적으로 인간의 본질, 삶의 의미에 대해서 더욱 깊은 질문을 던진다. 인공지능과 자동화는 우리에게 기계가 사람보다 더 잘할 수 없는 모방 불가능한 인간의 능력이 무엇인지 묻는다. 기계와의 경쟁에서 살아남기 위해, 경쟁력 있는 직업을 유지하기 위해 인간만의 고유한 기능이 무엇인지를 묻는 것을 넘어서는 질문이다. 인공지능이 점점 더 똑똑해지면서 사람이 해오던 많은 일을 기계가 대신하는 상황에서 인간이 인간다워진다는 것이 무엇을 의미하는가에 대한 물음이다.

　인공지능 시대에 사람을 사람답게 만드는 것은 무엇보다 결핍과 그로 인한 고통이다. 인류의 역사와 문명은 이러한 결핍과 고통에서 느낀 감정을 동력으로 삼아 발달시켜온 고유의 생존 시스템이다. 처음 직면하는 위험과 결핍은 두렵고 고통스러웠지만 인류는 놀라운 유연성과 창의력으로 대응체계를 만들어냈다. 결핍과 고통을 벗어나는 과정에서 인류가 경험을 통해 체득한 생존의 노하우가 유연성과 창의성이다. 결핍에서 오는 절박함이 만들어낸 인간의 유연성과 창의성은 기계에게 가르치기가 거의 불가능한 속성이다.

　그래서 인간의 약점은 인간을 인간답게 하는, 기계와 구별되는 최후의 요소다. 기계는 설계하는 대로 작동하고 우리는 사람의 결점과 단점을 벗어나기 위한 의도로 기계를 설계한다. 부정확한 인식과 판단, 감정에 의한 변덕스럽고 비합리적인 행동, 망각과 고통 같은 사람의 속성을 기계에 부여하지 않는다. 인간은 우리가 기계에 부여하지 않을, 이러한 부족함과 결핍의 존재다. 하지만 거기에 로봇 시대 우리가 가야 할 사람의 길이 있다. 똑똑한 기계가 우리의 지능을 넘어서고 많은 영역에서 사람의 일을 대체하는 상황이 오더라도 사람만이 해야 하는 영역은 여전할 것이다. 인공지능의 상황에 제대로 적응하는 방법은 경쟁이 아닌 공존과 공생이다. 똑똑한 기계와 경쟁하려 하기보다 공존하는 방법을 찾아야 한다. 알고리즘과 인공지능의 속성 그리고 그로 인한 세상의 변화를 아는 것이 먼저다. 또한 우리는 앞으로도 다른 사람들과 공존하는 미래를 살아간다. 사람이 모인

《로봇 시대, 인간의 일》 초판이 발행된 2015년 가을, 서울 광화문 교보문고 글판엔 메리 올리버의 문장이 걸렸다. 로봇 시대를 살아가는 우리에게 진정 필요한 것이 무엇인지 생각하게 한다.

사회에서 필요로 하는, 소통하고 공감하는 능력은 여전히 그 무엇으로도 대체될 수 없는 기능이다.

퓰리처상을 받은 미국의 시인 메리 올리버는 이렇게 말한다.

"이 우주에서 우리에겐 두 가지 선물이 주어진다. 사랑하는 능력과 질문하는 능력. 그 두 가지 선물은 우리를 따뜻하게 해주는 불인 동시에 우리를 태우는 불이기도 하다."[9]

시인이 말하는 사랑하는 힘과 질문하는 힘은 감정과 호기심을 말한다. 기계가 따라 할 수 없는 사람만의 특성인 사랑과 호기심은 감정적 결핍과 지적 결핍에서 나온다. 감정과 호기심은 우리를 따뜻하게 해주는 마법의 불인 동시에 우리 자신을 불쏘시개와 연료로 만들어버리는 치명적인 에너지라는 시인의 통찰은 인공지능 시대에 사람은 어떻게 사람다울 수 있는지를 알려준다.

| 주 |

프롤로그

1. 김종현, "일 사고원전 방출 세슘, 원폭 168개분", 〈연합뉴스〉, 2011.8.25.
2. 랭던 위너Langdon Winner, 《길을 묻는 테크놀로지The Whale and the Reactor》, 손화철 옮김, CIR, 2010.
3. 칩 월터Chip Walter, 《사람의 아버지Last Ape Standing》, 이시은 옮김, 어마마마, 2014.
4. Johnna Rizzo, Would You Be Prepared for the End of Life as We Know It?, *Newsweek*, 2015.7.3.

Chapter 1

1. Stuart Dredge, "Elon Musk : self-driving cars could lead to ban on human drivers", *The Guardian*, 2015. 3. 18.
2. Michele Bertoncello & Dominik Wee, "Ten ways autonomous driving could redefine the automotive world", McKinsey & Company, 2015. 6.
3. Joseph Hooper, "From Darpa Grand Challenge 2004 : DARPA's Debacle in the Desert", *Popular Science*, 2004. 6.
4. Alexis Madrigal, "When 'driver' goes the way of 'computer'", *The Atlantic*, 2014. 5. 28.

5 Drew Harwell, "Carmakers' automated dilemma: How to keep drivers from feeling robotic", *Washington Post*, 2015. 5. 24.

6 디트마어 람파르터, "제2의 기술혁명기 맞은 자동차산업-2. 자율주행 기술 어디까지", 〈이코노미 인사이트〉, 2015. 4.

7 Matt Richtel & Conor Dougherty, "Google's Driverless Cars Run Into Problem: Cars With Drivers", *The New York Times*, 2015. 9. 1.

8 James M. Anderson et al., "Autonomous Vehicle Technology: A Guide for Policymakers", RAND Corporation, 2014.

9 Andy Greenberg, "Hackers Remotely Kill a Jeep on the Highway-With Me in It", *Wired*, 2015. 7. 21.

10 Jason Millar, "An ethical dilemma: When robot cars must kill, who should pick the victim?", robohub.org, 2014. 7. 11.

11 Alex Davies, "Google's Plan to Eliminate Human Driving in 5 Years", *Wired*, 2015. 5. 15.

12 Patrick Lin, "The Robot car of tomorrow may just be programmed to hit You", *Wired*, 2015. 6. 14.

Chapter 2

1 John Leyden, "Kushinikiza! Google Translate SAVES BABY in Irish roadside birth", *The Register*, 2015. 2. 13.

2 마르쿠스 로베터Marcus Rohwetter, "알고리즘이 세상 모든 것을 바꾼다", 〈이코노미 인사이트〉, 2013. 5. 1.

3 울리히 린스Ulrich Lins, 《위험한 언어La Dangera Lingvo》, 최만원 옮김, 갈무리, 2013.

4 스티븐 베이커Stephen Baker, 《왓슨, 인간의 사고를 시작하다Final Jeopardy》, 이창희 옮김, 세종서적, 2011.

5 R. L. G., "Johnson: Rise of the machine translators", *The Economist*, 2014. 7. 4.

6 조일준, "전 세계 모든 언어로 소통하는 날 온다", 〈이코노미 인사이트〉, 2014. 7. 1.

7 William Herkewitz, "Why Watson and Siri Are Not Real AI", *Popular Mechanics*, 2014. 2. 10.

8 권순희, "북한 이탈 주민의 언어 사용 실태에 대한 이해", 〈새국어생활〉, 24권 4호,

2014. 12.

9 스티븐 핑커Steven Pinker, 《언어본능The Language Instinct》, 김한영·문미선·신효식 옮김, 동녘사이언스, 2013.

10 스티븐 베이커, 《왓슨》.

11 Jim Cummins(1996), "Negotiating Identities: Education for Empowerment in a Diverse Society".

Chapter 3

1 Michael Staton, "The Degree is doomed", *Harvard Business Review*, 2014. 1. 8.

2 구본권, "구글은 채용할 때 업무능력을 가장 마지막에 따진다", 〈한겨레〉, 2013. 5. 21.

3 Daphne Koller, "The Future of College: It's Online", *The Wall Street Journal*, 2015. 4. 26.

4 박주영, "'KAIST 강의, 누구나 무료로 듣는다' … 3개 강좌 개설", 〈연합뉴스〉, 2014. 5. 12.

5 Anthony Carnevale & Nicole Smith & Jeff Strohl, *Recovery: Job Growth and Educa-tion Requirements Through 2020*, Georgetown University, 2013. 6.

6 Daphne Koller, "The Future of College: It's Online".

7 제러미 리프킨Jeremy Rifkin, 《한계비용 제로 사회The Zero Marginal Cost Society》, 안진환 옮김, 민음사, 2014.

8 Tamar Lewin, "After Setbacks, Online Courses Are Rethought", *The New York Times*, 2013. 12. 10.

9 Jeffrey Selingo, *MOOC U: Who Is Getting the Most Out of Online Education and Why*, Simon & Schuster, 2014.

10 Jeffrey Selingo, "Demystifying the MOOC", *The New York Times*, 2014. 10. 29.

11 Nicholas Carr, "The Crisis in Higher Education", *MIT Technology Review*, 2012. 9. 27.

12 앞의 책.

13 데이비드 와인버거David Weinberger, 《혁명적으로 지식을 체계화하라Everything Is Miscellaneous》, 이현주 옮김, 살림비즈, 2008.

14 Jim Giles, "Special Report: Internet encyclopaedias go head to head", *Nature*, 2005. 12.
15 "Encyclopaedia Britannica To Cease Print Edition After 244 Years", *Huffington Post*, 2012. 3. 13.
16 정보라, "[블로터포럼] 디지털 시대, 사전의 미래를 묻다", 〈블로터〉, 2013. 6. 27.
17 요시미 순야, 《대학이란 무엇인가》, 서재길 옮김, 책읽는수요일, 2014.
18 톰 스탠디지Tom Standage, 《19세기 인터넷 텔레그래프 이야기The Victorian Internet》, 조용철 옮김, 한울, 2001.
19 새뮤얼 아브스만Samual Arbesman, 《지식의 반감기The Half-Life of Facts》, 이창희 옮김, 책읽는수요일, 2014.
20 이언 레슬리Ian Leslie, 《큐리어스Curious》, 김승진 옮김, 을유문화사, 2014.
21 요시미 순야, 《대학이란 무엇인가》.

Chapter 4

1 〈연합뉴스〉, "국내 전 항공사 '조종실 2인 상주' 규정 도입", 2015. 4. 1.
2 Hasan Bakhshi, Carl Frey, Michael Osborne, "Creativity vs Robots", NESTA, 2015.
3 이성규, "포털 야구 중계, 로봇 저널리즘이 대체 가능해", 〈블로터〉, 2015. 5. 3.
4 김영주, "로봇이 기자를 대체할 수 있다 vs 없다", 〈미디어 이슈〉 13호. 한국언론진흥재단, 2015. 9. 8.
5 "Watch Robots Transform A California Hospital", *NPR*, 2015. 5. 27.
6 John Markoff, "Armies of Expensive Lawyers, Replaced by Cheaper Software", *The New York Times*, 2011. 3. 4.
7 브린욜프슨Erik Brynjolfsson·맥아피Andrew McAfee, 《제2의 기계 시대The Second Machine Age》, 이한음 옮김, 청림출판, 2014.
8 "The future of jobs, The onrushing wave", *The Economist*, 2014. 1. 18.
9 제러미 리프킨, 《한계비용 제로 사회》.
10 일부에서 3차 산업 중에 정보와 지식 분야와 관련된 영역을 제4차 산업으로 무르자는 주장이 있으나 학계와 산업계에서 동의를 얻은 개념이나 분류가 아니다.
11 박가열 외, 《미래의 직업 연구》, 한국고용정보원, 2013.

12 박성우, "세계 최대 규모 '한국타이어 금산공장'… 타이어 성지^{聖地}로", 〈조선비즈〉, 2011. 11. 14.

13 The Boston Consulting Group, "Takeoff in Robotics Will Power the Next Productivity Surge in Manufacturing", 2015. 2. 10.

14 Robert D. Atkinson, "Stop Saying Robots Are Destroying Jobs.They Aren't", *MIT Technology Review*, 2013. 9. 3.

15 Marc Andreessen, "Why Software Is Eating The World", *The Wall Street Journal*, 2011. 8. 20.

16 Marc Andreessen Blog, "This is Probably a Good Time to Say That I Don't Believe Robots Will Eat All the Jobs…", 2014. 6. 13.

17 Peter Schwarts, "Fundamental Technological Progress Driving Economic Growth", World Economic Forum, 2015.

18 Lawrence H. Summers, "Economic Challenge of the Future: Jobs", *The Wall Street Journal*, 2014. 7. 7.

19 최준호, "미래학은 예언이 아니다. 좋은 미래를 만들어가는 것", 〈중앙선데이〉, 2010. 11. 28.

20 "Will Your Job Be Done By A Machine?", *NPR*, 2015. 5. 21.

21 〈미래의 직업연구〉, 한국고용정보원, 2013. 12.

22 Erin Duffin, The world's 50 largest companies based on number of employees in 2018, Statista, 2019.7.31.

23 John Markoff, "Skilled work, with worker", *The New York Times*, 2012. 8. 19.

24 "Foxconn Plans to Make Its Own Industrial Robots", *The Wall Street Journal*, 2014. 7. 11.

25 Paul Krugman, "Sympathy for the Luddites", *The New York Times*, 2013. 6. 13.

26 George Packer, "No Death, No Taxes", *New Yorker*, 2011. 11. 28.

27 브린욜프슨. 맥아피, 《제2의 기계 시대》.

28 볼테르Voltaire, 《캉디드 혹은 낙관주의Candide, ou l'Optimisme》, 이봉지 옮김, 열린책들, 2009.

29 Don Peck, "How a New Jobless Era Will Transform America", *The Atlantic*, 2010. 3.

30 곽노필, "〔곽노필의 미래창〕 로봇 시대에도 살아남을 직업은", 〈한겨레〉, 2013. 9. 11.

Chapter 5

1 구본권, "인공지능이 미술·음악 창작… 창의성과 예술은 인간만의 영역?", 〈한겨레〉, 2016. 11. 14.
2 방주희, "인공지능이 그린 초상화… 5억 원에 첫 경매 낙찰", 〈연합뉴스TV〉, 2018. 10. 27.
3 장길수, "소니, 인공지능 이용해 비틀즈풍 팝송 작곡", 〈로봇신문〉, 2016. 9. 26.
4 오춘호, "AI가 문화예술을 만났을 때", 〈한국경제신문〉, 2017. 7. 27.
5 강아영, "부동산·지진·미세먼지 기사도… '삐빅, 로봇기자에게 맡겨달라구'", 〈기자협회보〉, 2019. 11. 20.
6 김소영, "'가을' 글감에 AI가 쓴 첫문장은… '바람이 잎사귀에 정갈하게 흔들린다'", 〈동아일보〉 2019. 11. 25.
7 구본권, "'너무 위험한 도구' 자동 글쓰기 AI 마침내 공개", 〈한겨레〉, 2019. 11. 14.
8 구본권, "인공지능이 미술·음악 창작… 창의성과 예술은 인간만의 영역?", 〈한겨레〉, 2016. 11. 14.
9 태혜신·김선영, "인공지능과 예술의 융합 양상에 관한 탐색적 고찰", 〈한국무용과학회지〉 제36권 제2호, 2019.
10 김헌, 《인문학의 뿌리를 읽다》, 이와우. 2016.
11 앞의 책.
12 구본권, "'AI의 창작활동', 예술의 위기인가 지평 확대인가", 〈한겨레〉, 2018. 11. 25.
13 박광연·홍진수, "'그림대작 사기' 조영남, 항소심 무죄… 법원 '아이디어 낸 사람이 작가'", 〈경향신문〉, 2018. 8. 17.
14 막스 에른스트 지음, 한철희 옮김, 《예술이란 무엇인가》, 돌베개, 1984.

Chapter 6

1 Kevin Fogarty, "DARPA teaches robots to cook by watching YouTube", *Computer World*, 2015. 1. 30.
2 다니엘 부어스틴Daniel Boorstin, 《이미지와 환상The Image》, 정태철 옮김, 사계절, 2004.

3 소스타인 베블런Thorstein Veblen, 《유한계급론The Theory of the Leisure Class》, 김성균 옮김, 우물이있는집, 2012.
4 브리짓 슐트Brigid Schulte의 책 《타임 푸어》의 원제(Overwhelmed)에는 '쫓기다'라는 의미가 있다.
5 제임스 글릭James Gleick, 《빨리 빨리!: 초스피드 시대의 패러독스Faster: The Acceleration of Just About Everything》, 석기용 옮김, 이끌리오, 2000.
6 Pew Research Center, "Inside the Middle Class: Bad Times Hit the Good Life", 2008. 4. 8.
7 Staffan Linder, *The Harried Leisure Class*, Columbia University Press, 1970.
8 슈테판 클라인Stefan Klein, 《시간의 놀라운 발견Zeit》, 유영미 옮김, 웅진지식하우스, 2007.
9 브리짓 슐트, 《타임 푸어》, 안진이 옮김, 더퀘스트, 2015.
10 미하이 칙센트미하이Mihaly Csikszentmihalyi, 《몰입의 즐거움Finding Flow》, 이희재 옮김, 해냄, 2007.
11 Derek Thompson, "A World Without Work", *The Atlantic*, 2015. 7.

Chapter 7

1 Centre for Addiction and Mental Health, "The healing effects of a White 'Seal'".
2 셰리 터클Sherry Turkle, 《외로워지는 사람들Alone Together》, 이은주 옮김, 청림출판, 2012.
3 웬델 월러치Wendell Wallach · 콜린 알렌Colin Allen, 《왜 로봇의 도덕인가Moral Machines》, 노태복 옮김, 메디치미디어, 2014.
4 Emma Cott, "Sex Dolls That Talk Back", *The New York Times*, 2015. 6. 11.
5 Aaron Smith, Janna Andersonal, "Robotics, and the Future of Jobs", Pew Research Center, 2014. 8. 6.
6 Christopher Hooton, "Sex with robots will be 'the norm' in 50 years", *The Independent*, 2015. 8. 4.
7 Holly Ellyatt, "Campaign launched against 'harmful' sex robots", *CNBC*, 2015. 9. 15.
8 루크 도멜Luke Dormehl, 《만물의 공식The Fomula》, 노승영 옮김, 반니, 2014.
9 Holly Ellyatt, "Campaign launched against 'harmful' sex robots", *CNBC*, 2015. 9.

15.
10 Jonathan Soble, "A Robotic Dog's Mortality", *The New York Times*, 2015. 6. 17.
11 David Szondy, "Robear robot care bear designed to serve Japan's aging population", *Gizmag*, 2015. 2. 26.
12 이희욱, "너도 모르는 너의 마음, 컴퓨터가 알려줄 거야", 〈한겨레21〉, 2015. 8. 4.
13 Daniel Terdiman, "Watch Your tone! Now IBM's Watson can detect attitude in your writing", *Fast Company*, 2015. 7. 16.
14 니콜라스 카Nicholas Carr, 《생각하지 않는 사람들 The Shallows》, 최지향 옮김, 청림출판, 2011.
15 심리학 용어로는 이를 '접촉 위안Contact Comfort'이라고 한다.
16 제러미 리프킨, 《공감의 시대The Empathic Civilization》, 이경남 옮김, 민음사, 2010.
17 미치오 가쿠Michio Kaku, 《마음의 미래The Future of the Mind》, 박병철 옮김, 김영사, 2015.

Chapter 8

1 스티븐 베이커, 《왓슨》.
2 한스 모라벡, 《마음의 아이들Mind children》, 박우석 옮김, 김영사, 2011.
3 미치오 카쿠, 《마음의 미래》.
4 전병근, 《궁극의 인문학》, 메디치, 2015.
5 Keith Wagstaff, "Future Tech? Autonomous Killer Robots Are Already Here", *NBCNews*, 2014. 5. 15.
6 Matthew Power, "Confessions of an American Drone Operator", *GQ*, 2013. 10. 22.
7 Edge.org, "2015: What do You Think About Machines That Think?"
8 웬델 월러치 · 콜린 알렌, 《왜 로봇의 도덕인가》.
9 마티아스 호르크스Matthias Horx, 《테크놀로지의 종말Technolution》, 배명자 옮김, 21세기북스, 2009.

Chapter 9

1 이언 레슬리, 《큐리어스》.
2 고든 차일드Gordon Childe, 《신석기혁명과 도시혁명Man Makes Himself》, 김성태 · 이경미 옮

김, 주류성, 2013.
3 빅토어 마이어 쇤베르거Victor Mayer Schonberger · 케네스 쿠키어Kenneth Cukier, 《빅데이터가 만드는 세상Big Data》, 이지연 옮김, 21세기북스, 2013.
4 Chris Anderson, "The end of theory: the data deluge makes the scientific method obsolete", *Wired*, 2008. 6.
5 니콜라스 카, 《유리감옥The Glass Cage》, 이진원 옮김, 한국경제신문사, 2014.
6 더글러스 러시코프Douglas Rushkoff, 《현재의 충격Present Shock》, 박종성 · 장석훈 옮김, 청림출판, 2014.
7 리처드 세넷Richard Sennet, 《장인The Craftsman》, 김홍식 옮김, 21세기북스, 2010.
8 미하이 칙센트미하이, 《몰입Flow》, 최인수 옮김, 한울림, 2004.
9 S. von Stumm, B. Hell, T. Chamorro-Premuzic, "The Hungry Mind: Intellectual Curiosity Is the Third Pillar of Academic Performance", *Perspectives on Psychological Science*, 2011 ; 6 (6).

Chapter 10

1 김경윤, "한국 사법제도 신뢰도 42개국중 39위", 〈연합뉴스〉, 2015. 8. 9.
2 김도균, "'국회는 또 꼴찌'… 신뢰도 조사 최하위 점수 낸 국회", 〈SBS 뉴스〉, 2018. 3. 29.
3 "'국회의원 신뢰도 꼴찌'… KDI · OECD, 한국정부 신뢰조사", 〈뉴스1〉, 2018. 11. 30.
4 Zoë Corbyn, "Hungry judges dispense rough justice", *Nature*, 2011. 4. 11.
5 구본권, "오심 · 편파성 우려 없는 로봇, 스포츠 심판 대체할까?", 〈한겨레〉, 2018. 1. 22.
6 이용균, "'로봇 심판'은 야구를 구원할 수 있을까", 〈경향신문〉, 2019. 8. 9.
7 신지민, "판례분석에서 법률상담까지… AI 변호사시대 열리나", 〈한겨레〉, 2018. 11. 25.
8 앞의 기사.
9 Chris Johnston, "Artificial intelligence 'judge' developed by UCL computer scientists", *The Guardian*, 2016. 10. 24.
10 임순현, "미래의 재판 모습은… '인공지능이 판사역할 대신 안 돼'", 〈연합뉴스〉,

2016. 10. 17.
11 랜들 레이더 전 美연방항소법원장, "인공지능이 5년내 판사 대체… 사법 불신 줄어들 것", 〈매일경제〉, 2017. 11. 7.
12 오요한·홍성욱, "인공지능 알고리즘은 사람을 차별하는가?", 〈과학기술학연구〉 제18권 3호(통권 37호), 2018. 12.
13 Adam Liptak, "Sent to Prison by a Software Program's Secret Algorithms", *The New York Times*, 2017. 5. 1.
14 구본권, "'사람은 편견 가득… 로봇에 맡기면 '공정한 판단' 나올까", 〈한겨레〉, 2016. 7. 4.
15 Danielle Keats Citron, "Big Data Should Be Regulated by 'Technological Due Process'", *The New York Times*, 2016. 7. 29.
16 Karen Hao & Jonathan Stray, "Can you make AI fairer than a judge? Play our courtroom algorithm game", *MIT Technological Review*, 2019. 10. 17.
17 Kate Crawford, "Artificial Intelligence's White Guy Problem", *The New York Times*, 2016. 6. 25.

Chapter 11

1 돈 탭스콧Don Tapscott, 《디지털 네이티브Grown Up Digital: How the Net Generation Is Changing Your World》, 이진원 옮김, 비즈니스북스, 2009.
2 Clive Tompson, "Your outboard brain knows all", *Wired*, 2007. 7.
3 빅토어 마이어 쇤베르거, 《잊혀질 권리》.
4 앞의 책, p. 38.
5 대니얼 샥터Daniel Schacter, 《기억의 일곱 가지 죄악The Seven Sins of Memory》, 박미자 옮김, 한승, 2006.
6 Adrienne Lafrance, "Teaching a computer not to forget", *The Atlantic*, 2015. 4. 6.
7 스티븐 베이커, 《왓슨》.
8 알렉산드르 R. 루리아Alexander R.Luria, 《모든 것을 기억하는 남자The Mind of a Mnemonist》, 박중서 옮김, 갈라파고스, 2007.
9 질 프라이스Jill Price·바트 데이비스Bart Davis, 《모든 것을 기억하는 여자The Woman Who Can't Forget》, 배도희 옮김, 북하우스, 2009.

10 닐 포스트먼Neil Postman, 《테크노폴리Technopoly》, 김균 옮김, 궁리, 2005.
11 Linda A. Henkel, "Point-and-Shoot Memories: The Influence of Taking Photos on Memory for a Museum Tour", *Psychological Science*, vol. 25, 2014. 2.
12 니콜라스 카, 《생각하지 않는 사람들》.
13 Chau Tu, "Using technology to outsource human memory", *The Atlantic*, 2015. 2. 25.
14 조지 오웰George Orwell, 《1984》, 정회성 옮김, 민음사, 2003.
15 David Brooks, "The Outsourced Brain", *The New York Times*, 2007. 10. 26.

Chapter 12

1 Hao-Ping (Hank) Lee et al, "The Impact of Generative AI on Critical Thinking: Self-Reported Reductions in Cognitive Effort and Confidence Effects From a Survey of Knowledge Workers", *CHI 2025*, 2025. 4.
2 Matt Midgley, "AI boosts individual creativity: at the expense of less varied content", *UCL News*, 2024. 7. 19.
3 Andrew R. Chow, "ChatGPT May Be Eroding Critical Thinking Skills, According to a New MIT Study", *Time*, 2025. 6. 23.
4 새뮤얼 W. 프랭클린Samuel W. Franklin 지음, 고현석 옮김, 《창의성에 집착하는 시대The Cult of Creativity》, 해나무, 2025.
5 Naomi Ackerman, "Zaha Hadid Architects builds 'winner proposals' with AI", *The Times*, 2025. 1. 2.
6 크리스틴 로젠Christine Rosen 지음, 이영래 옮김, 《경험의 멸종The Extinction of Experience》, 어크로스, 2025.
7 M. Grynbaum and R. Mac, "The Times Sues OpenAI and Microsoft Over A.I. Use of Copyrighted Work", *The New York Times*, 2023. 12. 27.
8 마크 바우어라인Mark Bauerlein 지음, 김선아 옮김, 《가장 멍청한 세대The Dumbest Generation》, 인물과사상사, 2014.

Chapter 13

1 찰스 디킨스, 《두 도시 이야기》, 이은정 옮김, 펭귄클래식코리아, 2012.

2 Jeremy Howard, "The wonderful and terrifying implications of computers that can learn", TED, 2014. 12.
3 Paul Krugman, Is growth over?, *The New York Times*, 2012.12.26.
4 국내에는 《통제하거나, 통제되거나》(민음사, 2011)로 번역되었다.
5 더글러스 러시코프, 《통제하거나, 통제되거나》, 김상현 옮김, 민음사, 2011.
6 Lauriston Sharp, Steel Axes for Stone Age Australians, Human Organization 1, 1952.
7 전병근, 《궁극의 인문학》.
8 배리 슈워츠 Barry Schwartz, 《점심메뉴 고르기도 어려운 사람들 Paradox of choice: why more is less》, 김고명 옮김, 예담, 2015.
9 메리 올리버 Mary Oliver, 《휘파람 부는 사람 Winter Hours》, 민승남 옮김, 마음산책, 2015.

이 서적 내에 사용된 일부 작품은 SACK를 통해 ADAGP, DACS와 저작권 계약을 맺은 것입니다.
저작권법에 의하여 한국 내에서 보호를 받는 저작물이므로 무단 전재 및 복제를 금합니다.

ⓒ Association Marcel Duchamp / ADAGP, Paris-SACK, Seoul, 2025.
ⓒ Damien Hirst and Science Ltd, All rights reserved, DACS-SACK, Seoul, 2025

로봇 시대, 인간의 일 개정증보 2판

초판   1쇄 발행 2015년 11월 20일
개정증보판   1쇄 발행 2020년 5월 28일
              13쇄 발행 2025년 9월 10일
개정증보 2판 1쇄 발행 2025년 11월 10일

지은이 구본권
발행인 김형보
편집 최윤경, 강태영, 임재희, 홍민기, 강민영, 박지연, 김아영
마케팅 이연실, 김보미, 김민경, 고가빈 **디자인** 김지은, 박현민 **경영지원** 최윤영, 유현

발행처 어크로스출판그룹(주)
출판신고 2018년 12월 20일 제 2018-000339호
주소 서울시 마포구 동교로 109-6
전화 070-5080-4037(편집) 070-8724-5877(영업) **팩스** 02-6085-7676
이메일 across@acrossbook.com **홈페이지** www.acrossbook.com

ⓒ 구본권 2015, 2020, 2025

ISBN 979-11-6774-248-3 03300

이 책은 저작권법에 따라 보호를 받는 저작물이므로 무단 전재와 무단 복제를 금지하며,
이 책의 전부 또는 일부를 이용하려면 반드시 저작권자와 어크로스출판그룹(주)의
서면 동의를 받아야 합니다.

만든 사람들
편집 최윤경 **교정** 이진숙 **디자인** 박현민